Ulrike Prokop
Weiblicher Lebenszusammenhang.
Von der Beschränktheit der Strategien
und der Unangemessenheit
der Wünsche

Suhrkamp Verlag

edition suhrkamp 808
Erste Auflage 1976
© Suhrkamp Verlag, Frankfurt am Main 1976. Erstausgabe. Printed in Germany.
Alle Rechte vorbehalten, insbesondere das der Übersetzung, des öffentlichen Vor-
trags und der Übertragung durch Rundfunk und Fernsehen, auch einzelner Teile.
Satz, in Linotype Garamond, Druck und Bindung bei Georg Wagner, Nördlingen.
Gesamtausstattung Willy Fleckhaus.

Inhalt

Teil I
Die verselbständigten Strategien

> »Sehr hoch werden die Entscheidungsmächte aufgerichtet und ausgeübt. Sehr herablassend werden die Strategien ausgearbeitet und die strategischen Variabeln gegeneinander ausgespielt. Aber worüber befinden diese Mächte? Auf welchen Boden stützen sie sich? Was stellen sie in Frage? Worauf lasten die Institutionen, wenn nicht auf dem Alltäglichen, das sie zerstückeln und nach den Zwängen ordnen, welche die Anforderungen repräsentieren und die Strategien der Staaten aktualisieren? Diese Fragen können als nichtig angesehen werden wie auch jedes Protestieren und jedes Kontestieren angesichts der staatlichen Ungeheuer. Es ist nichtsdestoweniger unzulässig, diese Situation durch theoretisches Erkennen zu billigen und dem Staat ein Zeugnis des guten Gewissens auszustellen. Außerdem verschrammen große Ritzen diese Gebäude, und die Beziehungen zwischen dem ›Öffentlichen‹ und dem ›Privaten‹ sind (in Frankreich und anderswo) nicht problemlos.«
>
> *Henri Lefebvre*[1]

In ihrem Interesse an den praktischen Problemen der Frauen – an fehlender Gleichberechtigung in Beruf, Politik und Familie – scheinen die meisten soziologischen Untersuchungen zur Frauenfrage von Anfang an den Erfordernissen einer emanzipatorisch orientierten Soziologie zu genügen. Vor allem sind die neueren wissenschaftlichen Analysen zur Situation der Frauen durch praktische Fragestellungen bestimmt: Seit den Arbeiten von Friedrich Engels und August Bebel dominiert in der wissenschaftlichen Forschung das Thema der beruflichen Gleichstellung der Frauen. Soweit sich eine ausgesprochen soziologische Forschung herausgebildet hat, ist ihr Hauptthema heute die Suche nach den Ursachen fehlender Berufsorientierung und Leistungs- und Konkurrenzfähigkeit der Frauen, wobei diese Ursachen vor allem in Erziehungsfehlern im Sozialisationsprozeß gesehen werden. Wie ich jedoch in Teil I zeigen möchte, bestimmt gerade dieses scheinbar progressive

9

Interesse die Frauen als bloße Objekte »verselbständigter Strategien«. Es ist die Ausgangsthese dieser Arbeit, daß eine derart unmittelbare Instrumentalisierung der Soziologie der Frau auf den ausschließlichen Zweck der Verbesserung beruflicher Leistungsorientierung gerade (und meist entgegen den gesteckten Zielen) die produktiven, lebendigen Aspekte der »Befreiung der Frau« ignoriert.

Die Bürokratieforschung, die Organisationssoziologie und die politische Soziologie erfassen das, was wir im folgenden als »verselbständigte Strategien« bezeichnen, als »Rationalisierung«[2], die sich als Kompromiß zwischen Legitimationserfordernissen, Durchsetzungschancen und Abgrenzungszwängen bürokratischer Organisationen (politischer Organisationen, Verwaltungen, Verbände, wissenschaftlicher Institutionen) ergibt: Die »Frauenfrage« markiert sehr unterschiedliche sozialpolitische Probleme, die früher im Rahmen der Familie verblieben, auf die heute aber »öffentlich« von Parteien und Verbänden reagiert werden muß; das betrifft so verschiedenartige Probleme wie die berufliche Ausbildung, die Entlastung der berufstätigen Frau von Aufgaben der Kindererziehung, die Liberalisierung des Scheidungsrechts oder Fragen der Alterssicherung. Im Rahmen der Legitimationserfordernisse von Parteien und Verbänden werden bestimmte, traditionelle Forderungen der Frauenbewegung notwendig aufgegriffen. Im bürokratischen Prozeß »rationalisiert« – das heißt: ohne Interesse an den Widersprüchen im alltäglichen Lebenszusammenhang der Frauen und an den Möglichkeiten ihrer Selbsttätigkeit –, stagnieren jedoch die Forderungen der bürgerlichen und proletarischen Frauenbewegung nach Gleichberechtigung, nach gleichem Recht der Frauen auf Ausbildung und Berufstätigkeit, nach ökonomischer Unabhängigkeit, nach dem Recht auf politische Betätigung zu formalen Leitbildern.

Wir argumentieren nicht gegen die Entwicklung politischer Strategien[3], sondern gegen deren Verselbständigung: Die aufklärerischen Forderungen nach Gleichstellung und Gleichberechtigung der Frau in Beruf, Politik und Familie werden Teil verselbständigter Strategien, wenn sie *nur als formale Forderungen* auf das tatsächliche Leben der Frauen bezogen werden. Das pragmatisch Machbare bzw. zur Legitimation Erforderliche wird formelhaft zusammengefaßt, wobei die emanzipatorische Legitimation darin besteht, im Rahmen der institutionalisierten Zielvorstellungen jeweils quantitativ »mehr« zu fordern: mehr Frauen in leitende Berufspositionen etc. Formalistisch bleiben auch die im Rahmen »verselbständigter Strategien« ansetzenden wissenschaftlichen Analysen: Sie beschränken sich aufs Moralisieren dort, wo das empirische Bewußtsein und Verhalten sich dem quantitativ bemessenen Gleichheitsideal nicht fügt.

»Verselbständigte Strategien« sind charakterisiert durch fehlende Auseinandersetzung mit dem Alltagsleben der Frauen und durch Phantasielosigkeit gegenüber den Schwierigkeiten bei der Einlösung progressiver Forderungen.

Allen Formen der »verselbständigten Strategien« ist eine Vermischung traditionell liberaler, rationalistischer und vulgärmaterialistischer Momente zu einer technokratischen Ideologie gemeinsam. Die Auseinandersetzungen um die Rolle der Frau beschränken sich darauf, die allgemeinen und formalen Gleichheitsprinzipien des bürgerlichen Rechts auf das soziale Leben zu übertragen. Ihre Beschränktheit erweist sich, sobald solche Forderungen zur Strukturierung eines realen Lebenszusammenhangs dienen sollen. Den verselbständigten Strategien liegt ein realer Trend zugrunde – die fortschreitende Frauenerwerbsarbeit, der Funktionswandel der Familie –, ein Trend, der, quantitativ gefaßt, zum Leitbild überhöht, ohne weitere Qualifizierung mit Emanzipation gleichgesetzt wird.

1. Kritik der bürokratisch-effektiven Strategien des Abbaus weiblicher »Defizite«

1.1. Verselbständigtes Leitbild 1: »Abbau weiblicher Defizite in Beruf und Politik«

Der reale Trend ist die seit Beginn der Industrialisierung fortschreitende rechtliche und auch soziale Gleichstellung der Frau.[4] Mit dem Grad der Urbanisierung (modifiziert durch die besonderen nationalen Bedingungen) korrelierend, bezieht sich diese Gleichstellung auf alle gesellschaftlichen Bereiche. Vorwärtstreibendes Element ist ohne Zweifel die Zunahme der außerhäuslichen weiblichen Erwerbstätigkeit (vor allem von verheirateten Frauen) und die Veränderung in der familialen Arbeitsteilung und Autoritätsstruktur, die sich daraus ergibt. Die Erwerbstätigkeit der Frauen nimmt in den Industriegesellschaften zu – bei beachtlichen nationalen Unterschieden: In den USA zum Beispiel hat sich die weibliche Beschäftigungsrate zwischen 1900 und 1940 und dann nochmals von 1940 bis 1960 verdoppelt[5]; in England dagegen blieb sie in den letzten 50 Jahren fast konstant.[6] In der Bundesrepublik stellen die Frauen gegenwärtig mehr als ein Drittel aller Erwerbstätigen.[7] Im Rahmen der EWG (1971) nahm die Erwerbstätigkeit der verheirateten Frauen während der letzten Jahre insgesamt zu: 1971 betrug der Anteil verheirateter Frauen an den Arbeitnehmerinnen in Belgien 66%, in Frankreich und der BRD 52% und in Luxemburg 38%.[8]

Trotz dieses empirischen Trends kann es nicht darum gehen, »Berufstätigkeit der Frau« mit »Emanzipation der Frau« gleichzusetzen.[9] Die progressiven Inhalte einer möglichen weiblichen Identität stehen notwendig im Gegensatz zu der Rollenbestimmung, die aus der Einbeziehung der Frau in den Prozeß bürokratisch und hierarchisch organisierter Produktion hervorgeht. Die Identität der zufriedenen, leistungsfähigen Berufstätigen, die so rational kalkulieren und konkurrieren kann wie nur je ein Mann, wird als Enttäuschung erlebt. Sie ist unter den gegenwärtigen Bedingungen ebenso vom männlich-patriarchalischen Prinzip geprägt wie die alte Rolle der demütigen Hausfrau. Ernst Bloch charakterisierte schon in den dreißiger Jahren die Dialektik der Frauenemanzipation durch Berufstätigkeit:

>»Es zeigte sich aber, das aufsässige Leben blieb nicht lange frisch. Je mehr Arbeitskräfte gebraucht wurden, desto weniger hatte das sogenannte freie Mädchen Platz, desto weniger hatte die Protestlerin Anlaß, es zu sein. [. . .] Statt Recht auf selbstgewählte Liebe, freies Leben kam die Öde des Büros, meist mit untergeordneter Stellung dazu. Kaum war das Stimmrecht errungen, so hatte das Parlament weniger zu sagen als je zuvor; kaum gingen den Frauen die Hörsäle auf, so begann die Krise der Wissenschaft.«[10]

>»Die Bürovorsteherin hat so besiegt, was der Liebhaber nicht ohne Grund an den ersten gedichteten Frauenbildern der Emanzipation sah, an Ibsens Nora, Hauptmanns Anna Mahr, Wedekinds Franziska. Also wurden in der bürgerlichen Frauenbewegung allerdings nicht die Inhalte des Geschlechts manifest: und doch waren sie von Anfang an gemeint wie vorher nie, und doch wurden sie von den Gegnern der Emanzipation abgelehnt, als ginge die Bewegung nicht auf die Bürostunde, worin sie umkam, sondern als wäre sie eine Erinnerung an Carmen hier, an Antigone dort; ja eine utopische Beschwörung der Hetärenzeit hier, des Matriarchats dort; und vor allem als wäre die Frauenbewegung diejenige einer spezifischen menschlichen Ganzheit und Fülle, welche sich doch eben deshalb, in ihren fern-möglichen Inhalten, mit dem seelenlosen kapitalistischen Betrieb, als dem Todfeind von Kunst wie Frau, nicht verträgt.«[11]

Die Enttäuschung, die das Bild der leistungswilligen weiblichen Erwerbstätigen hervorruft, hängt mit dem Verlust an Hoffnung zusammen, dem Verlust des Gegenbilds der autonomen Frau, die der Liebe und des Gewährens fähig ist, ohne sich zu unterwerfen.[12]

Im Leitbild des »Abbaus weiblicher Defizite in Beruf und Politik«, Element dominanter politischer und wissenschaftlicher Strategien, ist von solchen Hoffnungen nichts mehr zu entdecken. Das Thema ist die Integration der weiblichen Arbeitskraft: die reale Unterprivilegierung der Frauen, soweit sie lohnabhängige Arbeiterinnen und Angestellte sind. Die Organisationen, die sich ihrer Interessen annehmen, beziehen die Probleme der arbeitenden Frau auf die Durchsetzung des normalen Arbeitnehmerstatus auch für Frauen. Einmütig kritisieren Gewerkschaften, Parteien, staatliche Kommissionen, Wissenschaftler (wir wollen hier nur die berufsbezogenen Aspekte ihrer Kritik darstellen[13]):

1. die ungleiche Repräsentanz der Frauen in verschiedenen Berufszweigen und Wirtschaftsbereichen;

2. die Tatsache, daß Frauen vor allem die unteren Ränge der beruflichen Hierarchie einnehmen;

3. daß trotz der gesetzlich verankerten arbeitsrechtlichen Gleichheit und der Lohngleichheit starke Unterschiede in der faktischen Entlohnung zwischen Männern und Frauen bestehen;

4. daß Frauen im allgemeinen eine schlechtere Berufsausbildung als Männer erhalten;

5. daß Frauen im Berufsleben, selbst bei gleicher Ausbildung, schlechtere Aufstiegschancen als ihre männlichen Kollegen haben (also in höher qualifizierter Berufsarbeit unterrepräsentiert sind);

6. daß Frauen also auch von ihrem »Image« her unterprivilegiert sind, d. h. daß ihnen nicht gleiche Konkurrenzfähigkeit, Durchsetzungskraft etc. zugestanden wird.[14]

Die Strategie des Abbaus weiblicher Defizite im Beruf konzentriert sich auf die großen Konfliktzonen, in deren Rahmen eine gleiche Repräsentanz von Mann und Frau im Beruf verhindert wird: auf die Überbelastung der Frauen im Haushalt und auf den in den Familien bestehenden »Traditionalismus« der Geschlechtsrollen. Mehrere Momente verhindern die Gleichstellung der Frau durch gleiche Repräsentanz im Beruf:

1. Hausarbeit und Kindererziehung bleiben in der Familie und gehen zu Lasten der Frau, auch wenn sie berufstätig ist. Die an der Verwirklichung der Gleichheit von Mann und Frau interessierten Gruppen (Parteien, staatliche Kommissionen, Gewerkschaften, Wissenschaftler) entwickeln Pläne für ein sozialstaatliches Angebot, das den Bereich des Haushalts und der Familie entlasten könnte, zumal die Berufstätigkeit der Frau, variierend mit den Faktoren soziale Schicht, Qualifikation der Mutter, Erziehungshaltung der Mutter, Alter und Geschlecht des Kindes, nachhaltige Auswirkungen auf die innerfamiliale Situation hat (mögliche Entwicklungsstörungen bei Kleinkindern, schlechte Schulleistungen der Kinder, vor allem bei Ganztagsarbeit der Eltern).[15] Der »Funktion« der familialen Kindererziehung wird die Kinderkrippe und die Tagesmutter, der »Funktion« der Hausarbeit das Kantinenes-

sen entgegengestellt.

2. Im allgemeinen wird den Töchtern wenig Interesse an Berufskarrieren vermittelt, die eine längere Ausbildung voraussetzen; ebensowenig wird eine berufliche Aufstiegsmotivation sozialisiert. Verschiedene Forderungen wurden entwikkelt, um dem zu begegnen: Modelle zur Vorschulerziehung, Modelle zur Beeinflussung vor allem der Mutter-Tochter-Beziehung und Forderungen nach Prämiierung von Aufstiegsorientierung.

3. Bei den Frauen selbst besteht ein allgemeines Desinteresse an den Problemen der Gleichstellung der Frau in den Bereichen Beruf und Politik.[16] Dieses Desinteresse – das bestimmte soziale Ursachen hat und zum Teil auch auf vernünftigen Überlegungen der Frauen beruht – wird häufig als »cultural lag«, als »Nachholbedarf« des weiblichen Bewußtseins verstanden:

»Als allgemeiner Befund zur Einschätzung von Situation und Möglichkeiten von Frauen in unserer Gesellschaft läßt sich ein zweifaches ›lag‹, ein zweifaches Hinterherhinken des allgemeinen Bewußtseins feststellen:

Einmal wird die weitgehend (wenn auch noch nicht vollständig) erreichte rechtliche Gleichstellung von Mann und Frau in der allgemeinen Einschätzung der sozialen Möglichkeiten für Frauen nicht konkretisiert. Zwar wird bei Umfragen das Gleichheitsprinzip theoretisch bejaht, wenn man jedoch danach fragt, welches Verhalten jeweils für Männer und Frauen für angemessen gehalten wird, dann zeigt sich, daß die traditionelle Rollenverteilung in der Familie beibehalten werden soll. Daß die Frauen dadurch auf den eng gewordenen Bereich der Familie festgelegt werden, hält man für normal. Man vergegenwärtigt sich nicht, daß dies eine (nach dem Gleichheitsprinzip eigentlich unzulässige) Einengung der sozialen Möglichkeiten für Frauen bedeutet. Da auch die Familie selbst in ihrer althergebrachten Position in der Gesellschaft bejaht wird, trotz ihres deutlichen Funktionsverlusts, gewinnt die Rolle der Hausfrau und Mutter den Stellenwert eines Leitbildes: sie ist die schlechthin primäre Rolle für Frauen.

Das zweite ›lag‹, das zweite Hinterherhinken des Bewußtseins, betrifft die tatsächlich schon gewandelten gesellschaftlichen Tatsachen, die schon bestehende Praxis: So wird allgemein und, was bedeutsamer ist, auch von der Mehrzahl der Frauen und der weiblichen Erwerbstätigen selbst die weibliche Berufstätigkeit, besonders aber die Berufstätigkeit von Müttern, als ›eigentlich nicht normal‹ beurteilt. Man orientiert sich also auch dann an überkommenen Maßstäben, wenn ihnen das eigene Verhalten widerspricht. Die Legitimierung dieses widersprechenden Verhaltens erfolgt dann im Einklang mit diesen Maßstäben: man arbeitet nur im Interesse der Familie! Dieses ›lag‹ zeigt sich zum Beispiel auch darin, daß man den durchschnittlichen Altersunterschied zwischen Ehegatten überschätzt: ›Der Mann muß älter sein . . .‹, oder daß Frauen oft selbst ihre Fähigkeiten als wesentlich andere einschätzen als die der Männer (›Frauen sollten nicht öffentlich über Politik reden‹, ›. . . können nicht logisch denken‹), obwohl es für die Unhaltbarkeit solcher allgemeiner Statements inzwischen im täglichen Leben für jedermann genügend Beweise gibt. Man nimmt sie als Veränderung überkommener Maßstäbe nicht zur Kenntnis.

Auch die politische Gleichberechtigung der Frauen, und zwar sowohl das Wahlrecht als auch die tatsächliche Ausübung dieses Rechts durch die Frauen – die weibliche Wahlbeteiligung liegt vergleichbar hoch wie die der Männer und die Zahl der weiblichen Wahlberechtigten übersteigt die der Männer –, wird allgemein nicht in die Vorstellung umgesetzt, Frauen müßten sich für Politik interessieren, ›sich darüber informieren‹.«[17]

Diesem allgemeinen Zustand des Bewußtseins glaubt man nun durch eine breite kulturindustrielle Propaganda begegnen zu können, um die »allgemeinen Normvorstellungen« im Sinne des formalen Gleichheitsideals zu beeinflussen; durch die Forderung also nach Repräsentanz der berufstätigen Frau in den Zeitungen und Illustrierten.

Die Daten, an denen sich die bürokratisch-effektiven Strategien orientieren, sind zweifellos ein Ausdruck der wirklichen Probleme. Diese Strategien antworten in einer für die bürokratische Intention – angesichts der Apathie der meisten Frauen – ausreichenden Weise auf die strukturellen Probleme und auf das Unbehagen der Frauen. Es ist selbstverständlich, daß eine gute Berufsausbildung, gute Arbeitsmöglichkeiten, Kinderkrippen und Verkehrsverbindungen – wie sie von der hier dargestellten Strategie gefordert werden – die realen Lebenschancen (vor allem in der Unterschicht) tatsächlich verbessern und daß diese Forderungen die Zustimmung der Frauen finden. So ging es zum Beispiel in einer empirischen Untersuchung über Mütter der Unterschicht in den USA darum, »festzustellen, was diese Mütter mit niedrigem Einkommen sich und ihren Kindern für den Fall wünschen, daß ihre Wünsche und Träume erfüllt werden könnten; es ging darum, festzustellen, inwieweit jene Mütter ihre Wünsche als realisierbar betrachteten und was sie als ihre Probleme und

Widerstände ansahen; schließlich sollte festgestellt werden, was sie sich als Lösungen vorstellten«.[18] Die Frauen wurden gefragt: »Was würden sie sich wünschen, wenn es möglich wäre, daß ihre Wünsche wahr werden?« Die Liste der Wünsche ist in *Tabelle 1* enthalten. An erster Stelle steht der Wunsch nach besseren Wohnungen und Wohnungseinrichtungen. Erfolg für ein Mädchen ist den Müttern der Unterschieht gleichbedeutend mit glücklicher Heirat, Familie und »glücklichem Zuhause«. Für die »verselbständigten Strategien« spricht, daß den Müttern eine gute Schulbildung, eine Karriere oder ein sicherer Job viel bedeuten. Wichtig am Beruf ist, daß das Mädchen ein eigenes Einkommen und Unabhängigkeit hat. Erfolg für ein Mädchen heißt – nach Auffassung der Mütter –, eine »nette Persönlichkeit«, Respekt vor sich selbst und den anderen zu haben, ehrlich und aktiv zu sein in Kirche, Schule und community.[19] Als Blockierung, als Verhinderung des Fortschritts sahen die Mütter vor allem das Fehlen von Dienstleistungen an, die ihnen die Kindererziehung erleichtern (»child care service«). Auf die Frage, was getan werden könnte, um ihre eigene Situation zu verbessern, ergibt sich das sozialstaatliche Inventar, das gerade die von uns kritisch betrachteten Strategien fordert: gute Jobs, mehr Geld machen, Ausbildungsförderung für sie selbst und die Ehemänner, bessere Transportmittel, billigere Wohnungen, Tageszentren für die Kinder zu niedrigen Preisen und Familienberatungsprogramme.[20] (Allerdings suggeriert die Frage, auf die derartige Antworten folgen, selbst schon eine Aufstiegsorientierung: »What can be done now to help you start up the ladder?«) Auch in der Bundesrepublik stehen an erster Stelle der Wünsche der Hausfrauen: bessere Kindergärten, eine Altersrente für die Hausfrauen und familiengerechte Wohnungen (19%, 17% bzw. 15% aller Nennungen). Mit Abstand folgen: Ganztagsschulen, Berufsförderung für Hausfrauen, Steuerermäßigung für die Anschaffung von Haushaltsmaschinen, Müttergehalt für Frauen mit Kleinkindern, mehr Halbtagsstellen, Aufhebung des Verbotes der Schwangerschaftsunterbrechung.[21] Auch die westdeutschen Arbeitnehmerinnen nennen auf die Frage, was verändert oder verbessert werden müßte (also auf eine Frage hin, die auf das pragmatisch Machbare abzielt), an erster Stelle Kindergärten, Kinderhorte

Tabelle 1. Wünsche einer Gruppe von Müttern mit niedrigem Einkommen

Wünsche	Ein Elternteil		Beide Elternteile		Gemischt				Insgesamt	
	Land	Stadt	Land	Stadt	Land	%	Stadt	%	Insgesamt	%
Bessere Wohnungen	10	7	6	8	16	100	15	93,7	31	98,7
Finanzielle Unabhängigkeit (Jobs für einen selbst und für den Ehemann)	9	7	4	7	13	81,2	14	87,5	27	84,3
Materielle Güter (Möbel, etc.)	7	6	3	7	10	62,5	13	81,2	23	71,8
Mehr Geld, Ersparnisse	5	6	4	6	9	56,1	12	75,0	21	65,6
Mehr Schulbildung, Spezialausbildung	6	5	4	5	10	62,5	10	62,5	20	62,5
Verkehrsverbindungen, Auto	7	2	6	4	13	81,2	6	37,5	19	59,3
Nahrung, Kleidung, Heizung, Gesundheit	7	4	4	3	11	68,7	7	43,7	18	56,2
Glückliche Heirat, glückliches Familienleben	8	3	1	5	9	56,2	8	50,0	17	53,1
Allgemeines Wohlbefinden	3	2	1	3	4	25,0	5	31,2	9	28,1
Insgesamt	62	42	33	48	95		90		185	

Quelle: Sylvia McMillan, *Aspirations of Low-Income Mothers*, S. 284.

und Einrichtungen zur Beaufsichtigung von Kindern bei Schularbeiten; schließlich weitere spezielle Hilfen zur Erleichterung ihrer »Doppelrolle« (frühere Pensionsgrenze für Frauen, mehr Freizeit, mehr Urlaub, kürzere Arbeitszeiten, keine körperlich schweren Arbeiten, attraktivere Halbtagsberufe, Abschaffung der Akkord- und der Fließbandarbeit, Erleichterung der Rückkehr in den Beruf).[22]

Verbesserungen der beruflichen Qualifikation, Verbesserungen der Aufstiegschancen, öffentliche Einrichtungen der Kindererziehung treffen also durchaus reale Bedürfnisse. Es kommt jedoch darauf an, die berechtigten Forderungen, die im Zuge der polit-ökonomischen Entwicklung im Rahmen der bestehenden Machtverteilung langfristig auf niedrigem Niveau erfüllt werden, *qualitativ* zu erforschen und zu begründen, statt sie lediglich zu formalisieren. Das entscheidende Problem ist, daß von einer Orientierung am quantifizierbaren Anpassungsprozeß, von der Position des »cultural lag« her, keine radikale Kritik mehr möglich ist: Die von den empirischen Studien dargestellten Forderungen der Frauen tragen selbst schon resignativen Charakter. Sie sind Ausdruck der Gesamtsituation, in der es für die Einzelnen nur um Versorgung gehen kann, aber nicht um Praxis, d. h. in der es – und darauf beschränkt sich der Erwartungshorizont der »cultural lag«-These – unter den günstigsten Umständen nur darum gehen kann, arbeitsteilig die größten Schwierigkeiten der privaten Lebensführung langfristig zu verringern; die übergroße Mehrheit bleibt von der Macht der Kooperation entfernt. Das »Glück« soll jeder im Privaten suchen.

»Es gibt kein offensichtliches Drama. Man installiert sich im cool. Man entdramatisiert ostentativ. Es gibt kein Drama mehr; nur noch Dinge, Gewißheiten, ›Werte‹, ›Rollen‹, Befriedigungen, ›Jobs‹, Beschäftigungen, Situationen und Funktionen. Dennoch stürzen kolossale und lächerliche Mächte auf das Alltägliche nieder. Sie ergreifen es, um es zu kneten und zu ersticken; sie verfolgen es bis in den Aufbruch, den Bruch, den Traum, in das Imaginäre, in die Flucht.«[23]

Das quantitativ aufgefaßte Leitbild der leistungsorientierten, berufstätigen Frau täuscht darüber hinweg, daß das faktische Verhalten der Frauen nicht *nur* (aber auch) aufgrund von

Unterprivilegierung (Belastung in Haushalt und Kindererziehung, traditionalistische Sozialisation) zustande kommt, sondern auch aufgrund schichtspezifisch unterschiedlich sich durchsetzender Wünsche, die zunächst zu untersuchen, die also nicht einfach als Vorurteile zurückzuweisen sind. Die Frauen *sind* kinderzentriert, haushalts- und familienbezogen, sie bleiben häufig beruflich wenig qualifiziert, sie zeigen keinen Karriere-Ehrgeiz, sie gehen vor allem in »weibliche Berufe«.[24] Zu erklären bleibt die Tatsache, daß die Frauen den bestehenden Zustand hinnehmen und nur in den seltensten Fällen bereit sind, sich für ihre Rechte zu engagieren. Im allgemeinen wird diese »Apathie« der Frauen nicht untersucht. Die Anhänger der Strategie des Abbaus »weiblicher Defizite« umgehen eine qualitative soziologische Analyse, indem sie das Verhalten der Frauen von »traditionalistischer Ideologie« bestimmt sehen: Wenn erst die materiellen Chancen für eine zunehmende Berufstätigkeit der Frauen verbessert seien, erledige sich der »Traditionalismus« der Frauen von selbst. Vorausgesetzt wird, daß mit weiter zunehmender Berufstätigkeit – wofür man ein sozialstaatliches Entlastungsangebot plant – zugleich eine höhere gesellschaftliche Wertschätzung und eine höhere Selbsteinschätzung der Frauen sich einstellen. Wie wir in Teil II und III zeigen werden, haben jedoch die Unzufriedenheit, der Protest und auch die Apathie, haben Verhalten und Bewußtsein der Frauen ganz andere inhaltliche und strukturelle Voraussetzungen. Die im Bereich der weiblichen Berufstätigkeit *formalisierend* und *quantitativ* argumentierenden Strategien verkennen sowohl, »was die Frauen (subjektiv) wollen«, als auch die objektiven Produktivkräfte im weiblichen Lebenszusammenhang.

1.2. Verselbständigtes Leitbild 2: »Anpassung der Geschlechtsrollen«

Den Trend zur juristischen Gleichstellung und zur zunehmenden weiblichen Erwerbstätigkeit ergänzt eine zweite Tendenz: Im Rahmen allgemeiner Strukturveränderungen[25] im alltäglichen Leben der Frauen setzt sich eine Demokratisierung der Werte, vor allem in bezug auf die Geschlechterbeziehungen, durch – und zwar gleichsam »automatisch«, also ohne Zutun politischer oder wissenschaftlicher Strategien, die auch hier ex post facto ansetzen. Auf der strategischen Ebene verselbständigt sich – in Fortführung (und strategischer Deformation) eher der »utopischen« Forderungen, wie sie am Rande sowohl der proletarischen als auch der bürgerlichen Frauenbewegung vertreten wurden[26] – die Zielvorstellung der »Gleichheit der Geschlechtsrollen«.[27] Die notwendige qualitative Thematisierung von Autorität und Unterdrückung in den Geschlechterbeziehungen wird – so paradox dies zunächst klingen mag – durch dieses Leitbild gerade umgangen. Wir greifen willkürlich eine Studie heraus, um zu illustrieren, was wir als den entscheidenden Mangel formalisiert-egalitärer Zielvorstellungen in diesem Bereich ansehen. Beispielhaft hierfür ist in einer Untersuchung von Gunter Schmidt und Volkmar Sigusch[28] die Art und Weise, wie die Tatsache erörtert wird, daß die am Maßstab der formalen Gleichheit der Geschlechtsrollen gemessenen Objekte der Forschung »familienzentriert« sind und »dem Muster der romantischen Liebe« anhängen. Noch mehr als die Männer sind die Frauen der Meinung, der ideale Partner solle »liebevoll und zärtlich sein«.[29]

»Die Sexualität der Arbeiter befindet sich keineswegs in einem anomischen Zustand; sie ist vielmehr sehr starren und eindeutigen sozialen Regulativen unterworfen, die von der antisexuellen Tradition unverkennbar geprägt sind. Die wichtigsten dieser Regulative lassen sich etikettieren als Liebesorientiertheit, Partnerzentriertheit sowie Treueanspruch und Gebot.« »Es gibt, zumindest in der jungen Generation, keine separierte, spezifische Unterschichtssexualität. Die sexuellen Verhaltensmuster und Wertvorstellungen von Arbeitern und Mittelschicht-Angehörigen unterscheiden sich zwar in einer Reihe von Einzelmerkmalen, aber nicht prinzipiell.«[30] Unter- und Mittelschichten seien von einem gesamtgesellschaftlichen Liberalisierungsprozeß erfaßt worden; in dessen Verlauf »verändern sich die sexuellen Verhaltensmuster in allen Schichtgruppen und konvergieren in Richtung auf ein Generalmuster, das für keine soziale Schicht typisch war und ist, und das für die Gesamtgesellschaft verbindlich zu sein scheint. Dabei ist allerdings zu berücksichtigen, daß die ›romantische Liebesideologie‹, Hauptcharakteristikum dieses Generalmusters, im Bürgertum des 18. und 19. Jahrhunderts vorbereitet und entworfen worden ist und insofern heute, wenn auch modifiziert, Züge trägt, die als ›bürgerlich‹ bezeichnet werden können.«[31]

Eines der Hauptprobleme formal verstandener Emanzipation wird hier bis in die Sprache hinein deutlich: Das Bedürfnis, zu »etikettieren«, drückt die Hilflosigkeit des wissenschaftlichen Vorgehens aus. »Romantische Liebe« hat inhaltlich mit bürgerlicher Ehe nicht viel zu tun. Im Gegenteil, sie entstand im Kampf gegen den deutschen Philister und die pragmatische Ehe. Wenn man so will, kritisiert die romantische Liebe das Ersticken der Liebe in der Gewohnheit, in der Arbeit, im Alltäglichen.[32]

Was verstehen die Autoren unter dem »Muster der romantischen Liebe«? Vom Ideal der prinzipiellen quantitativen Gleichheit aller Rollen und aller Dinge ausgehend, bemerken sie zwar richtig, aber abstrakt:

»Die Idealvorstellung der Arbeiter von Sexualität kann auf die schlichte Formel gebracht werden: Ein Mann und eine Frau lieben einander, gehen eine feste Partnerschaft ein und sind sexuell treu. Liebe, Partnerschaft und Treue sind konstitutiv für eine romantische Sexualideologie, die andere Vorstellungen und Verhaltensmuster disqualifiziert, ablehnt, allenfalls hinnimmt: beispielsweise spontane, passagere, sexuelle Kontakte; oder eine partnerschaftliche Liebesbeziehung mit beiderseitigem Verzicht auf sexuelle Treue; oder sexuelle Beziehungen bei mutueller Sympathie und sexuellem Interesse aneinander, ohne daß Partnerschaft und Treue aktualisiert werden können.«[33]

Diese Frage kann man jedoch nicht untersuchen, solange man keine Kriterien entwickelt, die eine menschliche sexuelle Beziehung charakterisieren. Eine derartige Untersuchung müßte sich mit der Frage auseinandersetzen, was Arbeiter unter Liebe verstehen, warum sie glauben, auf Liebe nicht verzichten zu können, welche Kompromisse sie eingehen (z. B. zu heiraten, um aus dem Elternhaus herauszukommen, selbständig zu werden, einen eigenen Haushalt zu haben etc.). Mit den Autoren dieser Studie müßte man annehmen, vor lauter Liebe würde bei den unverheirateten Jugendlichen die sexuelle Lust zurückgestellt, während es doch in Wirklichkeit, vor allem bei den Frauen, häufig Kompromisse und Arrangements sind, die sich hinter der moralisierenden Rede von Liebe und Partnerschaft verbergen.[34] Statt aber eine Analyse der Rationalisierungen zu leisten, die in die Äußerungen über »romantische Liebe« – als Anspruch, dessen Berechtigung man empfindet und dem man doch nicht nachkommen kann, ohne daß man es eingestehen möchte – eingehen – eine Analyse, die sich auch auf die Diskussion der normativen Aspekte einlassen müßte –, operieren diese und ähnliche Studien auf der Ebene der reinen Zahl und verlangen schlicht von allem »mehr«. Die Frage, wie Frauen und Männer gleichermaßen autonome Subjekte werden können[35], wird in oberflächliche sozialtechnische, berufsfunktionale Forderungen umgewandelt, die über die realen Schwierigkeiten der Realisierung von Gleichheit durch moralische Appelle und Verhaltensformeln hinwegtäuschen.

Es ist dieses abstrakte Verständnis von menschlichen Beziehungen, das das Leitbild der »Gleichheit der Geschlechtsrollen« trotz allen demokratischen Selbstverständnisses zum Bestandteil verselbständigter politischer und wissenschaftlicher Strategien macht. »Gleichheit der Geschlechtsrollen« bezeichnet hierbei:
1. die Gleichheit des Rollenverhaltens von Mann und Frau;
2. die gleiche Bewertung geschlechtsspezifischer Rollenattribute und ein gleichermaßen auf berufliche Leistung bezogenes Image der männlichen und der weiblichen Rollen.

Zu 1 (Gleichheit des Rollenverhaltens): Gleichheit in diesem Sinn wird als faktische Gleichartigkeit der Einstellungen und des Verhaltens von Mann und Frau im Rahmen von Haushalt, Familie und persönlichen Beziehungen verstanden. Um diese Vorstellungen von Gleichheit zu verifizieren, wird der Bereich Haushalt und Familie unter dem Aspekt der gesellschaftlichen Funktion in verschiedene Rollen, verschiedene Tätigkeiten aufgegliedert: Haushaltsarbeit, Verwaltung des Haushaltsbudgets, Erziehung der Kinder, rekreative Funktion etc., und in jedem dieser Bereiche die quantitativ gleiche Partizipation von Mann und Frau begrüßt bzw. gefordert.

Z. B.: Berufsarbeit »stimuliert die Rationalisierung der Haushaltsarbeit. Das Einkommen der Frau erlaubt es, moderne Haushaltsgeräte anzuschaffen; die Berufsarbeit zwingt sie, Zeit zu sparen, was wiederum eine bessere Art und Weise der Organisation der Hausarbeit und eine gleichere Aufteilung der häuslichen Arbeiten zwischen den verschiedenen Mitgliedern der Familie zur Folge hat.«

»Ohne Zweifel läßt sich die weibliche Berufsarbeit am schwierigsten mit

23

der Rolle der Mutter vereinbaren; in diesem Bereich gibt es die meisten Kontroversen. – Zumindest in den kapitalistischen Ländern wird die Erziehung der Kinder immer noch als Aufgabe vor allem der Mutter angesehen, was die schwerwiegenden Mängel des öffentlichen Angebots erklärt (Krippen, Kindergärten usw.) und das geringe Gewicht, das der väterlichen Rolle in der Erziehung der Kinder, besonders der Kleinkinder, gegeben wird.«

»Die Berufsarbeit der Frau begünstigt die Gleichheit der Geschlechtsrollen. Der Ehemann übernimmt auch Haushaltsarbeiten, aber die Meinungsbefragungen und die vergleichbaren Untersuchungen über die Zeitbudgets zeigen, daß es noch keine gleiche Verteilung der Aufgaben gibt.«

»Einerseits kann die Berufsarbeit der Frau intrapersonelle Konflikte hervorrufen, insbesondere wenn die Frau ihre Berufsrolle für unvereinbar oder nur schwer vereinbar mit den traditionellen Rollen der Ehefrau und Mutter hält.« »Dennoch kann die Berufsarbeit die Spannung [innerhalb der Familie] verringern, da sie zu einer Harmonisierung der Lebensrhythmen der Ehepartner führt, denn jene können die Zeit, die sie außerhalb des Hauses arbeiten, miteinander abstimmen, so daß sie sich mehr oder weniger zur selben Zeit im Haus befinden und die gleichen Beschäftigungen aufteilen können: Arbeit, Haushalt und Kinderpflege.«[36] Gefordert wird auch die reale »Angleichung« der männlichen und der weiblichen Charaktere. »Die traditionellen Definitionen des Männlichen und des Weiblichen sind der Welt, in der wir in der zweiten Hälfte des 20. Jahrhunderts leben, nicht mehr angemessen. Eine androgyne Auffassung der Geschlechtsrollen bedeutet, daß beide Geschlechter für sich auch einige der Merkmale entwickeln, die in den traditionellen Geschlechtsrollendefinitionen dem anderen Geschlecht zugesprochen werden. [. . .] Zärtlichkeit und Expressivität sollten bereits bei den kleinen Jungen entwickelt und bei erwachsenen Männern sozial anerkannt werden [. . .]. Leistungsmotivation, Aktivität und konstruktive Aggression sollten bei Mädchen gefördert und bei erwachsenen Frauen sozial anerkannt werden.«[37]

Zu kritisieren ist hieran nicht die Intention, sondern das formale Verständnis von Gleichheit. Ist die Hausarbeit gleichmäßig auf die Geschlechter verteilt? Diese Frage wird dann zum Fetisch, wenn die ganze Beziehung, die ganze Freiheit einzig auf dieses quantifizierbare Faktum bezogen wird. Die Hausarbeit – eine reale, abzuschaffende Belastung und Überlastung der Frauen, die aber zugleich Teil eines Gesamtsystems des weiblichen Lebens und seiner Arrangements mit der faktischen Situation der Familie ist – wird isoliert herausgegriffen und eine gleichmäßige Verteilung zwischen Mann und Frau zum Indikator der Befreiung erhoben.[38] Auch die ab-

strakten Bestimmungen der Geschlechtsrollen wie »Zärtlichkeit« und »Expressivität« auf der weiblichen und »Leistung«,
»Können« und »Aggressivität« auf der männlichen Seite reichen nicht aus, um die emanzipatorischen Aspekte der weiblichen Rolle zu bestimmen. Es handelt sich nicht um Größen,
die einfach zu mischen sind.

*Zu 2 (Gleiche Bewertung der geschlechtsspezifischen Rollen-
attribute):* Hier geht es um den Abbau von Vorurteilen über
das »Wesen« und die Eigenschaften der Frau, um die Abschaffung traditioneller diskriminierender Rollensterotypen (z. B.
die Definition der Frau als minderwertig oder als natürlicher-
weise ins Haus gehörig).

Charakteristisch für die abstrakte Behandlung des Problems
ist die Arbeit von Harriet Holter.[39] Ganz formalistisch werden Stereotypen, nach denen die Frauen sich um Kinder
kümmern sollen, als traditional, Stereotypen dagegen, nach
denen die Pflichten gleichmäßig verteilt werden sollen, als
egalitär eingestuft. Auch in anderen Studien werden Ergebnisse, die festhalten, daß Männer und männliche Charakteristika
in »unserer Gesellschaft« höher bewertet werden als Frauen
und weibliche Charakteristika; daß sowohl Jungen als auch
Mädchen zwischen 6 und 10 Jahren eine größere Präferenz für
männliche Gegenstände und Aktivitäten als für weibliche
äußern; daß zwischen 5- und 12mal mehr Frauen als Männer
sich an den Wunsch erinnern, ein anderes Geschlecht zu
haben[40], ausschließlich vom Ideal quantitativ gleicher Verteilung aus beurteilt. Eine gleiche Einstellung zu männlichen und
weiblichen Eigenschaften gilt häufig schon als der Inbegriff
weiblicher Emanzipation.[41] Die Frauenfrage bleibt im Rahmen dieses Interesses auf das Problem der »Aufwertung« bzw.
Angleichung weiblicher Rollenattribute an die männliche
Norm beschränkt. Die Emanzipation der Frauen erscheint in
diesem Verständnis primär als Problem der Verbreitung egalitärer gesellschaftlicher Leitbilder (von der Frau als berufs-
orientierter Partnerin), gleichsam als Problem der Anerkennung »modernerer« Geschlechtsrollen-Stereotypen – z. B. im
Sinne der Veränderung des Stereotyps: »Die moderne Frau
verwirklicht sich bei Heim und Herd, indem sie (mit allen
technischen Mitteln versehen) Haushalt, Freizeit und Kinder-

erziehung optimal organisiert« zu: »Die moderne Frau realisiert ihre Fähigkeiten in außerfamilialen Aktivitäten, vor allem in Beruf und Öffentlichkeit.« Hier setzt der journalistische »Kampf gegen die Vorurteile über die Frau« an.[42]

In diesem Zusammenhang wird auch von der Kulturindustrie gefordert, daß die Berufssphäre »als Identifikationsbasis für weibliche Leserinnen herangezogen wird«.[43] Als »traditionell« und damit als irrational erscheint das Interesse an Familie und »Hausfrauendasein«, als rational das Interesse an Berufstätigkeit. Das (ohnehin immer nur relative) Interesse der Frauen an Haus und Familie wird als »Ausfluß eben der traditionellen Geschlechtsrollenideologie«[44] angesehen. Gewünscht wird, daß in den Illustrierten primär das Bild der berufstätigen Frau propagiert werde. »Die allgemeinen Normvorstellungen sind eben noch stark an der traditionellen Rollenauffassung orientiert.«[45]

»Der Bereich des ›Modischen‹, den modischen Konsum für Haushalt und Wohnen, die modische Gestaltung des ihr eigentlich zugehörigen Bereichs also mit eingeschlossen, wird zu einem wichtigen Entfaltungsspielraum für Frauen. Dieser Bereich steht im Mittelpunkt der Beratungsbemühungen der Zeitschriften; von hier leitet sich auch die hauptsächliche Möglichkeit zur Gewinnung sozialen Prestiges und Lebenserfolgs für Frauen ab.
— Das bedeutet indirekt (und wird auch manchmal ausgesprochen), daß der Berufsbereich keinen besonderen Stellenwert für weibliche Zielvorstellungen gewinnt. Es ist danach auch nicht so wichtig, was die Frau kann; wenn ihr zu Leistungen geraten wird, dann meist nicht um ihre Selbstverwirklichung zu fördern, sondern als Mittel zur Erreichung anderer Ziele; z. B. ›um mitreden zu können‹. Sekundärgruppenverhalten wird eher als unangemessen geschildert. Individuell erworbene Eigenschaften treten hinter das ›Wesen der Frau‹ zurück.
— Dieses ›Wesen der Frau‹ ist häufiger Bezugspunkt. Es erscheint traditionell bestimmt, weitgehend biologisch festgelegt und damit als unveränderlich. Die traditionelle Auffassung von den Geschlechterrollen ist die ›natürliche‹, sie ist ›selbstverständlich‹ und mit ihr die entsprechende soziale Arbeitsteilung: Die Rolle der Frau als ›Mittelpunkt der Familie‹ ist primäre Zielvorstellung und Identifikationsbasis für die Frau in den Zeitschriften.«[46]

Auf ihre Ideologien – vor allem wenn sie unprofitabel werden – gar nicht so sehr fixiert, wie hier unterstellt wird, hat die Kulturindustrie inzwischen die berufstätige Frau durchaus als Zielgruppe anerkannt.[47]

26

Es ist eine weitere Ausgangsthese dieser Arbeit, daß bei allem emanzipatorischen Selbstverständnis des Leitbilds der »Gleichheit der Geschlechtsrollen« doch die Gefahr besteht, daß die im Prozeß der Industrialisierung und »Modernisierung« *ohnehin* entmystifizierten Institutionen, die sich ohnehin formal demokratisierenden Vorstellungen, an rein quantitativen Maßstäben von Rollengleichheit gemessen werden. Dies aber verhindert eine qualitative Analyse der Probleme der Frauen. Im Gegenteil, es wird aus der bloßen *Diskrepanz* des quantitativen, an Gleichheit orientierten Maßstabs zu den alltäglichen Verhaltensweisen und Bewußtseinsformen der Frauen allein schon der Eindruck des Kritischen, Parteilichen, Kämpferischen erschlichen.

2. Kritik der rhetorischen Strategien

Die im Rahmen der bürokratisch-effektiven Strategien naturwüchsig entstehende instrumentelle Betrachtung des alltäglichen Lebenszusammenhangs der Frauen wird auch in den
oppositionellen Strategien nicht aufgehoben.[48] Ob dies nun
angesichts der politischen Apathie vieler Frauen eine zwangs-
läufige Entwicklung ist oder nicht: von den oppositionellen,
an Emanzipation der Frau orientierten Strategien wird kaum
mehr als Legitimationsproduktion für das jeweils auf einem
Sektor des weiblichen Lebenszusammenhangs (Haushalt,
Lohnarbeit etc.) sich aufbauende Lager betrieben. Verwendet
werden wissenschaftliche Modelle und Modelle des Kampfes,
die in bestimmten historischen Situationen der Frauenbewegung bedeutsam waren: *Ökonomismus*, beruhend auf der
proletarischen Frauenbewegung als Teil der Arbeiterbewegung (von den 1890er Jahren bis zum Zweiten Weltkrieg);
Antipatriarchalismus im Kampf um die Durchsetzung der
bürgerlichen Rechte für die Frau seit der Französischen Revolution. Diese wissenschaftlichen Ansätze und praktisch-politi-
schen Interpretationen bleiben jedoch heute – aus ihrem politischen Zusammenhang gelöst – bloße Rhetorik.

Wir haben bereits darauf hingewiesen, daß zwischen den
bürokratisch-effektiven Strategien und den verselbständigten
rhetorischen ein wesentlicher Unterschied besteht: das an
Effektivität orientierte, instrumentelle Handeln und Planen
der Bürokratien ist pragmatisch an der Verbesserung der
äußeren Umstände im weiblichen Lebenszusammenhang
orientiert, während die rhetorischen Strategien im Alltag sich
eher als unbrauchbar erweisen:

>»Strategien wären Wahnsysteme, wenn sie fingierten, das in die Zukunft
projizierte und in allen Details ausgemalte Andere könne in jeder Hinsicht schlagartig in die Welt gesetzt werden. Vieles in den vorgefundenen
Umständen wird auch in und nach kollektiver Praxis fortgeschleppt
werden oder weiterwirken. Unter dieser Voraussetzung ist das richtige
oder falsche Bewußtsein repetitiver Verläufe, sich wiederholender Ereignisse, ein zentrales Thema von [sich nicht verselbständigender, U. P.]
Strategie. Dieser steht nicht *alles* zur praktischen Verfügung, wofür die
Abhängigkeit vom Stand der Produktionskräfte nur ein Beispiel ist.«[49]

Daß Probleme der Emanzipation trotz weitverbreiteten Unbehagens, trotz verbreiteter Unzufriedenheit der Frauen außer bei einer relativ begrenzten Gruppe der Mittelschicht keinen Anklang finden, liegt auch daran, daß die Strategien, wo sie sich nicht zu bürokratisch-effektiven verselbständigen, sich eben rhetorisch verselbständigen statt die konkreten Probleme, die repetitiven Verläufe, die sich wiederholenden Ereignisse im weiblichen Lebenszusammenhang zu thematisieren. Da der Mensch nur einmal lebt, ist ihm berechtigterweise das Hier und Jetzt seiner realen Lebensqualität wichtig. Dies betrifft die gesamten Strukturbereiche von Arbeit und Freizeit mit ihren näheren Bestimmungen, die von den Parteien und Verbänden mehr oder weniger effektiv verwaltet werden, jedenfalls soweit die Individuen als Objekte (Wähler, Konsumenten) in Betracht kommen. Der Tatsache, daß die Probleme von Produktion und Distribution wenigstens technisch effektiv gelöst werden müssen, daß sie nicht subjektiver Lust und Unlust überlassen bleiben können, haben rhetorische Sprachspiele nichts entgegenzusetzen.[50]

2.1. Verselbständigtes Leitbild 3: »Aufklärung durch Lohnarbeit und Parteiorganisation«. Ökonomismus als Rhetorik

> »Auf einem ziemlich niedrigen Niveau, um den kleinen Kadern, den kleinen und mittleren Technikern, den Bürokraten der unteren Stufen einen Köder zuzuwerfen, gibt es den *Ökonomismus*. Vulgär und vulgarisiert, ist er zählebig, da nützlich: als Ideologie des Wachstums, als Produktivismus, als Organisationsrationalität. Diese in den Vereinigten Staaten schon fallengelassenen Themen werden in einem rückständigen Frankreich noch schöne Tage verleben. Vielleicht wird die Universität sie offiziös oder offiziell adoptieren, oder irgendeine andere vom Staat geschützte Einrichtung. Der Ökonomismus hat ein beachtliches Interesse, den degenerierten Marxismus und den entarteten bürgerlichen Rationalismus zu vereinigen. Außerdem bedeckt er ziemlich gut die Alltäglichkeit, ihre Anordnung, ihre rationalisierte Ausbeutung. Er ist also nicht ohne die Verdienste, die die Effektivität einer Ideologie ausmachen.«

Henri Lefebvre[51]

29

Eine rhetorisch verselbständigte Strategie der Frauenemanzipation stellt der Ökonomismus dar. Die ökonomistische Strategie[52] wird dadurch zur Legitimationsideologie, daß sie die instrumentelle Betrachtung des weiblichen Lebenszusammenhangs, die den ausschließlich berufsorientierten Strategien eigen ist, »theoretisch« überhöht. So zieht sie aus der ökonomischen Tatsache, daß die Arbeit der Frauen in Haushalt und Familie Privatarbeit ist, für den sozialen, politischen und kulturellen Bereich die Folgerung, die nicht im Bereich der industriellen Produktion stattfindenden Tätigkeiten (nahezu die gesamten Interessen der Frauen) seien »traditionelle«, bürokratisch zu reorganisierende Relikte:

»Die Auffassung [. . .], auch Frauen als menschliche Hauptproduktivkraft zu begreifen, verlangt geradezu ihren Beitrag an der gesellschaftlichen Arbeit außerhalb der Familie und gibt ihnen den Auftrag, an der Erschließung des Fortschritts und an der Schaffung des gesellschaftlichen Reichtums gleichwertig mitzuwirken. Auf der anderen Seite verbietet ein solcher Standpunkt – theoretisch – ein Dasein als ›Nur‹-Hausfrau. Dies wäre nämlich Beharren auf traditioneller Arbeitsteilung, in der der Mann die gesellschaftlichen Werte erschafft und sie der Frau im Austausch für ihre privaten Dienste im Haushalt – Kochen, Putzen, Waschen, Einkaufen, Kinder versorgen, usw. – zukommen läßt.«[53]

Die Prämisse ist, daß aus dem Bereich der »unproduktiven Tätigkeiten« kein Potential für eine qualitative Veränderung der gesellschaftlichen Institutionen hervorgehe:

»Solange die meisten Frauen ihre Lebensperspektive in der Bereitstellung und Erneuerung der primären Existenzmittel (Nahrung, Kleidung, Wohnung) für die Familie und in der Erziehung der Kinder sehen, können sie diese Beschränkung auf zwar gesellschaftlich notwendige, aber unproduktive Tätigkeiten nicht als historisch bedingte und damit veränderbare erkennen. So ist es nicht erstaunlich, wenn Frauen sich nicht in gleicher Weise organisieren wie die männlichen Lohnabhängigen, wenn ihre gesellschaftspolitischen Projekte nicht über die Ansprüche der bürgerlichen Emanzipationsbewegung hinausgehen. Sie stellen die Institution Ehe nicht in Frage, sondern fordern verbesserte Modalitäten der Scheidungsgesetzgebung; sie wenden sich nicht gegen die Lohnarbeit überhaupt, erheben kaum die Forderung nach ›gleichem Lohn für gleiche Arbeit‹; daß sie Arbeit leisten, die entlohnt wird, ist ihnen nicht selbstverständlich.«[54]

Diese Argumentation für die Berufstätigkeit der Frau setzt Berufstätigkeit und folgenreiche politische Bewußtwerdung naiv ineins. Vor dem Eintritt in das Berufsleben sei die Frau nur von »gängigen Vorstellungen«, Stereotypen, Vorurteilen, also von dumpfer Irrationalität geleitet, aus der sie dann aber wie Phönix aus der Asche hervorgeht.

»Die unmittelbare Erfahrung des Gegensatzes von Lohnarbeit und Kapital im Betrieb macht sie [die Frauen, U. P.] sensibel für die gesellschaftlichen Probleme, einschließlich der familialen; sie erkennen, daß es wichtig ist, gegen die Ausraubung aller Leistungsreserven im Betrieb und für ein ihren Lebenshaltungskosten angemessenes Lohnniveau zu kämpfen.«[55]

Die Benachteiligung der Frau soll also nicht mehr sein als ein Spezialfall des Widerspruchs von Lohnarbeit und Kapital: »Die untergeordnete Stellung der Frau ist ein Nebenwiderspruch innerhalb des Hauptwiderspruchs zwischen Kapital und Arbeit. Deshalb läßt sich die Frauenfrage nicht geschlechtsspezifisch lösen, sondern letztlich nur durch die Umgestaltung der kapitalistischen Klassengesellschaft in eine sozialistische, klassenlose.«[56] Der Begriff des »Politischen« erfährt hier eine charakteristische Verengung; er folgt der bürgerlichen vereinsrechtlichen Organisation als Modell der emanzipatorischen Organisationsformen der Lohnabhängigen, wie es sich besonders in Deutschland im Aufbau der SPD, KPD, der Trennung von Ökonomie, Politik und Lebenszusammenhang[57] herausgebildet hat. Die Frauenfrage reduziert sich auf die Möglichkeiten, die Frauen im Rahmen der etablierten Organisationen der Arbeiterbewegung optimal zu rekrutieren. Analytisches Interesse und politische Forderungen sind auf das »Bewußtsein der objektiven Lage« und die »Entschlossenheit zu interesseorientiertem Handeln«[58] reduziert, darauf, »die Proletarierin zum Bewußtsein ihrer Klassenlage zu bringen«[59], ohne daß der auf den Alltag bezogene Inhalt dieses Bewußtseins noch benannt werden könnte.

Das ökonomistische Verständnis der Probleme der Frauen führt schließlich zur Idealisierung bürokratischer Effektivität, der gut funktionierenden Technokratie, für die die DDR-Verwaltung als exemplarisch erscheint:

»Da in der DDR jede Frau das Recht hat, nach Geburt eines Kindes – bei Weiterzahlung des monatlichen Nettodurchschnittsverdienstes – ein Jahr mit der Arbeit in der Produktion auszusetzen, ohne daß ihr der Arbeitsplatz verlorengeht, kann sie auch nach einer Unterbrechung ohne

Nachteile in ihrer Qualifikation fortfahren.·

Die Bereitstellung von Kindergärten und -krippen und die Fixierung des gemeinsamen Erziehungsrechts (und damit der gemeinsamen Erziehungspflicht) beider Eltern im Familienrecht (§ 45) sollen den Frauen die Ausbildung ohne ›Doppelbelastung‹ ermöglichen. Hierin zeigt sich ein gesellschaftliches Interesse nicht nur an der Einbeziehung der Frau in den Produktionsprozeß, sondern auch an der Entfaltung der Frau entsprechend den ökonomischen Bedingungen der Gesellschaft. Auch die Konzentration der Frauen auf ›weibliche‹ Berufe soll aufgehoben werden. In Übereinstimmung mit den Versuchen, im polytechnischen Unterricht die technischen Begabungen der Mädchen zu wecken, soll in der DDR der Anteil der Mädchen an den Absolventen der naturwissenschaftlichen Oberschulen und Disziplinen planmäßig vergrößert werden. Während in der Bundesrepublik die Berufsperspektive der Mädchen immer noch hauptsächlich auf ›dienende‹ und ›sorgende‹ Funktionen festgelegt ist, um den Mangel an Arbeitskräften auf sozialpflegerischem Gebiet zu beheben, und die Nachteile dieser Berufe durch gefühlsbetonte und irrationale Erziehung kaschiert werden, bemüht man sich in der DDR, den Mädchen durch ›Sonderkurse‹, in denen didaktisch-pädagogische und organisatorische Maßnahmen zugunsten weiblicher Kandidaten eine zentrale Bedeutung haben, bessere Voraussetzungen zur Ausübung technischer Berufe zu schaffen.«[60]

Vom ökonomistischen Ansatz her wird die Entfaltung der Frau – »entsprechend den ökonomischen Bedingungen der Gesellschaft« – primär als Qualifikation der weiblichen Arbeitskraft im Interesse der Produktivitätssteigerung verstanden. Obwohl die Qualifikationsförderung für den Einzelnen zweifellos besser ist als die intensive Ausbeutung der ungelernten Arbeitskraft, richtet sich das auch auf die Frauenfrage angewandte Ideal der ökonomistischen Position ausschließlich und verengt auf den qualifizierten weiblichen Techniker. Das offizielle Pathos kann nicht darüber hinwegtäuschen, daß alle Konflikte der Frauen hierbei als offenbar unlösbar verschwiegen werden. Auf die Frage: »Was heißt Mitverantwortung der Frauen unter den Bedingungen des entwickelten Sozialismus?« antwortet das Autorenkollektiv »Geschichte des Kampfes der deutschen Arbeiterklasse um die Befreiung der Frau« (DDR):

»Mitverantwortung heißt, die Frauen sowie auf allen anderen Gebieten des gesellschaftlichen Lebens auch aktiv in die Verwirklichung des ökonomischen Systems des Sozialismus einzubeziehen und in der täglichen Arbeit ein noch engeres Verhältnis zur modernen Technik zu schaffen, besonders in solchen Bereichen wie der Elektrotechnik, Elektronik, des wissenschaftlichen Gerätebaus, der Datenverarbeitung, der Chemie und in der Landwirtschaft. Das entspricht den Anforderungen und der Entwicklung der strukturbestimmenden Zweige unserer Volkswirtschaft (. . .)« – und in herablassendem Ton fährt das Arbeitskollektiv fort: »Notwendig ist es aber, die Frauen über alle Grundprobleme unserer gesellschaftlichen Entwicklung regelmäßig und gründlich zu informieren, ihre Meinung zu beachten und ihre Fragen zu beantworten.«[61]

Das folgende Zitat zeigt die Vorstellung der DDR-Bürokratie von der Frau im Sozialismus als Kompromißbildung und Addition der Konzepte der einzelnen bürokratischen Abteilungen: von Ökonomie bis Kultur.

»Charakteristisch ist, daß sich bei vielen Frauen schon heute die Wesensmerkmale der Frau der siebziger Jahre herausbilden. Dazu heißt es in der Entschließung des 2. Frauenkongresses der DDR: ›Vor unser aller Augen entsteht schon heute das Bild der Frau der 70er Jahre: Sie wird eine Staatsbürgerin mit einem festen sozialistischen Standpunkt sein, deren Gesichtskreis sich ständig vergrößert. Sie wird sich durch eine allseitige Bildung, hohes fachliches Wissen und Können auszeichnen. Sie wird mit vielseitigen Interessen, mit Sachkenntnis und Verantwortungsbewußtsein bedeutende Aufgaben in der Gesellschaft meistern, über Erfahrungen in der Leitungstätigkeit verfügen, Mut und Selbstvertrauen besitzen. Sie wird sich durch hohe geistig-kulturelle Interessen auszeichnen, ihre Freizeit sinnvoll nutzen, ihre Spannkraft und Lebensfreude durch sportliche Betätigung erhöhen und mit Charme und Geist wirkungsvoll das Leben unserer Gesellschaft beeinflussen. Als gleichberechtigte Partnerin und gute Gefährtin des Mannes wird sie auf neue Weise das Zusammenleben in Ehe und Familie bereichern und dazu beitragen, daß sich alle Familienmitglieder gleichermaßen entwickeln, daß sich eine neue harmonische Gemeinschaft herausbildet, die das Leben der Familie glücklicher, inhaltsreicher und schöner denn je werden läßt. So wird sie ihren Kindern als liebevolle Mutter eine noch verständnisvollere Freundin sein, denn sie nimmt aufgeschlossen und klug an ihrem Leben Anteil, ist ihnen Vorbild und gibt ihnen Ansporn für ihren zukunftsreichen Weg in das Jahr 2000‹.«[62]

Es ist dies eine von Bürokratien unter Repräsentationsgesichtspunkten zusammengesetzte Monster-Frau; das wirkliche Leben, die wirklichen Interessen und Tätigkeiten der Frauen werden entwertet.
Der Ökonomismus kann nicht erklären, warum die Frauen bleiben, »wo sie sind«: im Haus – real oder in ihrem Bewußtsein –, und zwar deshalb nicht, weil ein empirisches »Bedürf-

nis nach Produktion« unterstellt und dieses zugleich als Bedürfnis nach einer Tätigkeit im vorgegebenen industriellen Bereich interpretiert wird.[63] Es ist gleichsam jedermanns Pflicht, nach kurzen Lehr- und Wanderjahren seine Arbeitskraft der wie auch immer vergesellschafteten Produktion im Interesse von Produktivitätssteigerung, Export, Maschinen und Devisen zur Verfügung zu stellen:

»Als selbstverständlich sollte auch gelten, daß die Frauen, sobald sie von der Gesellschaft von traditionellen Aufgaben entlastet wurden, einen Teil ihrer Arbeitskraft in der vergesellschafteten Produktion zur Verfügung stellen.«[64]

Auch für diese Strategie gilt das Dilemma der Verselbständigung: Abstrahiert man vom Interesse der Produzenten und Konsumenten an ihrer Selbstbestimmung und den praktischen und theoretischen Konflikten, die daraus entstehen, so verwandelt man ein aktives Bedürfnis in ein passives: es bleibt das Bedürfnis nach mehr sozialer Sicherheit, wachsendem disponiblen Einkommen, besseren Sozialleistungen, mehr freier Zeit, zusätzlichem Mutterschutz usw.[65] Diese Interessen sind in Ost und West gleichermaßen von den staatlichen Bürokratien zu ihren eigenen gemacht worden. In beiden Fällen stehen die Bürokratien unter Legitimationsdruck. Maßnahmen zur Verbesserung der sozialen Sicherheit von Frauen können auf staatssozialistischer wie auf kapitalistischer Basis ergriffen werden. Das Argument von Helge Pross, die Daten über die rechtliche Stellung und die Versorgung der Frauen zeigten, daß die Gleichberechtigung der Frauen empirisch nicht zwingend mit Kapitalismus oder Sozialismus zusammenfällt, ist im Rahmen der ökonomistischen Argumentation nicht zu widerlegen:

»In der Förderung weiblicher Bildung und Ausbildung weisen das kapitalistische Frankreich und die sozialistische DDR größere Gemeinsamkeiten auf als etwa Frankreich und die Bundesrepublik. Aufs Ganze gesehen, haben zwar die Sowjetunion und die DDR mehr für die Bildung und Ausbildung von Frauen geleistet als die meisten Staaten der EWG. Das Beispiel Frankreichs zeigt jedoch, daß solche Leistungen auch in einem kapitalistischen System möglich sind. Es können daher nicht universale kapitalistische Strukturtatsachen sein, die die Rückständigkeit der Bundesrepublik auf dem Gebiet der weiblichen Bildung und Ausbildung sowie der Kindergärten und Vorschulen erklären. Sowohl der institutionelle Rahmen des Kapitalismus als auch der des Sozialismus lassen den politisch herrschenden Instanzen Spielräume, innerhalb derer sie sich nach Maßgabe ökonomischer und ideologischer Erfordernisse mehr oder weniger für eine Förderungspolitik zu entscheiden vermögen. Wieder einmal erweisen sich die Begriffe Kapitalismus und Sozialismus als zu global, um konkrete soziale Erscheinungen zu erklären.«[66]

Das Fernziel der ökonomistischen Strategie – eine bessere Versorgung der Konsumenten – macht eben nicht allein den qualitativen Unterschied zwischen Kapitalismus und Sozialismus aus. Diese bessere Versorgung soll ja in der Vorstellung von Marx zugleich »Aneignung der Wirklichkeit« durch die Produzenten sein, d. h. sie ist untrennbar mit dem Begriff der direkten Demokratie, einer Revolutionierung der Lebensverhältnisse (auch unter den Bedingungen der »Übergangsgesellschaft«) gekoppelt. Den bürokratisch-effektiven Strategien (und der ökonomistischen Position, sofern sie deren Forderungen übernimmt) liegt das Bewußtsein zugrunde, daß nur das Nächste erfahrbar, das Ideal des Glücks aber zum Fragmentarischen und Ungewissen verdammt ist. Neben dem beschränkten Nutzeffekt, den kleinen und kleinsten Schritten wird das Gesamtinteresse einer vernünftigen Gesellschaft nur verbal zitiert. So gibt es zweierlei Wahrheit: die der bestehenden und die der zukünftigen, anderen Gesellschaft. Die praktische Auffassung des nächsten Schritts reduziert sich auf Anpassung, auf das Machbare unter dem Primat des Mangels. Der Ökonomist verlangt »Identifikation mit dem Lebensprozeß«. Die Menschen sollen leben wie alle Naturwesen – im Kampf um's Dasein. Den Ausfällen gegen die »Geschützten«, die außerhalb des industriellen Produktionsprozesses stehen, liegt die Vorstellung zugrunde, daß nicht genug Druck auf ihnen laste, nicht genug Druck im Sinne des eigenen, materialistisch verbrämten puritanischen Arbeitsethos. Man mißgönnt ihnen die wie immer verzerrte Chance des Entrinnens. Ignoriert werden daher auch alle Studien, die die Hausarbeit der Frau trotz aller Beschränktheit auch als freiere Tätigkeit denn die Lohnarbeit bezeichnen.[67]

Der Ökonomismus ist staatstragende Ideologie. Auf die Lage der Frauen angewandt, ist die ökonomistische Strategie »Marxismus als Legitimationswissenschaft«: eine Strategie, die gegen die Erkenntnis der Problematik der realen Bedürfnisse und Interessen der Frauen – ihrer Familienorientierung, ihrer Mode- und Freizeitorientierung, ihrer »Bedürfnisorientierung«, ihrer Ichschwäche, ihres Narzißmus und ihrer romantischen Illusionen – zu immunisieren versucht. Die Dialektik der Frauenemanzipation, die historisch stets aus dem Widerspruch von romantisch-illusionären, utopischen und organisatorisch-rationalen Momenten ihre Lebendigkeit erhielt[68], wird vom Ökonomismus auf der Ebene ökonomisch-organisatorischer Naturgesetze stillgestellt.[69]

2.2. Verselbständigtes Leitbild 4: »Geschlechterkampf«. Antipatriarchalismus als Rhetorik

> »Die Gesellschaft braucht Frauen, die einen schlechten Charakter haben. Solche, die gar keinen haben, sind ein bedenkliches Element.«
>
> *Karl Kraus*[70]

Die Frauenbewegung hat sich jeweils im Rahmen der politischen Kräfte artikuliert, die die Forderungen nach sozialer Veränderung revolutionär durchzusetzen suchten; sie begleitet die bürgerliche ebenso wie die proletarische Revolution mit einer eigenen Initiative.[71] Dennoch fielen die Interessen der revolutionär organisierten Frauen niemals mit denen der sich durchsetzenden politischen Gruppierungen zusammen; vielmehr gab es innerhalb der Bewegungen und Bündnisse zwischen der Frauenbewegung und den von Männern dominierten politischen Organisationen ständig Konflikte. Problematisiert wurde die traditionelle Rollentrennung zwischen den Geschlechtern bereits durch die politische Aktivität von Frauen – selbst dann, wenn sich die Frauen mit ihren Forderungen im Rahmen der jeweiligen Bewegung hielten. Politische Aktivität hatte für die Frauen immer auch Konsequenzen für persönliche, »private« Verhältnisse, Beziehungen, als natürlich erachtete Gewohnheiten.[72] Daher wurde die Frauenbewegung auch von politisch radikalen Männern fast immer als Provokation erlebt. Da die Aktivierung der Frauen die Relativierung der traditionellen Arbeitsteilung in der Ehe bedeutete, hatte die Frauenbewegung immer eine kulturrevolutionäre Tendenz.

Dies darf jedoch nicht darüber hinwegtäuschen, daß auch und gerade im Rahmen des heutigen Strategieangebots zur Frauenbewegung das »Privatleben« in einer für die Masse der Frauen unkonstruktiven Weise problematisiert wird: als Produkt des »Patriarchats«.[73] Ohne Bezug auf die historischen begrenzten Erscheinungsformen des Patriarchats und ohne Untersuchung der Familienstrukturen, in denen, schichtspezifisch begrenzt, patriarchalische Verhältnisse gegenwärtig bestehen, stellt man sich »das Patriarchat« als allmächtig handelnde Instanz vor. »Die Männer« werden zum Projektionsobjekt, zum übermächtigen und selbstbewußten Gegenstück naturhaften weiblichen Dahinwesens, zur Übermacht, die Geschichte und Gesellschaft beherrscht. So schreibt Simone de Beauvoir mit unverhohlener Faszination selbst durch die destruktivsten Aspekte »männlicher« Produktivität:

»[. . .] passiv unterzieht die Frau sich ihrem biologischen Geschick. Die häuslichen Tätigkeiten, denen sie sich widmet, da nur diese mit den Lasten der Mutterschaft sich vereinigen lassen, beschränken sie auf Wiederholung und Immanenz: Tag für Tag kehren sie in gleicher Form wieder, die fast unverändert die Jahrhunderte überdauert; es geht nichts Neues aus ihnen hervor. – Der Fall des Mannes liegt völlig anders; er ernährt die Gemeinschaft nicht nach Art der Arbeiterbiene durch einen einfachen Lebensprozeß, sondern durch Handlungen, die über sein tierisches Dasein hinausgehen. Der homo faber ist seit Anbeginn der Zeiten ein Erfinder gewesen: schon Stock und Keule, mit denen er seinen Arm bewehrt, um Früchte abzuschlagen oder Tiere zu töten, sind Werkzeuge, durch die er seine Macht über die Welt ausdehnt; er begnügt sich nicht damit, Fische ins Haus zu bringen, die er aus dem Meere holt; er muß zuvor den Bereich der Gewässer erobern, indem er Einbäume aushöhlt; um sich der Schätze der Welt zu bemächtigen, unterwirft er zuvor die Welt. Bei diesem Vorgehen wird er sich seiner Macht bewußt; er setzt Zwecke, plant Wege, die zu ihnen führen: er verwirklicht sich in der Existenz. Um zu erhalten, schafft er; er überschreitet die Gegenwart und eröffnet die Zukunft. Deshalb haben Fischzüge und Jagdunternehmungen einen Charakter der Weihe. Ihr erfolgreicher Ausgang wird mit Festen und Triumph begangen; der Mann erkennt darin sein Menschsein. Diesen Stolz bekundet er heute noch, wenn er ein Stauwehr, einen Wolkenkratzer, eine Atombombe schafft. Er hat nicht nur gearbeitet, um die vorgefundene Welt zu erhalten: er hat ihre Grenzen gewaltsam ausgeweitet und das Fundament für eine neue Zukunft gelegt.«[74]

Die Frau lebt in der Immanenz. Dagegen: »Der Mann ist zur Tätigkeit berufen. Er muß produzieren, kämpfen, schaffen, fort-, über sich hinausschreiten nach der Totalität des Universums und der Unendlichkeit der Zukunft.«[75] Alle Elemente des weiblichen Lebenszusammenhangs erscheinen als »vom Mann vorgeprägt«, »vom Mann vorgegeben«, eine »Erfindung des Mannes«, Produkt »männlicher Herrschaftsrationalität«.[76]

Der empirische Ansatzpunkt dieser Auffassung ist die Tatsache, daß der Arbeits- und Lebensbereich der meisten Frauen gegenwärtig von der Funktion der Regeneration der Arbeitskraft des Mannes bestimmt ist.[77] Aus dieser sozialen Funktion der Familie – in der sich jedoch das reale Leben der Frauen nicht erschöpft – wird die Familie als patriarchalischer Zusammenhang deduziert:

»Die Hauptinstitution des Patriarchats ist die Familie. Sie ist sowohl ein Spiegel als auch die Verbindung mit der Gesellschaft im großen und ganzen; sie ist eine patriarchalische Einheit innerhalb eines patriarchalischen Ganzen. Die Familie stellt die Verbindung zwischen dem einzelnen Menschen und der Sozialstruktur dar und übt Kontrolle und Druck zur Anpassung aus, wo politische und anderweitige Autoritäten sich als zu schwach erweisen. Grundeinheit der patriarchalischen Gesellschaft und als deren fundamentales Instrument ist die Familie und ihre Rolle prototypisch. Die Familie dient als Einzelorgan einer größeren Gesellschaft. Sie bestärkt ihre Mitglieder nicht nur darin, sich anzupassen, sondern handelt als das Exekutivorgan eines patriarchalischen Staates, der seine Bürger durch die Familienoberhäupter regiert. Selbst in patriarchalischen Gesellschaften, die Frauen gesetzliche Bürgerrechte zugestehen, werden die Frauen meist durch die Familie regiert und haben wenig oder gar keine formalen Beziehungen zum Staat.«[78] Und: »Die Ehe ist also eines jener institutionellen Zwangsinstrumente, die es immer wieder möglich machen, daß ohnmächtig angestaute Empörung im Privatleben versickert.«[79]

Derartige Deduktionen abstrahieren von der vielfältigen Realität, in der die Frauen leben, von ihrem Unbehagen und von den für sie spezifischen Konfliktzonen. Es geht hier nicht darum, die gesellschaftlichen Institutionen zu verteidigen, etwa den »Terror der Kleinfamilie« zu verharmlosen. Aber die undialektische Denunziation führt zu falschen und abstrakten Vorstellungen von feministischer Praxis. Weder läßt sich die Privatheit in Ehe und Familie allein von der Rolle des Mannes her betrachten, der sich regeneriert, noch lassen sich die unterschiedlichen Familienstrukturen, in die die Frauen eingebunden sind, auf den einen Nenner des »Patriarchats« bringen. Für welche Frauen ist heute »die Ehe die einzig legitime Existenzweise«? Wo und für welche Gruppen ist die Sexualität auf »Fortpflanzung« reduziert? Wie soll man sich das »Abreagieren der männlichen Aggressionen« (die offensichtlich anderswo nutzbringend zu verwenden wären) vorstellen?

Die Unangemessenheit des Antipatriarchalismus bringt ein Element von Wahrheit zum Vorschein: daß die Welt heute einer menschlichen Erfahrung, einer unmittelbar sinnlichen Erfahrung unangemessen geworden ist. Das antipatriarchalische Modell sucht die Schuld dafür bei den Phänomenen. Undurchdringlichkeit und Fremdheit der gesellschaftlichen Verhältnisse sollen der persönlichen, unmittelbaren Erfahrung zugänglich gemacht werden. Sie sollen Schuldzurechnungen erlauben, unmittelbarer, lebendiger Erfahrung entsprechen. Anders als die ökonomistische Strategie sind die Entwürfe zum Geschlechterkampf, die feministischen Vorstellungen von der Befreiung der Frau kein geschlossenes System. Ganz im Gegenteil; die feministische Literatur ist als eine Kritik zu charakterisieren, die die Barbarei in den alltäglichen Beziehungen einfangen will; sie reagiert auf eine Vernachlässigung, die sich aus dem allzu weiten Blick ergibt, den der ökonomistisch perfektionierte »wissenschaftliche Sozialismus« auf die Alltagsbeziehungen zwischen Mann und Frau wirft.

Die männliche Herrschaft als unmittelbare Gewaltherrschaft ist eine Fiktion; die Zurechnung von Schuld trifft mit der Kategorie des unmittelbar gewalttätigen Mannes nicht den Kern gesellschaftlicher Widersprüche, sondern ein »Fassadenproblem«. Damit die Vorstellung von gesellschaftlicher Herrschaft und das Verständnis von Leiden noch persönlich begriffen werden können, wird auf den Wahrheitsanspruch von Erkenntnis verzichtet. Es soll nur noch darauf ankommen, daß Frauen sich überhaupt artikulieren. In der antipatriarchalistischen Argumentation wird eine bestimmte und begrenzte Erfahrung verhärtet, starr festgehalten; der abstrakte Allgemeinbegriff soll vermieden werden, obwohl die Fremdheit des Ganzen sich der unmittelbaren Erfahrung entzieht. Dennoch – die antipatriarchalistische Fixierung möchte das Unverbindliche vermeiden, das aller vermittelten und abgeleiteten Erkenntnis realen Leidens anhängt. Aber das Leiden selbst kann nur abstrakt und vermittelt begriffen werden, weil die gesellschaftliche Entfremdung eben darin besteht, daß der Gegenstand der Erkenntnis über die unmittelbare Erfahrung hinausgeht.

Der unterdrückerische Charakter der starren Geschlechtsrollen, von der die Zwänge zur äußeren Anpassung der Frauen nur ein Teil sind, bildet den Gegenstand: die Bewußtseinsformen und die sozialen Einrichtungen, gegen die man rebelliert. Zugleich verbindet sich diese Rebellion gegen eine unterdrückerische Kultur mit dem »Praktischen«, mit der Ablehnung des Luxus und der Freude an der Arbeitskleidung, mit der technokratischen Bereinigung der Züge im menschlichen Charakter und in der menschlichen Selbstdarstellung, die zu dem unmittelbar Zweckvollen und Nützlichen in Widerspruch stehen. Verhaltensweisen und Eigenschaften der Frauen, die nicht dem Wunschbild des aufgeklärten, rationalen Menschen entsprechen, werden, als Produkt »des Patriarchats«, Objekt der großen puritanischen Säuberung, die alles Unanständige, Unlogische und vor allem literarisch »Ausschweifende« bereinigt. Zu Recht denunziert die antipatriarchalistische Position an den kulturellen Erscheinungsformen der Weiblichkeit, daß sie immer schon funktionalisiert, Teil des Kampfs um Vorteile und Überleben, daß Schönheit, Güte und Nachgiebigkeit der Frauen Lebenslügen der Schwachen waren. Dieser Angriff auf die Kultur hat aber eine Affinität zum Technokratischen, die sich in der Vorliebe verrät, sachliche, regelhafte Relationen, wie sie dem industriellen Arbeitsbegriff entsprechen, auf persönliche Beziehungen zu übertragen.[80] Dieses Element der »neuen Sachlichkeit« im Selbstverständnis der Frau, das sich auch in ihrer ästhetischen Selbstdarstellung ausdrückt, ist eine wesentliche Voraussetzung dafür, daß feministische Positionen zur Zeit offiziell adaptiert werden.

Abstraktes Objekt der ebenso abstrakt gegen »den Mann« gerichteten Strategie, wird die Frau als Manipulierte bedauert und zugleich unter dem Ideal des »natürlichen« Körpers und der ehrlichen, physischen Liebe verfolgt.[81]

Mit Entsetzen wird im Kursivdruck registriert: »Dem *Aussehen* und der *Erscheinung* der Leserin widmen alle Zeitschriften beträchtlichen Raum, und zwar in fast allen Fällen den meisten vor allen anderen Themengruppen [...] im Jahr 1967 liegt der Raumanteil, den die Mode und Kosmetik beansprucht, in keiner der untersuchten Zeitschriften unter 30%!«[82] Und mit Verachtung heißt es über Lippenrot und frei fallendes Haar: »Heute noch beschreibt der Thrillerautor die eleganten Kostüme seiner Superdamen, die gewagten Hüte, ausgesuchten Accessoires und Schuhe; die Metaphorik verweilt nicht mehr bei Juwelen und Blumen, aber die Betonung des Konsums ist die gleiche. Ein Mäuschen von Sekretärin erblüht zur weiblichen Stereotype, wenn sie die Lippen rot schminkt, ihr Haar fallen läßt und etwas Schnuckeliges anzieht.«[83]

Zugleich mit dem Angriff auf den unterdrückenden Zwang zu Jugendlichkeit und adrettem Aussehen, auf den die kosmetische Schönheit reduziert ist, verfällt jede Stilisierung, jede Künstlichkeit, jeder Luxus der Kritik. Untrennbar ist das Argument gegen Mode und Schminke als verwerflichen Mitteln der anbiedernden Lockung der Männer mit dem Widerwillen verbunden, daß Frauen Zeit für »Unsinniges« verwenden.[84]

Die künstlichen Bilder, die die Frauen von sich selbst zu entwerfen suchen, ihre Vorliebe für Dekor und Kitsch, sind Lebenslügen, Vergeudung von Ressourcen. Der Hang zu Luxus und Luxurieren ist Vergeudung von Kräften und Mitteln, die beruhigende Illusion, das Integrationsinstrument, das Herrschaftsverhältnisse aufrechterhält. Und doch sind diese »Lebenslügen« mehr als Momente der Wiederherstellung verausgabter Arbeitskraft: Wiederherstellung von Menschen, soweit sie vom Prinzip des Nutzens noch nicht völlig erfaßt sind. Diese beiden Momente werden theoretisch nicht unterschieden. Die Sehnsucht nach der Ehrlichkeit ohne Masken und ohne andere denn tugendhafte Interessen sucht falsche Trennungen. Mit der kulturindustriellen Stilisierung körperlicher Merkmale und menschlicher Beziehungen denunziert man zugleich alles Lebendige, Überschüssige.

Die Welt der Bilder, die die Frauen zu entwerfen suchen, scheitert notwendig und wird doch mit gleicher Notwendigkeit immer aufs neue hervorgebracht: als Versuch, durch »selbstgemachte Konkretion«[85] sich das konkrete Besondere vorzuspiegeln; auf die Hoffnung, die daran haftet, kann nicht verzichtet werden. Die Rollenattribute sind Fetische des Überschüssigen.

Zur problematischen Seite der gegenwärtigen Frauenbewegung gehört also die Frage, ob die energische Verweigerung der Ausbeutung durch »den Mann« und auch die Aversion gegen »Liebesverhältnisse« prinzipiell nicht eine Tendenz reflektieren, die allgemeiner als Element der spätkapitalistischen Gesellschaft untersucht werden müßte: die zunehmende Unfähigkeit zu Liebe und Leidenschaft, zu Spontaneität und »Sich-Verlieren«.[86]

Der Haß eines so sensiblen Schriftstellers wie Karl Kraus gegen den Feminismus dürfte seine Wurzel in dem Gefühl für diese Tendenz zur Anpassung haben: im Beharren auf Qualitäten – die durch Konservativismus allerdings auch nicht zu retten waren. Die Gefahr besteht jedenfalls, daß die Frauenbewegung nicht in der Lage sein könnte, an qualitativen Forderungen festzuhalten, Forderungen, die vor allem Entfaltung auf der Ebene von Kommunikation zum Inhalt hätten (wozu als Voraussetzung dann materielle Forderungen gehören).

Auf der Ebene der verselbständigten Strategien dominiert instrumentelles Denken. Die Verselbständigung politischer und wissenschaftlicher Strategien läßt sich geradezu durch das Ausmaß definieren, in welchem sie ihre Objekte als bloßes Material der Organisation bzw. der Forschung verstehen. Instrumentelles Denken betrachtet die Frauen als Objekt der Realisierung einer prinzipiell feststehenden Zielvorstellung. Dieses Ziel erhält durch die Abstraktion von den wirklichen, lebendigen Menschen und deren Denken und Wollen eine falsche, entfremdete Komponente, selbst dann, wenn es »prinzipiell« richtig erscheint: im Falle der hier behandelten Strategien die – ahistorische, gegenüber der realen Reichhaltigkeit der Verhaltensweisen und auch gegenüber dem realen »Widerstand« der Frauen indifferente – Anwendung eines quantitativen Maßstabs formaler Gleichheit im Beruf ebenso wie in den Geschlechterbeziehungen.
  Die Frauen sind Objekt der Strategien. Die Ebene der Strategien hat sich gegenüber der Ebene des Alltagslebens der meisten Frauen weitgehend verselbständigt: Gegenwärtig jedenfalls gibt es keine politische und wissenschaftliche Strategie, die die Frauen, ihr empirisches Denken und Handeln,

nicht instrumentell auffassen würde. Die verselbständigten Strategien betrachten die Frauen mehr oder weniger als den sich sperrenden Rohstoff der Realisierung starrer und formalisierter (wenn auch egalitärer) Zielvorstellungen. Die verselbständigten Strategien sind nicht bereit, die realen historischen Konstellationen, empirischen Strukturen, empirischen Möglichkeiten und Interessen, vor allem aber die »Widerstände« (»Traditionalismus«, Familienorientierung, Apathie, Mode- und Konsumorientierung, romantische Ideale, Narzißmus etc.), die die alltägliche Wirklichkeit der Subjekte den Strategien entgegensetzt, zu verarbeiten.

Die Antwort hierauf kann nur eine Untersuchung des alltäglichen Lebens der Frauen sein. »Frauenemanzipation« ist ja nur vorstellbar als auf Bedürfnissen beruhend. Ihr eigentliches Kennzeichen ist das veränderte Verhältnis der Individuen zu den gesellschaftlichen Institutionen. Diese können als zur Lösung der erkannten Probleme des Zusammenlebens notwendige Einrichtungen begriffen werden, also als Produkt geschichtlicher und eigener Praxis.

Teil II
Widersprüche und Ambivalenzen
im weiblichen Lebenszusammenhang

Worin besteht der den Frauen eigene, von den Strategien
instrumentell aufgenommene und zum Teil gegen diese Verwertung sich sperrende Lebenszusammenhang? Was sind
seine Strukturen? Wie weit geht dieses »Sich-Sperren«? Ist es
ein Potential der qualitativen Politisierung? Sind Beruf und
Familie wirklich die Alternativen, zwischen denen sich die
Bedürfnisse und Wünsche der Frauen bewegen?

»Weiblicher Lebenszusammenhang«: das sind zunächst die
Tätigkeiten und Beziehungen der Frauen im Bereich der
individuellen »Reproduktion« (auch die berufstätige Frau bezieht sich hierauf), also in Haushalt, Familie, Erziehung und
Geselligkeit.

Wir werden zunächst bestimmte empirische Strukturkon-
stellationen feststellen, die das »Sich-Sperren«, den »Widerstand« der Frauen gegenüber den verselbständigten Strategien
zeigen. Den berufsbezogenen Strategien widerspricht die faktische Familienorientierung aller, auch der berufstätigen
Frauen, und wir werden später zu erörtern haben, inwiefern es
sich hierbei um ein »Defizit« handelt. Der antipatriarchalistischen Position widerspricht die Tatsache, daß die empirischen
Familienstrukturen zum größten Teil nicht patriarchalisch
sind, obwohl eine faktische Rollentrennung zwischen Mann
und Frau besteht.[1] Danach wollen wir die wichtigen qualitativen Aspekte im weiblichen Lebenszusammenhang (bzw. in
der darin vorherrschenden Produktion) in ihrer Widersprüchlichkeit darstellen, und zwar zunächst den Widerspruch von
Produktionsverhältnissen und Produktivkräften im weiblichen Lebenszusammenhang[2] und danach einige ambivalente
Strukturen im weiblichen Bewußtsein (Angst und Unzufriedenheit, Imagination).[3]

1. Fakten gegen die verselbständigten Strategien: Familienorientierung und Familienstruktur

1.1. Die Familienorientierung der Frauen

Natürlich sind die untergeordnete Berufsposition fast aller erwerbstätigen Frauen und die damit verbundenen subjektiven Faktoren (Familienorientierung, geringer Karriereehrgeiz, Rückzug in weibliche Berufe etc.) Produkt der objektiven Strukturen in der Sphäre des Berufs: Produkt also realer Unterprivilegierung und Diskriminierung der Frau. Das Phänomen der Unterprivilegierung der Frauen im Berufsleben ist jedoch nicht allein in der objektiven Diskriminierung der Frau im Berufsleben selbst begründet. Die subjektiven Aspekte dieses Verhaltens sind nicht nur Ausflüchte und Rationalisierungen, sondern zugleich auch das Ergebnis bestimmter Arten und Weisen des Arbeitens und der Erfahrung im weiblichen Leben.

Tatsächlich ist der entscheidende Faktor, der die Frauen zur Berufsarbeit veranlaßt, ein niedriges Durchschnittseinkommen des Mannes und ein niedriger durchschnittlicher Lebensstandard. Frauen, die größere Wahlfreiheit haben – bei hohem Durchschnittseinkommen des Mannes und hohem durchschnittlichen Lebensstandard – werden im allgemeinen nicht berufstätig.[4] Diese Weigerung vieler Frauen, sich in die Berufspyramide zu integrieren, ist nicht einfach als Ergebnis bornierter Weiblichkeit zu interpretieren.

Empirische Studien ergeben, daß die Frauen in Meinung und Verhalten sowohl in bezug auf die Berufsrolle als auch auf die Hausfrauenrolle sehr widersprüchlich sind, daß sie sich weder über diese noch über jene eigentlich definieren wollen.

A. Berufstätigkeit und Familienorientierung

Die Frauen bleiben familienorientiert, auch wenn sie berufstätig sind: Eine Studie über die westdeutschen Frauen (Hausfrauen und berufstätige Frauen) erbrachte, daß sich 55% der westdeutschen Frauen, ob sie nun berufstätig sind oder nicht, über Haushalt und Familie definieren, während 33% sich als berufs- und leistungsbezogen erleben.[5] Faktisch sind auch für die *berufstätige* Frau Haushalt, Familie und Kinder die Hauptbezugspunkte ihrer Aktivitäten. Berufstätigkeit und die hier bestehenden objektiven Ungerechtigkeiten haben im Selbstverständnis der Frauen eine geringe Relevanz; ihre Berufstätigkeit erleben die weitaus meisten Frauen als etwas »Zusätzliches«. Für diese Annahme sprechen die folgenden Strukturen:

a. *Planung des Arbeitslebens:* Frauen stellen sich im allgemeinen nicht auf ein bis zur Pensionierung dauerndes Erwerbsleben ein; nur wenn sie nicht mehr mit Familiengründung oder Familienvergrößerung rechnen, nähern sie ihre Pläne denen der Männer an (Arbeit bis zur Pensionierung); sonst antizipieren sie eine Zukunft, in der es für sie nur die Familie oder eine durch die Familie bestimmte Erwerbstätigkeit gibt. Entscheidungen über das Berufsleben, vor allem über Fortsetzung, Unterbrechung oder Abbruch der beruflichen Tätigkeit, beziehen sich also in erster Linie auf die familiale Situation; unabhängig davon planen nur wenige.[6]

b. *Einstellung zum Beruf:* Von allen im Rahmen der Pross-Studie befragten (berufstätigen) Arbeitnehmerinnen der Bundesrepublik[7] erklärten 24%, daß sie ein Leben als Hausfrau vorziehen würden. Bei den Arbeiterinnen liegt der Prozentsatz bei 41%; entsprechend erklärten sich nur 50% der Arbeiterinnen für die Erwerbstätigkeit oder eine Verbindung von Hausarbeit und außerhäuslicher Berufsarbeit. Von den Angestellten unter den Frauen sprachen sich 13% für Hausarbeit und 81% für eine Berufstätigkeit aus. Die Ursache für diesen Unterschied zu den Einstellungen der Arbeiterinnen dürfte sowohl in der unterschiedlichen Arbeit als auch im unterschiedlichen Wertsystem liegen. In der Unterschicht besteht in stärkerem Maße die Vorstellung, der Mann müsse imstande sein, »seine« Frau ohne deren entlohnte Mitarbeit zu erhalten, er solle ihr die Härte des Erwerbslebens ersparen und könne dafür auf sexuelle Treue und eine angemessene Versorgung des Haushalts zählen. Für die berufstätige Arbeiterfrau beschreibt vor allem die Familie[8] den Bereich ihrer Aktivität. Es ist daher nicht erstaunlich, daß die jungen ledigen Arbeiterinnen, die Walter Jaide befragte, nur und einzig beim Thema Heirat aktiv und übersprudelnd erzählen und über ihre Zukunft mit Mann, Kindern und ausreichendem Haushaltsgeld phantasieren[9]: Das Alltagsleben des Haushalts ist der einzige Bereich ihres Einflusses und ihrer Aktivität.

Was die westdeutschen »Nur-Hausfrauen« betrifft[10], so äußern sie unter den gegenwärtigen Bedingungen *kein* Interesse am Beruf:

»Im ganzen, so können wir resumieren, ist das Interesse an einer Berufstätigkeit bei der Masse der Hausfrauen nicht groß. Wenn verhältnismäßig viele Befragte sagen, sie würden, hätten sie jetzt die Wahl, eine Berufstätigkeit der Hausfrauentätigkeit vorziehen, und wenn ebenfalls viele erklären, sie planten eine Rückkehr in den Beruf, so drückt sich darin mehr ein Ungenügen an der rein häuslichen Existenz aus als ein aktives Interesse am Beruf. Ob die Berufsinteressen zunehmen werden, hängt wohl in erster Linie von der Attraktivität der entsprechenden Ausbildungs- und Arbeitsplatzangebote ab. Gegenwärtig scheinen sie zu unentwickelt, scheinen die Anreize zu bescheiden zu sein. Faktisch könnten die Hausfrauen kaum mehr als Hilfsarbeiten übernehmen. Dazu haben sie aber kaum Anlaß. Ihre wirtschaftliche Lage nötigt sie nicht, sich um jeden Preis auf eine Erwerbsarbeit einzulassen, und die Qualität der außerhäuslichen Angebote ist auch nicht hoch genug, um die Berufsabsichten zu intensivieren. Um mehr Hausfrauen für Berufsaufgaben zu gewinnen, müssen die Ausbildungs- und die Arbeitsmöglichkeiten weit über das gegenwärtige Maß hinaus verbessert werden. Andernfalls ist nicht damit zu rechnen, daß die Frauen sich zahlreicher als bisher bezahlten Tätigkeiten zuwenden. Ihr Ungenügen an der rein häuslichen Existenz mag weiter wachsen, und die mit der Hausfrauenrolle nur partiell zufriedene Minderheit mag sich zur Mehrheit erweitern. Solange die Außenwelt sich nicht mehr um diese Frauen bemüht, wird jedoch die Kritik am Hausfrauendasein nicht zu verstärkter Rückkehr in die Berufssphäre führen.«[11]

Fast zwei Drittel der westdeutschen Hausfrauen gingen, bevor sie ausschließlich Hausfrauen wurden, mehr als fünf Jahre einer bezahlten Arbeit nach.[12] Berufstätig gewesen sind fast alle Frauen, die heute Hausfrauen sind (90%).[13] Eine ausgesprochene *Ablehnung* der Erwerbsarbeit findet sich bei den Frauen nicht; andererseits wurde die Berufstätigkeit von fast 50% der Befragten *gern* aufgegeben.[14]

c. *Kinder als Motiv des Berufsabbruchs:* Der »Widerstand« der Frauen gegenüber der Erwerbsarbeit ist zu einem großen Teil – jedenfalls nach den Äußerungen der Frauen selbst zu schließen – durch die Notwendigkeit bestimmt, sich um die Kinder zu kümmern. Mit gewisser Reserve berichten die amerikanischen Sozialforscher, daß auch in den USA bis heute die Berufstätigkeit der *Mutter* bei den (weißen) Amerikanerinnen nicht beliebt ist und daß allenfalls finanzielle Notwendigkeiten als akzeptabler Grund für die Aufnahme einer Erwerbstätigkeit angesehen werden, dagegen nicht das Bedürfnis, aus dem Hause zu kommen, oder Motive, die sich auf Status-Prestige beziehen.[15] Berufstätige Frauen wünschen sich und haben weniger Kinder als nicht berufstätige[16]; berufstätige Mütter haben weniger Kinder als Mütter, die nicht berufstätig sind.[17] Nach der ›Brigitte‹-Studie von 1973 über die westdeutschen Hausfrauen nannten fast zwei Drittel der befragten Hausfrauen als Grund für die Aufgabe der Erwerbsarbeit: »Weil Kinder kamen.« 17% nannten einen entsprechenden Wunsch des Mannes, 11% einen eigenen Wunsch als Hauptmotiv.[18]

Die Hausfrau ohne Kinder, die nur den Haushalt führt, ist in der BRD kaum mehr vertreten (in der ›Brigitte‹-Studie von 1973 nur 5% in der Stichprobe).[19] Die meisten Hausfrauen haben also Kinder und sind zugleich Hausfrauen der Kinder wegen: »Jede vierte Befragte ist Mutter *eines* Kindes, jede dritte hat zwei Kinder geboren oder angenommen, jede fünfte drei. 12 Prozent sind Mütter von vier und mehr Kindern.«[20] Die Wünsche der Frauen richten sich meist auf die Zwei-Kinder-Familie[21]. Je mehr Kinder die Frauen haben, desto stärker beschränken sie sich auf den Haushalt, je weniger Kinder die Frauen haben, desto eher, vor allem wenn sie nur ein Kind haben, gehen sie einer Erwerbstätigkeit nach.[22] 90% der Hausfrauen zwischen 18 und 54 Jahren sind Mütter:

»Fast zwei Drittel der Mütter haben für Kleinkinder zu sorgen. Rechnet man diejenigen hinzu, deren Kinder zwar schon zur Schule gehen, aber doch noch zu klein sind, um während eines längeren Teils des Tages allein zu sein, dann wird deutlich, daß die überwiegende Mehrheit der Hausfrauen nicht abkömmlich ist, jedenfalls nicht regelmäßig und nicht für die Dauer eines vollen Arbeitstages. Obwohl freigestellt von Erwerbsfunktionen, sind die Hausfrauen keine Luxusgeschöpfe.«[23]

Ihre Abende verbringen die Hausfrauen zu 88% mit dem Mann oder mit den Kindern oder mit beiden zu Hause. Im Mittelpunkt der Unterhaltungen der westdeutschen Hausfrauen mit ihren Männern stehen die Kinder. Über nichts anderes wird in so zahlreichen Ehen so häufig gesprochen.[24] Auch Streit zwischen den Eheleuten hat die Kinder und deren

Erziehung zum Thema; 36% der in der ›Brigitte‹-Studie von 1973 befragten Hausfrauen gaben an, darüber sei man am ehesten uneins. Danach folgen das Verhalten des Partners (15%) und das Geld (11%). Nach den Angaben der Frauen interessieren sich die Männer für die Erziehung der Kinder, und zwar der überwiegende Teil.

Trotzdem sind die Frauen nicht derart »familienorientiert«, daß sie »Nur-Hausfrauen« sein möchten: Zahlreiche Hausfrauen, von denen die meisten vorher schon berufstätig waren, verstehen ihre Haushaltstätigkeit nicht als dauerhaft. Die Frauen verlieren zwar das Interesse an der Berufswelt, sobald sie an Heirat denken; wenn sie geheiratet und Kinder haben, entwickelt sich jedoch wieder ein Interesse an beruflicher Tätigkeit.[25] Fast die Hälfte der westdeutschen Hausfrauen fassen ihre häusliche Arbeit nicht als endgültig auf, sondern als Stadium zwischen zwei Phasen der Berufsarbeit; 40% der befragten Hausfrauen erklärten, wenn sie die Wahl hätten, würden sie auch jetzt eine Berufstätigkeit vorziehen, 39% haben vor, später wieder berufstätig zu werden[26], sobald die Kinder das Haus verlassen haben und die ständige Anwesenheit der Mutter nicht mehr erforderlich ist.[27] Auch die amerikanischen Untersuchungen zeigen, daß die Frauen, vor allem die jüngeren, ein gewisses Gleichgewicht zwischen Berufstätigkeit sowie Ehe und Familie gefunden haben, wenigstens in ihren *Aussagen* gegenüber den Sozialforschern. Während frühere Untersuchungen noch eine geringe Berufsorientierung verheirateter Frauen ermittelten[28], haben neuere Studien gezeigt, daß die meisten Frauen eine Berufstätigkeit auch für den Fall *erwarteten,* daß sie verheiratet und die Kinder »groß genug« sein würden.[29]
 Diese Absichtserklärungen stimmen allerdings häufig mit dem realen Verhalten nicht überein, doch zeigen sie die Unzufriedenheit der Frauen mit dem Leben als Hausfrau (eine latente Unzufriedenheit, denn manifest erklären sich die Hausfrauen mit ihrer Hausfrauenrolle zufrieden).[30] Die Hausfrauenuntersuchung von 1973 kommt zu dem Schluß, daß tatsächlich die wenigsten Hausfrauen zwischen 40 und 50 freiwillig eine Berufsarbeit wiederaufnehmen würden.[31] Was die Nur-Hausfrauen betrifft, so ergibt sich, daß auch das

Angebot eines Kindergartens, einer Vorschule oder einer Ganztagsschule nur 24% der Frauen dazu veranlassen würde (nach ihren eigenen Aussagen), einen Beruf wiederaufzunehmen, während 40% dies verneinten (11% sagten, es käme darauf an).[32]

»Lediglich jede vierte wäre demnach eine einigermaßen ernst zu nehmende Berufskandidatin, lediglich jede vierte meint jetzt, sie würde ein verbessertes Angebot an Betreuungseinrichtungen für die Kinder auch tatsächlich nutzen. Unter den Ja-Sagerinnen befinden sich etwas mehr Mütter von einem Kind oder von zwei Kindern. Kinderreiche Mütter entschieden sich sehr viel häufiger für ein Nein.«[33]

Ebenso wären 54% der Frauen nicht bereit, ihre Kinder einer Tagesmutter zu überlassen, um einem Beruf nachgehen zu können (gegenüber 11%, die diese Möglichkeit auf jeden Fall nutzen würden, und 21% unentschlossenen Frauen).[34]

B. Tätigkeiten in »weiblichen« Berufen

Frauen stehen Leistung und Karriere von ihren objektiven Möglichkeiten und von ihren Interessen her fern: Frauen arbeiten meistens in unterprivilegierten Berufspositionen; Frauen zeigen wenig Karriereehrgeiz – lediglich in berufskarrierebezogenem oder konfliktreichem familialen Milieu und bei höherer Schichtlage ist Berufs- und Karriereorientierung hochentwickelt; Frauen ergreifen vor allem »weibliche« Berufe.

a. Frauen arbeiten meistens in unterprivilegierten Berufspositionen: Von den Arbeiterinnen sind in den Ländern der EWG 1971 etwa drei Viertel als Ungelernte oder als Angelernte tätig. Facharbeiterinnen stellen überall nur eine bescheidene Minorität in der Gruppe der Arbeiterinnen (am kleinsten in Italien: 3%; am größten in Belgien: 21%; die BRD befindet sich mit 13% ähnlich wie Holland und Luxemburg in der Mitte). Auch die weiblichen Angestellten arbeiten zumeist in niedrigeren Berufspositionen. Zwar schätzen sich vergleichsweise große Gruppen als »mittlere Ränge« ein; diese Selbsteinschätzung stimmt aber nicht mit der objektiven Situation überein.[35] (Ihre fehlenden *Aufstiegschancen* sind den Frauen in allen Berufen, auch den »besseren«, aber durchaus bewußt[36]). Weniger als ein Zehntel der erwerbstätigen Frauen in der BRD nehmen leitende oder aufsichtsführende Positionen ein.[37] Im gesamten Bereich der EWG, so schätzt Helge Pross, befinden sich mindestens drei Viertel der Arbeiterinnen und Angestellten an der Basis der Arbeitshierarchie.

Aber nicht nur die Positionen der Frauen in der Berufshierarchie sind schlechter, auch ihre Entlohnung ist geringer als die der Männer:

»Während in der Bundesrepublik nur eine winzige Minderheit der Männer (3 Prozent) weniger als 600,– DM erhält, ist es bei den Frauen fast die Hälfte. Analoge Differenzen bestehen in den höheren Einkommensschichten. Auch wenn man in Rechnung stellt, daß immerhin 18 Prozent der befragten westdeutschen Frauen nicht voll erwerbstätig sind, gilt, daß die durchschnittliche Arbeiterin weniger verdient als der durchschnittliche Arbeiter und die durchschnittliche Angestellte niedrigere Einkünfte hat als der durchschnittliche angestellte Mann.«[38]

b. Frauen zeigen wenig Karriereehrgeiz: Der berufliche Ehrgeiz ist bei den Frauen gering. In einer Befragung amerikanischer berufstätiger Frauen – einer Befragung, die für die städtische Bevölkerung der USA repräsentativ ist – wurden als Hauptgründe für Berufstätigkeit angegeben: *»um Geld zu verdienen«* (69%), »um eine Karriere zu verfolgen« (10%), »um außerhalb des Heims zu sein« (15%) und andere Gründe (10%).[39] Das Geldverdienen wurde eher bei ganztägiger Berufsarbeit als Motiv genannt. Ausschlaggebend für die Erwerbstätigkeit der weitaus meisten Frauen sind auch in der BRD ökonomische Motive: entweder ist das Einkommen des Ehemanns zu gering, um für beide Partner eine durchschnittliche Versorgung zu gewährleisten, oder die Frauen wollen sparen, Mittel für besondere Anschaffungen beibringen oder generell den Lebensstandard erhöhen.

»Nicht-wirtschaftliche Motive: Freude an der Arbeit, Kontakte, Unabhängigkeit, werden überall weitaus häufiger von Angestellten als von Arbeiterinnen genannt. Arbeiterinnen arbeiten beinahe ausnahmslos, weil sie müssen und nicht weil die Arbeit oder der Umgang mit Menschen Freude macht oder die Hausarbeit allein nicht befriedigt oder weil sie unabhängig sein wollen. Darin besteht kein Unterschied zwischen Facharbeiterinnen, Ungelernten und Angelernten.

Nicht-wirtschaftliche Gründe werden zudem häufiger von jungen und kaum von älteren, häufiger von ledigen und selten von verheirateten Frauen genannt.«[40]

Von den Frauen, die noch nicht berufstätig sind, antizipieren viele ihre künftigen Familienaufgaben und unterlassen deshalb von vornherein den Versuch, »weiterzukommen«.

Lediglich in berufskarrierebezogenem oder konfliktreichem familialen Milieu und bei höherer Schichtlage ist Berufs- und Karriereorientierung hoch entwickelt: In einer Studie über verheiratete Frauen mit Universitätsabschluß in England, durchgeführt 1968[41], wurde deutlich, daß jener karriereorientierte Frauentyp, der sich von der konventionellen, familienorientierten Frau unterscheidet, durch strukturelle Faktoren »produziert« wird, die für variierendes (nicht-traditionelles) Verhalten auch sonst verantwortlich sind: vom konventionellen Bild abweichende Rollen-Modelle bei den Eltern; gespannte Familienverhältnisse (in der Elternfamilie)[42] – Frauen mit Kindern planen die Fortsetzung ihrer Berufstätigkeit eher, wenn sie in ihrer Elternfamilie Spannungen mit der Mutter und starke Identifikation mit dem Vater hatten[43]; Unterstützung der Karriereorientierung in der eigenen Familie der Frau (Unterstützung durch den Ehemann, durch den Freundeskreis); schließlich geringes (nach eigenen Aussagen gemessenes) »Familienglück«. Frauen, die in einer »warmen« Atmosphäre in der Elternfamilie aufgewachsen sind, tendieren mehr zur Berufsarbeit, wenn ihre eigene Ehe »nicht sehr glücklich« ist.[44] Vor allem die Berufstätigkeit der Mutter verstärkt (in der Mittelschicht) die Karriereorientierung der Tochter, verringert ihre Stilisierung nach der traditionellen Geschlechtsrolle und verstärkt ihre Wahl traditionell männlicher Berufsziele. »Höhere« Berufe, solche also, die traditionellerweise von Männern besetzt sind, erstreben in der mittleren und oberen Mittelschicht vor allem diejenigen Studentinnen, deren Mütter bereits erwerbstätig waren. Intermediäre Faktoren sind hierbei das direkte Erlernen der mütterlichen Werte und des mütterlichen Beispiels, verstärkte Intelligenz, resultierend aus einer größeren Freiheit zu »wandern und zu explorieren«, größere Autonomie des Denkens und der Wertvorstellungen, die die Eltern im Kind ermutigen, sowie größere Leistungsmotivation.[45]

d. Frauen ergreifen vor allem »weibliche« Berufe: Enttäuscht registriert die Forschung, daß selbst von den ichstarken, karriereorientierten Frauen nur eine kleine Minderheit in chemische, medizinische, molekular-biologische, experimental-psychologische und klinisch-psychologische Berufe gingen, während die meisten traditionell »weibliche« Berufe (Sozialarbeit, Lehrberufe etc.) anstrebten.[46] Über 70% der US-amerikanischen Frauen arbeiten nur in den folgenden vier Bereichen: Lehrberufe, Pflegeberufe, Sekretärinnenarbeit, Sozialarbeit.[47] Zugleich stellen die Frauen in diesen Berufen die Mehrzahl (70-100%) der Beschäftigten (Gettobildung).[48]

In den Ländern der EWG (1971) finden sich die berufstätigen Frauen vor allem im Dienstleistungssektor; der zweite Schwerpunkt weiblicher Berufstätigkeit liegt in der Industrie, wobei die Frauen in bestimmten Industrien konzentriert sind – in der Bundesrepublik vor allem in der Metall- und Elektroindustrie; es folgen die Textil- und Bekleidungsindustrie, mit größerem Abstand chemische Industrie, Druckerei- und graphisches Gewerbe, Nahrungs- und Genußmittelindustrie. Obwohl sich in der EWG fast die Hälfte der Frauenarbeitsplätze in der Industrie befindet (und die zweite Hälfte im Dienstleistungsbereich), üben faktisch mehr Frauen Dienstleistungsfunktionen im weiteren Sinne aus; nur Minoritäten, fast ausnahmslos Arbeiterinnen, sind unmittelbar in der Produktion beschäftigt. »Büro, Fabrik und Verkaufsgeschäft sind demnach die wichtigsten Arbeitsstätten von Frauen.«[49] Zum Teil ist diese »Gettobildung« ohne Zweifel unfreiwillig und aufgezwungen (niedrige Löhne etc.). Frauen werden bevorzugt in diesen Bereichen eingestellt; der Zugang zu anderen Berufslaufbahnen ist für sie erschwert. Zum Teil aber beruht die Berufswahl der Frauen auch auf spezifisch »weiblichen« Eigenschaften und Interessen. Dies zeigen z. B. in der Untersuchung über die westdeutschen Arbeitnehmerinnen die Antworten auf die Frage: »Wenn Sie sich noch einmal entscheiden könnten, würden Sie sich dann für einen anderen Beruf ausbilden lassen als den, den Sie jetzt ausüben? Wenn ja, für welchen Beruf würden Sie sich ausbilden lassen?«[50] Nur eine starke Minderheit (43%) antwortete, sie würde auch bei erneuter Berufswahl wieder den jetzigen Beruf ergreifen; etwa *die Hälfte* der Befragten dagegen meinte, sie würde sich anders entscheiden. Die Voten von Arbeiterinnen und Angestellten fielen unterschiedlich aus: die Zustimmung zur jetzigen Tätigkeit ist bei den Arbeiterinnen erwartungsgemäß geringer als bei den Angestellten. Interessanter als diese Tatsache sind die Unterschiede in bezug auf die als Alternative gedachte Arbeit: Auch diejenigen, die sich für einen anderen Beruf entscheiden würden, wählten erneut das, was als »weibliche Berufe« bezeichnet wird: Arbeiterinnen optieren vor allem für handwerkliche Berufe (11%) und für einen Büroberuf (11%), Angestellte mehr für Sozialberufe und soziale Dienstleistungen; 8% der Arbeiterinnen und 6% der Angestellten nennen künstlerische Berufe (Goldschmied, Mode, Kunsthandwerk).[51]

Folgendes ist also im Hinblick auf das berufsbezogene Verhalten der Frauen bedeutsam:

1. Die Frauen bleiben familienorientiert, auch wenn sie berufstätig sind – und auch wenn sie nicht »Nur-Hausfrauen« sein wollen.

2. Die Frauen stehen Leistung und Karriere von ihren Interessen und von ihren objektiven Möglichkeiten her fern.

1.2. Familienstrukturen; »Modernisierung« der Familie

Das Alltagsleben der Frauen in Haushalt, Familie und Geselligkeit ist durch die allgemeine Entwicklung der »Modernisierung« der Familie (»Funktionsverlust«, Veränderung des Familientyps) bestimmt. Die Soziologie konstatiert den Funktionsverlust und die Umstrukturierung der Familie als »Desintegration« und »Desorganisation«.[52] (Unter Desintegration wird die fortschreitende Umwandlung der familialen Aktivitäten in Aufgaben der Gesamtgesellschaft verstanden: der Abbau der ökonomisch-produktiven sowie der religiösen, erzieherischen Tätigkeiten, der Unterhaltungs- und Unterstützungsaufgaben).[53] Der Desintegration der Familie entspricht eine Zunahme des sozialstaatlichen Aktionsbereichs: die gesellschaftliche Kontrolle des Ausbildungs- und Erziehungssystems sowie die Übernahme von Versorgungsleistungen, die traditionellerweise der Familie zukamen: Alten-, Krankenfürsorge etc. Einerseits kann die Familie den Anforderungen der arbeitsteiligen, spezialisierten Ausbildung der Arbeitskraft nicht mehr genügen, andererseits bedeutet die Vergesellschaftung der ehemaligen Familienaktivitäten einen Praxisentzug für die Menschen, denen diese Beziehungen jetzt als fremde, bürokratisch organisierte gegenübertreten. Dies hat Folgen für die innerfamilialen Strukturen.

Was die Charakterisierung von familialen Strukturen als »patriarchalisch« betrifft, so sind mindestens drei Dimensionen zu unterscheiden: 1. die juristische Dimension; 2. die nicht mit staatlichen Sanktionen, sondern über die Mittel der sozialen Kontrolle durchgesetzten Normen des geschlechtsspezifischen Verhaltens; 3. die Ebene der faktischen Entscheidungskompetenz. Im strengen Sinn patriarchalisch sind Konstellationen, in denen die Dominanz des Mannes in den wichtigsten Handlungsbereichen (freie Verfügung über Eigentum und freies sexuelles Verhalten) auf allen drei Ebenen, der des Rechts, der sozialen und der des faktischen Verhaltens, gesichert ist. In hochindustrialisierten Gesellschaften besteht in diesem Sinne kein Patriarchat. Die Norm weiblicher Unterordnung, vor allem was Sexualität und Dienstleistungen innerhalb der Familie betrifft, wird – wie die Studien übereinstimmend zeigen – als *legitime* Norm zunehmend aufgelöst. Dieser Prozeß ist ungleichmäßig; noch ungleichmäßiger entwickelt sich die faktische Gleichheit der Entscheidungskompetenzen. Wir konzentrieren uns im folgenden auf die letzten beiden Elemente: auf die Legitimität von Dominanzrelationen und auf die Verteilung faktischer Entscheidungsgewalt in den Familien.

Die Entwicklung der Familienstruktur verläuft nicht, wie häufig angenommen, »vom Patriarchat zum Egalitarismus«, also von einer auch in der innerfamilialen Entscheidungsgewalt autoritären zur partnerschaftlichen Familie, sondern von einem Familientyp, typisch für Agrarstrukturen, in dem zwar die Geschlechtsrollen getrennt sind (womit Verhaltensautonomie der Frau wenigstens in ihrem Bereich verbunden ist), über einen autoritär-patriarchalischen Familientyp, in dem der Mann auch in die Bereiche eingreift, die traditionellerweise der Frau zugeordnet sind (heute ein Phänomen vor allem der Mittelschicht), zu einem Familientyp, in dem die Geschlechtsrollen nicht strikt getrennt sind, wobei man auch hier drei Typen unterscheiden muß, und zwar danach, bei welchem Familienmitglied die faktische Entscheidungsgewalt (trotz aller verbalen Anerkennung der Gleichheit der Geschlechtsrollen) liegt: beim Mann, bei der Frau oder bei beiden gleichermaßen. Für die Zwecke dieser Arbeit genügt die Zusammenfassung in einer für die Schweiz[54] repräsentativen Studie von 1970/71:

»Bei dieser Typologie handelt es sich um einen groben Orientierungsrahmen, der weder alle möglichen Familientypen erfaßt, noch berücksichtigt, daß zwischen den nach Macht- und Rollenstruktur differenzierten Familientypen Gemeinsamkeiten auf anderen Dimensionen bestehen können. In dieser einfachen, zweidimensionalen Typologie wurde die traditionelle *Familie* als Kombination von hoher Rollentraditionalität mit ausgeglichenen Machtverhältnissen definiert. Die Rollentraditionalität ist dann hoch, wenn eine scharfe Trennung zwischen den (eher instrumentalen) Rollen des Mannes und den (eher affektiven) Rollen der Frau besteht. Ausgeglichene Machtverhältnisse bedeuten, daß Mann und Frau in – entsprechend der Rollentraditionalität – strikt getrennten Bereichen *relativ autonom* entscheiden, wobei aber die männlichen Bereiche (z. B. Außenbeziehungen der Familie mit Institutionen) ein größeres Gewicht haben und so die männliche Dominanz gesichert ist. Das geltende Familienrecht entspricht mehr oder weniger diesem Familientyp. Wie oben ausgeführt, weist nun aber mindestens im großstädtischen Kontext eine Mehrheit von Familien keine ausgeglichene Machtstruktur und/oder keine ausgeprägte Rollentraditionalität auf. Dies bedeutet, daß Abweichungen vom traditionellen Familientyp sehr verbreitet sind:

In der *autoritär-patriarchalischen Familie* entscheidet der Mann auch in Bereichen, die traditionellerweise der Frau zugeordnet sind, während die klassische Rollentrennung beibehalten wird. Beim Zustandekommen dieses Familientyps ist in erster Linie daran zu denken, daß die Frau Entscheidungen oder Entscheidungsbereiche ›freiwillig‹ an den Mann delegiert, weil ihr als Gegenleistung materielle Sicherheit oder gar ein gewisser Luxus gewährt wird; dieser Familientyp ist denn auch in der Mittelschicht bedeutend häufiger als in der Unterschicht. Aber obwohl die Mittelschichtfrauen eine nicht unbedeutende Abhängigkeit in Kauf nehmen, akzeptieren gerade sie auf der Einstellungsebene männliche Dominanz sehr selten. Die Bezeichnung ›autoritär-patriarchalisch‹ soll denn auch ausdrücken, daß die Machtverhältnisse in der Familie – obwohl sie keinen offenen Konflikt zu provozieren scheinen – nicht legitimiert sind. Auch vom Mann her gibt es aber Tendenzen, die zur autoritär-patriarchalischen Familie führen. Neben einer konservativen Reaktion auf Emanzipationsbestrebungen der Frau muß auch die Möglichkeit in Betracht gezogen werden, daß der Mann den Machtverlust im außerfamiliären Bereich, den er im Zuge des relativen sozialen Abstiegs der Mittelschicht erfährt, in der Familie zu kompensieren versucht.

Der letzte Faktor spielt auch beim Zustandekommen der *vaterzentrierten Familie* eine wichtige Rolle. Wie beim autoritär-patriarchalischen Familientyp liegt hier die Entscheidungsgewalt vorwiegend beim Mann, während die Rollentraditionalität gemäßigt ist, d. h. die Frau auch ›männliche‹ und – allerdings in viel selterenerem Ausmaß – der Mann ›weibliche‹ Funktionen wahrnimmt. Dieser Familientyp ist vor allem dort zu erwarten, wo die Präsenz des Mannes in der Familie gering ist (die Familien der ›grünen Witwen‹ sind ein aktuelles Beispiel dafür). In einer solchen Familie ist die Macht des Mannes wegen seiner geringen Teilnahme am Familienleben besonders wenig legitimiert, vor allem dann, wenn seine gesellschaftliche Stellung auch wenig materielle Sicherheit für die Frau garantiert, was in der Unterschicht oft der Fall ist.

In der *mutterzentrierten Familie* liegt die Entscheidungsgewalt weitgehend bei der Frau und die Rollentraditionalität ist gering, was in diesem Fall – ähnlich wie bei der vaterzentrierten Familie – bedeutet, daß die Frau auch die ›männlichen‹ Rollen (insbesondere die Ressourcenbeschaffung) übernimmt. Im Extremfall fehlt ein Ehemann und Vater fast ganz (vaterlose Familie) oder ist gleichsam nur zu Gast (Familie mit transitorischem Vater). In der mutterzentrierten Familie ist die Emanzipation der Frau hoch, jedoch ist der Mann meist nicht bereit, in seinem Verhalten zur Frau die Konsequenzen aus dieser Emanzipation im Sinne einer Anerkennung der Gleichberechtigung der Frau zu ziehen.

Beim *egalitären Familientyp* ist die Rollentraditionalität gering, die Machtstruktur ausgeglichen. Anders als beim traditionellen Familientyp werden aber im Prinzip Entscheidungen nicht je nach Bereich vom Mann oder von der Frau getroffen (autokratische Machtstruktur), sondern zusammen (synkratische Machtstruktur). Die Gattenbeziehung innerhalb der egalitären Familie kann als ›Kameradschaftsehe‹ umschrieben werden. Neben der geringen Differenzierung nach instrumentaler und affektiver Führungsperson ist sie durch hohe gegenseitige emotionale Ansprüche der Ehepartner gekennzeichnet; Ungleichheit dieser emotionalen Ansprüche können die Stabilität der Beziehung beeinträchtigen. Das Ausmaß dieser Ansprüche hängt bei der Frau, die in den meisten Fällen keine außerfamiliale Rolle (Berufstätigkeit) ausübt, u. a. davon ab, ob sie einen eigenen Kreis von Bekannten besitzt.«[55]

Die autoritär-patriarchalische Familie kommt vor allem in der Mittelschicht vor, und zwar sowohl in hochentwickelten, städtischen als auch in niedrigentwickelten, ländlichen Zusammenhängen; die traditionelle Familie scheint ein Phänomen im Übergang zu sein; die vaterzentrierte Familie gibt es in allen Schichten gleichmäßig (sowohl in niedrigentwickelten als auch in hochentwickelten Zusammenhängen), ebenso die egalitäre Familie.[56] Bei den meisten Familien besteht eine Übereinstimmung zwischen den Normen und der Machtstruktur, wie sie die Befragten wahrnehmen (seien sie konservativ oder egalitär). (In der Untersuchung über die schweizer Frauen bestand solche Übereinstimmung bei mehr als 70% der Familien).[57]

Die Verteilung der Familientypen in der Schweiz zeigt *Tabelle 2*.

Eine derart systematische Untersuchung der Familientypen gibt es für die Bundesrepublik nicht; die Daten ähnlicher Untersuchungen[58] sind nicht veröffentlicht. Die zugänglichen Darstellungen bestätigen jedoch generell die Strukturierung in die oben angeführten Familientypen auch für die Bundesrepublik.[59]

Aus den Ergebnissen der schweizer Studie läßt sich folgern, daß das Problem des »Patriarchats« eine spezifische Thematik vor allem der städtischen Mittelschicht ist, in der eine zunehmende Entscheidungsdominanz des Mannes konstatiert werden kann. Dies mag zunächst überraschen, da die Interaktionsstruktur in der Mittelschichtfamilie typischerweise an »Gemeinsamkeit« als Wert orientiert ist und die Beziehungen auch durch stärkere Gemeinsamkeit (etwa gemeinsame Interessen, Diskussion von Problemen) als in der Unterschicht charakterisiert sind. Dennoch liegt die Entscheidung in der Mittelschicht häufiger beim Mann, und seine Macht wächst um so mehr, je bedeutender die Ressourcen (d. h. vor allem finanzielle Leistungen) sind, die er in die Familie einbringt. Der wachsenden Entscheidungsdominanz des Mannes in dieser Schicht kontrastieren allerdings die zunehmend egalitären Auffassungen der Frauen über die Geschlechtsrollen. Der zitierten Studie zufolge wird mit steigendem Grad der »Modernisierung«[60] *unabhängig von sozialer Schichtung* (also in den mittleren ebenso wie in den unteren Schichten) das Bewußtsein der Frauen generell »modernisierter«: Sie entwickkeln im Rahmen der »Modernisierung« ein egalitäreres Bewußtsein, das von einer Betonung und Artikulation des Unbehagens an der weiblichen Rolle und von zunehmender außerfamilialer Aktivität begleitet wird. Während in den Familien der Mittelschicht dieses egalitärere Bewußtsein mit der faktisch wachsenden Entscheidungsdominanz des Mannes konfligiert, ist für die Frauen der Unterschicht »Patriarchalismus« – die Ablehnung der (bzw. Kampf gegen die) Entschei-

Tabelle 2. Familientypen in der Schweiz 1970/71 nach strukturellem Kontext und Schicht (in Prozent)

Kontext	Schicht	Familientyp						Total
		traditionell	autoritär-patriarch.	vater-zentriert	matri-fokal	egalitär	matriar-chalisch	
Hochentwickelter Kanton	Mittelschicht	5	25	26	15	26	3	100% (76)
	Unterschicht	21	12	28	17	21	1	100% (91)
Hochentwickelter Stadt	Mittelschicht	20	8	24	12	24	12	100% (45)
	Unterschicht	37	16	16	4	16	11	100% (62)
Tiefentwickelter Kanton	Mittelschicht	30	11	11	12	25	11	100% (83)
	Unterschicht	21	10	23	16	23	7	100% (104)
Tiefentwickelter Stadt	Mittelschicht	25	26	28	0	12	9	100% (35)
	Unterschicht	19	6	29	19	26	1	100% (58)

Quelle: Thomas Held, René Levy, *Die Stellung der Frau in Familie und Gesellschaft*, S. 344.

dungsdominanz des Mannes – keine identitätsstiftende Thematik. Dies liegt einmal daran, daß egalitäres Bewußtsein angesichts der unterprivilegierten Situation der Unterschichtfamilien nicht »durchschlagen« kann[61] – die Unterprivilegierung (Arbeitsüberlastung) überwiegt; zum anderen ist dieser Unterschied auf dem Hintergrund der generell unterschiedlichen Kommunikationsstrukturen in Mittelschicht- und Unterschichtfamilien zu sehen, die durch verschiedene empirische Studien belegt sind.[62] Die unterschiedliche Art und Weise der Kommunikation impliziert eine verschiedenartige Aufteilung der Lebenssphären zwischen den Eheleuten und damit auch andere – in der Unterschicht weniger auf »Patriarchalismus« bezogene – Konfliktzonen: Die intrafamilialen Beziehungen in der Unterschicht lassen sich eher als »parallel« beschreiben. Die Ehepartner behalten relativ getrennte Lebenssphären; der Austausch von Ideen oder Meinungen durch Konversation etc. wird nicht als zentral angesehen.[63] Die Beziehungen in der Mittelschicht sind dagegen eher »interaktional«, stärker »individuell«: mehr verbale Äußerungen von Liebe und Anerkennung und mehr formuliertes Interesse an der Lebenssphäre des anderen.[64] Die Verteilung der Geschlechtsrollen in der städtischen Unterschicht ist also eher »traditionell« im Sinne der obigen Typologie: Mann und Frau haben – bei stärkeren Außenkontakten (je für sich)[65] – deutlicher getrennte Bereiche, in denen sie zuständig sind.[66]

In der familialen Interaktion in der Unterschichtfamilie findet sich das Muster relativer Isolation der Ehepartner, eine Tendenz zu strenger Rollentrennung. Die alltägliche Routine wird im Rahmen definitiv getrennter Rollenbeziehungen bewältigt. Formal ist die Arbeiterfamilie nicht patriarchalisch. So ist es dort z. B. durchaus üblich, daß die Hausarbeit geteilt wird; allerdings hat der Mann seinen Bereich, die Frau den ihren:

»In vielen Haushalten der Arbeiterschicht gibt es eine scharfe Abgrenzung der Tätigkeiten: der Mann mag zwar gelegentlich Aufgaben innerhalb des Hauses übernehmen, wenn die Frau aus irgendeinem Grund nicht arbeitsfähig ist – etwa wenn sie krank ist oder ein Kind erwartet. Dies wird aber als Ausnahme angesehen: normalerweise übernimmt die Frau die Aufgaben innerhalb, der Mann jene außerhalb des Hauses.

›Mein Mann und ich haben uns das so eingeteilt. Er macht den Garten

und ich den Abwasch. Gelegentlich hilft er mir beim Hausputz, wenn die
Dinge mir über den Kopf wachsen oder wenn ich die Arbeit nicht allein
tun kann – zum Beispiel beim Möbelrücken.‹

›Mein Mann versorgt den Garten und den Rasen und ich kümmere mich
um alles im Haus. Gelegentlich helfen wir einander. Wir sind immer
bereit, uns zu helfen‹.«[67]

Die Aufspaltung in nach Geschlechtsrollen getrennte Berei-
che betrifft praktisch alle Lebensprobleme: den Beruf des
Ehemanns, über den kaum gesprochen wird, die Finanzen der
Familie, die Hausarbeit etc. Mann und Frau verbringen den
Tag mit isolierten Tätigkeiten; es bestehen selten und wenig
gemeinsame Interessen. Oft ist die Frau – nach ihren Äußerungen – mit ihrer Isolierung unzufrieden, doch hat sie das
Gefühl, daß es ihrem Mann so am liebsten ist, der häufig ihr
Interesse für seine Berufsarbeit abwehrt. – In der Mittelschicht
ist die Rollentrennung weniger stark. Im Gegenteil, das »Zu-
sammensein« stellt für die Mittelschicht einen Wert dar.

»In den meisten Familien der Mittelschicht gibt es eine Arbeitsteilung
zwischen Mann und Frau, aber diese generelle Regel wird sehr flexibel
gehandhabt: die Frauen der Mittelschicht sehen es als normal an, daß die
Ehepartner bei den Arbeiten, die getan werden müssen, einander abwech-
seln. Es besteht ein viel stärkeres Interesse daran, die Arbeiten zusammen
zu tun, ob dies nun das Geschirrspülen, das Renovieren der Wohnung ist;
›Gemeinsamkeit‹ ist weithin ein Mittelschichtwert. Die Frau der Mittelschicht hält es für ganz natürlich, daß sie ihren Ehemann zu vielen
Aufgaben, besonders zu solchen, die normalerweise als weiblich angesehen werden, hinzuziehen kann – mehr als ihre Schwester in der Unterschicht dies tun würde. Ebenso macht es ihr weniger aus, männliche
Aufgaben zu übernehmen, etwa Reparaturen, Streichen und Gartenarbeit.
›Gewöhnlich wasche ich das Geschirr, aber er kocht zum Erntedankfest
und zu Weihnachten und manchmal auch am Wochenende, wenn er nicht
zu beschäftigt ist. Er kocht sehr gern, während ich gar nicht so gerne
koche. Ihm macht allein schon die Technik Spaß! Oder der Rasen, das ist
wirklich ein Familienunternehmen. Er mäht den Rasen selbst, aber das ist
für ihn reine Erholung, denn während er im Garten arbeitet, bin ich auch
draußen, mit einer Thermosflasche mit Kaffee, und ich unterhalte mich
mit ihm, während er mit dem Rasenmäher unterwegs ist.‹
›Manche Dinge tun wir zusammen und manche nicht. Zum Beispiel: ich
halte den Garten für seinen Bereich, aber ich helfe ihm und springe häufig
ein, denn er ist zu häufig in der Stadt beschäftigt. Er kümmert sich um den
Wagen und um die Reparaturen, und er baute auch die Garage, aber die
Veranda haben wir zusammen gebaut. Ich helfe bei seinen Projekten

draußen gewaltig mit, und er läßt seine Basteleien auch sein, wenn ich ihn brauche. Ich kümmere mich um alles, was mit den Kindern zusammenhängt, aber es ist doch so, daß jeder das tut, wofür er besser geeignet ist. Ich bringe sie zur Tanzschule, und er bringt sie zum Fußballplatz.‹«[68]

Was die Kontrolle des Haushaltsbudgets betrifft, so zeigen sich – wie alle Studien übereinstimmend bestätigen – klare Unterschiede zwischen Mittel- und Unterschicht. In der Unterschicht liegt die Entscheidung meist bei der Frau allein oder (weniger oft) beim Mann allein, selten jedoch bei beiden Ehepartnern. Die Frau der Unterschicht neigt zu der Annahme: »Sache des Mannes ist es, Geld zu verdienen, Sache der Frau, es auszugeben.« Dabei geht sie davon aus, daß der Mann mit Geld nicht umgehen kann. (Finanzielle Ausgaben werden auch in jenen Arbeiterhaushalten stark von der Frau beeinflußt, in denen der Mann über die Ausgaben entscheidet.) In der Mittelschicht werden die Ausgaben häufiger gemeinsam besprochen. Bei der Planung der Ausgaben hat der Gesichtspunkt der Repräsentation im Hinblick auf die Karriere des Mannes oft eine nicht geringe Bedeutung. Im Gegensatz zur Familie der Unterschicht werden, dem höheren Einkommen entsprechend, auch eher langfristige finanzielle Pläne entwickelt: Ausgaben für Versicherungen, für die Ausbildung der Kinder etc.[69] Der ›Brigitte‹-Untersuchung von 1973 zufolge verwaltet in der BRD die Frau das Geld in 50% der Familien von ungelernten und angelernten Arbeitern, in 44–34% der Familien von Facharbeitern, unteren Angestellten und Beamten und mittleren Angestellten und Beamten, weniger jedoch in Familien von höheren Angestellten und Beamten, leitenden Angestellten und Beamten und kleineren Selbständigen.[70]

Die empirischen Familienstrukturen sind nicht allgemein auf den Nenner des »Patriarchats« zu bringen. Die rhetorische Dramatisierung des »Antipatriarchalismus« nimmt überwiegend die Situation der städtischen Mittelschicht-Frauen auf und artikuliert deren Unbehagen.

Fassen wir zusammen:

1. »Modernisierung« der Familie bedeutet einen Übergang von einem »traditionellen« Familientyp mit hoher geschlechtsspezifischer Arbeitsteilung (in den Werten und Normen wie im

Verhalten) zu einem »egalitären« Familientyp, egalitär in den Werten wie im Verhalten. Ein in der Mittelschicht verbreiteter Typ ist die Familie, in der, vor allem bei den Frauen, egalitäre Normen gelten, faktisch jedoch eine Entscheidungsdominanz des Mannes besteht.

2. Die Familienstruktur in der Unterschicht ist eher »parallel« (Aufrechterhaltung der Trennung in geschlechtsspezifische Bereiche) und faktisch wenig patriarchalisch (entgegen den zugleich bestehenden wenig egalitären Normen); die Familienstruktur in der Mittelschicht ist eher »interaktional« (geringere Trennung in geschlechtsspezifische Bereiche), faktisch jedoch häufiger patriarchalisch.

2. Produktion, Produktivkräfte und Produktionsverhältnisse im weiblichen Lebenszusammenhang

Vom berufsorientiert-strategischen Interesse her[71] lassen sich die qualitativen Strukturen, die Potentiale, Widersprüche und Ambivalenzen im weiblichen Lebenszusammenhang und im darin sich entwickelnden Sozialcharakter nicht erfassen. Es ist auch wenig nützlich, mittels einer Häufung von Merkmalen des »Männlichen« und des »Weiblichen« den Idealtypus der »Weiblichkeit« zu konstruieren[72], denn auch hieraus folgen kaum Erkenntnisse über die qualitativen Probleme und Widersprüche im Bewußtsein und im Verhalten der Frauen. Das emanzipative Potential der Frauen läßt sich nicht aus idealtypisch entgegengesetzten Merkmalshäufungen (z. B. Emotionalität vs. Leistungsorientierung etc.) erschließen.

Der weibliche Lebenszusammenhang in Haushalt, Familie, Freundes- und Bekanntenkreis und hierauf bezogener Berufsarbeit wird im allgemeinen nicht näher analysiert, obwohl, wie wir im vorangegangenen Kapitel gesehen haben, sich die Frauen (unzufrieden und zugleich protestierend) eindeutig auf diesen Bereich beziehen und darin mit Alltagsroutine eingedeckt sind. Die Probleme der weiblichen Rolle und des weiblichen Sozialcharakters werden nicht aus den widersprüchlichen Strukturen dieses Bereichs verständlich gemacht und soziologisch erklärt; statt dessen werden sie im allgemeinen auf den spezifischen, frühkindlichen weiblichen Sozialisationsprozeß zurückgeführt, in welchem Mädchen im Vergleich zu Jungen weniger Ermutigung zur Unabhängigkeit, mehr elterliche Fürsorglichkeit, weniger kognitiven und sozialen Druck zur Errichtung einer eigenen Identität (unabhängig von der Mutter) und mehr Reinlichkeitsdressur erfahren, ohne daß diese Sozialisation selbst noch weiter interpretiert und begriffen würde. Zum Teil kommt man zu kommunikativen Empfehlungen für das Verhalten der Mütter, denen weniger Permissivität angeraten wird: um identitätsstarke Persönlichkeitsstrukturen zu produzieren, sollen die Mütter ihre Töchter weniger als hilflose, Schutz benötigende Wesen behandeln. Es bleibt jedoch die Frage offen, aus welchen Gründen die Mütter faktisch zwischen einer weiblichen (hilflosen, schutzbedürftigen, Ordentlichkeit und Sauberkeit betonen-

den) und einer männlichen (stärker leistungs- und konkur-
renzorientierten, durch Disziplinierung Identität aufbauen-
den) Rolle unterscheiden. Sie übernehmen eine derartige Rol-
lendifferenzierung sicherlich aus der Tradition, zweifellos
aber auch aufgrund eigener Erfahrung; beide bilden sich in der
im weiblichen Lebenszusammenhang vorherrschenden Produktion heraus. Die praktischen »Prämissen« der Ge-
schlechtsrollen-Sozialisation scheinen durch die im weiblichen
Lebenszusammenhang vorhandene Produktion bestimmt zu
sein.

2.1. Produktion

Im Sinne der Politischen Ökonomie ist die Tätigkeit der
Frauen in den Bereichen Haushalt, Familie, Erziehung und
Geselligkeit unproduktiv.[73] Häufig entsteht aus der ökonomischen Analyse – durch falsche Gleichsetzung produktiver
Arbeit mit gesellschaftlich notwendiger Arbeit – die Auffassung, der nicht unmittelbar wertbildende Interesse- und Ar-
beitsbereich des »Privatlebens« (in dem die Frauen arbeiten
und an dem sie sich orientieren) sei »unkreativ«:

> »Obwohl die Alltäglichkeit das Schicksal der meisten unserer Zeitgenos-
> sen bestimmt – diese Unfähigkeit zum Schöpferischen, die als einziges
> Ventil, um aus der Welt der Zwänge und Terrorismen zu entkommen, nur
> die Erholung kennt –, so hat die Frau darunter doppelt zu leiden. Sie lebt
> im Kern der Alltäglichkeit, denn in den meisten Fällen ist sie dessen
> Verwalterin. Außerhalb der produktiven Arbeit, die nur für 35% der
> Frauen im arbeitsfähigen Alter von Bedeutung ist, sind die sogenannten
> weiblichen Tätigkeiten im wesentlichen unkreativ.«[74]

Der Begriff der Produktion impliziert jedoch nicht nur materielle Güterproduktion, sondern immer zugleich die Produktion von Lebenszusammenhängen: von Sozialisationsagentu-
ren, von sozialen Beziehungen, von Öffentlichkeit etc. Produktion ist gesellschaftlich notwendige Tätigkeit. Unter den
Bedingungen der bürgerlichen Gesellschaft steht die Warenproduktion so sehr im Vordergrund, daß sie den allgemeinen
Begriff der Produktion verdeckt.

> »Wenn man zu den Quellen zurückgeht, nämlich zu den Marxschen
> Jugendwerken (ohne jedoch das Kapital beiseitezuschieben), gewinnt der
> Begriff Produktion wieder einen weiten und starken Sinn. Dieser Sinn

spaltet sich. Die Produktion reduziert sich nicht auf die Herstellung von Produkten. Der Begriff bezeichnet einerseits die Erschaffung von Werken (einschließlich der sozialen Zeiten und Räume), kurzum die ›geistige‹ *Produktion*, und andererseits die materielle Produktion, die Herstellung der Dinge. Er bezeichnet auch die Produktion des ›menschlichen Seins‹, durch es selbst, im Laufe seiner historischen Entwicklung. Das impliziert die Produktion der *gesellschaftlichen Beziehungen*. Schließlich umfaßt der Ausdruck, im weitesten Sinne, die Reproduktion. Es gibt nicht nur die biologische Reproduktion (die zur Demographie gehört), sondern auch die materielle Reproduktion der zur Produktion notwendigen Werkzeuge, Instrumente und Techniken, und außerdem die Reproduktion der gesellschaftlichen Verhältnisse. Die einer Gesellschaft inhärenten gesellschaftlichen Verhältnisse bleiben bestehen, bis eine Zerstörung sie zerbricht; aber nicht aus Trägheit, passiv. Sie werden in einer komplexen Bewegung re-produziert. Wo geschieht diese Bewegung, diese *Produktion*, deren Begriff sich verdoppelt oder sich vielmehr derart multipliziert, daß er die Handlung über die Dinge und über die menschlichen Wesen, die Herrschaft über die Natur und die Aneignung der Natur in bezug auf und durch das menschliche ›Sein‹, die *Praxis* und die *Poiesis*, erfaßt? Diese Bewegung spielt sich nicht in den hohen Sphären der Gesellschaft ab: im Staat, in der Wissenschaft, in der ›Kultur‹. Im täglichen Leben liegt der rationale Kern, das wirkliche Zentrum der Praxis.«[75]

Der Begriff der gegenständlichen Tätigkeit, »wie ihn Marx kritisch aus einer Synthesis des traditionell kontemplativen Materialismus und des aktivisch, aber nicht sinnlich tätigen Idealismus in der ersten Feuerbachthese entfaltet, soll sich bei Marx keineswegs [. . .] auf Arbeit als instrumentales Handeln des unmittelbaren Stoffwechsels zwischen den Menschen und der Natur beschränken, sondern zugleich auch das Verhältnis der miteinander verkehrenden Subjekte umfassen.«[76] Auf diesen Zusammenhang hinzuweisen, ist für die Frage nach dem Bewußtsein und den Möglichkeiten der Frauen notwendig, da ihre speziellen Fähigkeiten sich im Rahmen der Familie arbeitsteilig entwickelt haben. Die Deformationen wie die Entwicklung von Fähigkeiten müssen als Element gesellschaftlich notwendiger Produktion begriffen werden. Sie können an der arbeitsteiligen Spezialisierung technischer Fertigkeiten und den zugehörigen Verhaltensmöglichkeiten, wie sie im industriellen Bereich entstehen, gar nicht gemessen werden.

Im Sinne dieses erweiterten Begriffs von Produktion wird im Rahmen des weiblichen Lebenszusammenhangs auch produziert: Es werden nicht nur in der Hausarbeit und der Kindererziehung bestimmte quantifizierbare Leistungen erbracht, sondern gerade in der Produktionsweise der Frauen – in Erziehung und Kommunikation – spielt die Produktion sozialer Beziehungen und »immaterieller Produkte« eine entscheidende Rolle.

Die Produktionsweise, die sich in diesem Bereich erhält, ist unentwickelter und fortgeschrittener zugleich: Die repetitiven Handlungen im Bereich der Güterproduktion als einem Bereich institutionalisierter Neuerung stehen in einem objektiven Zusammenhang der organisierten Veränderung, neuer Zusammenfassungen von Tätigkeiten, einer fortschreitenden Akkumulation von Wissen. Die Produktion, die typischerweise von der Frau geleistet wurde und wird, stellt demgegenüber eine niedrigere Stufe von Vergesellschaftung der menschlichen Beziehungen dar. Dies drückt sich in einer geringeren Teilung der Arbeit, aber auch in einer geringeren Abstraktion von konkreten Bedürfnissen und Interessen aus. Menschen können als besondere Personen, nicht nur als Inhaber von bestimmter gesellschaftlichen Positionen wahrgenommen werden.

2.2. Produktivkräfte

Im Rahmen dieser Produktion haben sich bestimmte, den Frauen eigentümliche Produktivkräfte[77] entwickelt und – wenn auch nur in rudimentärer Form – bewahrt: Fähigkeiten »bedürfnisorientierter« Kommunikation. Unter »Bedürfnisorientierung« verstehen wir hier eine im weiblichen (eher als im männlichen) Erfahrungsmodus strukturell angelegte (nicht in jedem Einzelfall ausgeprägte) Möglichkeit und Fähigkeit zu expressivem, nicht-instrumentellem Verhalten, zu einem Verhalten, das nicht in erster Linie an der Verwirklichung künftiger definierter Ziele als vielmehr an der Strukturierung des unmittelbaren »Stroms von affektiver Zuwendung« und an der Abwendung unmittelbarer Bedrohungen orientiert ist.[78] Am deutlichsten wird dies in der Mutter-Kind-Beziehung:

> »In den Umgangsformen gelungener Mutter-Kind-Beziehung hält sich eine Produktionsweise durch, die man als einen Rest matriarchalischer Produktionsweise ansehen kann. Es ist falsch, sie allein auf Vorgänge im Hormonhaushalt, einen bloß biologisch begründeten ›Mutterinstinkt‹

zurückzuführen. Vielmehr verteidigt sich hier eine auf Bedürfnisbefriedigung gerichtete eigene Produktionsweise der Frau (›das Kind nach seinen Fähigkeiten behandeln, seine Bedürfnisse um jeden Preis stillen‹) gegenüber der patriarchalen und kapitalistischen Umwelt. Diese Produktionsweise ist den Mechanismen ihrer Umwelt absolut überlegen, aber vom Vergesellschaftungsgrad der gesamtgesellschaftlichen Kommunikation abgeschlossen. In der Überlegenheit dieser Produktionsweise liegt der eigentliche Emanzipationsanspruch der Frau: sie verfügt, wie immer unterdrückt und verformt, über Erfahrungen in einer überlegenen Produktionsweise, sobald diese das Ganze der Gesellschaft erfassen könnte.«[79]

Der Prozeß zwischen Mutter und Kind besteht in einer wechselseitigen Einigung, die ein eigenes Zeitmaß hat und in die die Anforderung abstrakter Normen (z. B. rigide Reinlichkeitsdressur) zerstörerisch eingreifen.[80] Das ist der reale Aspekt des utopischen Charakters, den die Mütterlichkeit, die Mutter als Bild des Friedens hat. In der Mutter-Kind-Symbiose geht es um mehr als um ordnungsgemäße Pflege. Säuglingsernährung z. B. ist nicht einfach Zufuhr von Nahrung, die eine bestimmte geschickte Technik erfordert: »Die Säuglingsernährung ist nur ein Teil, zwar ein sehr wichtiger Teil der Beziehung zwischen zwei Menschenwesen. Diese zwei, die Mutter und das Neugeborene haben die Bereitschaft, durch ein ungeheuer machtvolles Band der Liebe miteinander vereint zu werden. [. . .] Wenn es zu einem gegenseitigen Einvernehmen gekommen ist – was bei den einen sofort dasein kann, bei anderen erst nach inneren Konflikten –, verlassen sie sich aufeinander und verstehen einander, und die Ernährung kann sich selbst überlassen werden.«[81] Die Beziehung zwischen Mutter und Kind verlangt von der Mutter die Fähigkeit und Bereitschaft, eine Liebesbeziehung aufzubauen. Diese Liebesbeziehung, die Identifikation mit dem Säugling, ermöglicht es der Mutter, zahlreiche präverbale Signale, die das Kind als Ausdruck seiner Bedürfnislage sendet, angemessen wahrzunehmen und zu beantworten.

»Sie werden verstehen, was es zu bedeuten hat, wenn es seinen Kopf wegdreht und zu trinken verweigert, oder wenn es statt zu trinken in Ihren Armen einschläft, oder wenn es unruhig wird und nicht ordentlich saugen will. Es ist nur durch seine eigenen Gefühle verängstigt, und hier können Sie ihm wie niemand anders durch Ihre große Geduld helfen, indem Sie ihm erlauben zu spielen, die Brustwarze zu belecken oder sie zu greifen. Wenn der Säugling alles tun darf, was ihm irgendwie Spaß macht, ist er zuletzt bereit, das Risiko auf sich zu nehmen und zu saugen.«[82]

Die Mutter-Kind-Beziehung ist eine Liebesbeziehung gleichsam vor allem Inhalt. In sie greifen jedoch schon frühzeitig Momente der Reinlichkeitsdressur und repressive, geschlechtsspezifische Rollenvorstellungen ein.[83] Hinter der Formulierung der natürlichen Liebe, dem natürlichen Wissen und Verstehen der liebevollen Mutter steht bei Winnicott zugleich die Forderung nach der Freiheit und Entfesselung dieser Produktivkräfte: die Forderung nach der »Gesundheit« der Mutter und dem Rahmen an Ruhe und Zeit, den sie als äußere Bedingung braucht, um eine befriedigende Beziehung mit dem Kind aufbauen zu können.[84] Gesundheit und Liebesfähigkeit der Mutter sind die Bedingungen für die Gesundheit, die seelische wie die physische, des Kindes und für das subjektive Glück der Mutter in dieser Beziehung. Die Mutter-Kind-Beziehung ist das Beispiel einer sozialen Beziehung, in der Einigung nicht durch formalisierte Regeln, sondern durch Verstehen, durch Einfühlen zustande kommt, und die auf diese Weise eine Einheit der Interessen herstellt. Der weibliche Sozialcharakter ist durch eine geringere Abgrenzung eigener Gefühle, eigener Interessen von denen anderer charakterisiert.

Die Elemente der im weiblichen Lebenszusammenhang strukturell angelegten (also nicht von jeder einzelnen Frau ausgeübten) bedürfnisorientierten, kommunikativen Produktionsweise sind ein Teil des weiblichen Erfahrungsmodus und des weiblichen Sozialcharakters überhaupt – wobei allerdings die Elemente dieser Bedürfnisorientierung stets unentwickelt, schwach bleiben, in der Form, in der sie empirisch auftreten, also keineswegs zu idealisieren sind[85]: Ein entscheidendes Element des Alltagslebens der meisten Frauen ist, daß die Trennung von geistiger und körperlicher Arbeit in ihren Tätigkeiten nicht entwickelt ist. Daraus erklärt sich unter anderem ihre »instinktive« Ablehnung und Verständnislosigkeit gegenüber »abstrakten« Zusammenhängen. Tendenziell ist der Erfahrungsmodus der Frauen (mit allen Schwächen) jedoch bedürfnisorientiert (an konkreten Dingen und Personen orientiert und meist wenig instrumentell) – wobei allerdings die empirischen Untersuchungen die Dimension der »Bedürfnisorientierung« qualitativ kaum näher erforschen: Frauen bevorzugen vor allem Arbeiten, die Umgang mit Menschen statt mit Sachen und Symbolen beinhalten. Sowohl jugendliche als auch erwachsene Frauen zeigen weniger leistung- als vielmehr gruppenbezogene Motive.[86]

»Schon im Vorschulalter zeigen Mädchen eine andere Orientierung gegenüber intellektuellen Aufgaben als Jungen. Mädchen wollen gefallen; sie arbeiten, um Liebe und Anerkennung zu finden; wenn sie begabt sind, unterschätzen sie ihre Fähigkeiten. Jungen verhalten sich aufgabenorientierter; sie zeigen mehr Selbstvertrauen, und bei ihnen ist ein steigender IQ wahrscheinlicher. Mädchen haben mehr Angst als Jungen, und ihre Angst ist allgemein für ihre Leistungsfähigkeit dysfunktionaler als das bei Jungen der Fall ist. Es gibt auch Unterschiede in den spezifischen Geschicklichkeiten: Jungen zeichnen sich durch bessere räumliche Wahrnehmung, besseres Rechnen, bessere Informiertheit aus und zeigen weniger Umweltabhängigkeit; Mädchen zeichnen sich durch die Fähigkeit zur schnellen Wahrnehmung von Details, Flüssigkeit der Sprache, Fähigkeiten zum Auswendiglernen und durch Fähigkeiten zur schriftlichen Artikulation aus.«[87]

Weibliches Leistungsverhalten ist weit mehr durch den Wunsch nach Liebe und Anerkennung als durch den Willen motiviert, eine gestellte Aufgabe zu »meistern«. (Unterschiedliche Schulleistungen folgen hieraus nicht, denn gute Schulleistungen werden durch Liebe und Anerkennung von Eltern, Lehrer, Mitschülerinnen belohnt.) Es wäre jedoch falsch, Weiblichkeit mit »Passivität« und Männlichkeit mit »Aktivität« gleichzusetzen, denn die Qualität des weiblichen Erfahrungsmodus hat durchaus aktive Komponenten: Die Ambitionen der Frauen richten sich mehr auf Individuierung durch persönliche Stilisierung, die der Männer mehr auf Ziele, die Aufschub von Gratifikationen erfordern. Unter Individuierung wird von den Frauen die Anstrengung verstanden, sich von anderen zu unterscheiden und sozial Aufmerksamkeit zu erregen.[88] Während Schulbildungs- und Berufsehrgeiz bei den Männern vor allem mit materiellem Ehrgeiz verbunden ist, korrelieren die beruflichen und die Karriere-Aspirationen von Frauen weniger mit materiellen Erwartungen.[89] Bei experimentellen Spielen verhalten sich Frauen anders als männliche Versuchspersonen, nämlich versöhnlich; sie schlagen zum Beispiel vor, die Preise des Spiels bereits vor Spielbeginn zu verteilen (statt sie dem Gewinner zu geben), und sie machen altruistische Angebote dort, wo die Spielregeln Konkurrenzverhalten vorschreiben. Sie verändern also jene Spiele, in denen es darum geht, durch Überlistung der anderen zu gewinnen.[90] In diesen Zusammenhang gehört auch das Desinteresse bzw. die Ablehnung, mit der fast alle Frauen dem Leistungssport begegnen.[91] Aber auch das berufliche »achievement motive« karriereorientierter Frauen ist nicht unmittelbar dem der Männer vergleichbar. Meist suchen karriereorientierte Frauen materielle Gratifikationen (also Geld und ökonomische Sicherheit, die grundlegende materielle Versorgung) über den Beruf des Mannes. Die Berufskarriere der Frau der Mittelschicht zielt vorab auf andere, teilweise immaterielle Belohnungen wie zum Beispiel ästhetische und intellektuelle Befriedigungen. Solange eine Frau die Möglichkeit dazu hat, sucht sie gutes Leben, Konsum, Status und materielle Sicherheit über den Mann und ästhetische und intellektuelle Belohnungen über ihren Beruf.[92]

Die »Produktivkräfte« der Frau enthalten eine kulturelle (soziale und psychische) Komponente: Arten und Weisen der Wahrnehmung, der Phantasie, der Spontaneität, der *Imagination*.[93] Auch wenn der Mann Entscheidungen der Familie nach außen vertritt und faktisch auch noch immer seine Zustimmung erforderlich ist, ist die Ausgestaltung des familialen Bereichs, der Charakter der Wohnung, der Kleidung, des Essens, also des Alltags, vor allem Ausdruck der weiblichen Aktivität (auch bei den berufstätigen Frauen); ebenso die Formulierung von Wünschen nach Ausstattung, Kleidung, Möbeln, Ausflügen etc. (mögen diese auch nur als Wünsche in Erscheinung treten). Da die Frau allgemein die Wünsche vertritt, ist sie »Königin« des Konsums, der Werbung, ihr Körper, ihr Lächeln das Symbol der Wunscherfüllung im Konsum. Das Imaginäre ist also in besonderem Maße mit der Alltäglichkeit der Frauen verbunden. Einerseits bedeutet ihr Ausschluß aus dem System der beruflichen Konkurrenz eine Verringerung der Möglichkeit der kooperierenden Aneignung von Wirklichem; andererseits versucht die Frau (je nach Ressourcen unterschiedlich), sich selbst – für sich und für die Männer – zum Objekt der Imagination zu machen. Das Bild, das die Frau traditionellerweise von sich im Mann hervorzurufen sucht, um ihn zu beeindrucken, ihn verliebt zu machen, ist in bestimmten Rollenattributen festgelegt. Diese Attribute sind durch Schichtlage differenziert (Mode, Differenziertheit der Kleidung etc.) und bedeuten trotz ihres restringierten Charakters unter den gegenwärtigen Bedingungen zugleich eine Zulassung und Veröffentlichung von Phantasie und spielerischem Bezug auf sexuelle Wünsche im weiblichen Leben.

Wenn man das Element der Bedürfnisorientierung betont, so darf man, wie gesagt, nicht vergessen, daß es sich hierbei nicht um entfaltete Formen handelt, sondern eher um strukturell angelegte Tendenzen, die häufig von einer generellen Ich-Schwäche begleitet sind. Das größere Interesse an sozialen Beziehungen, das die Frauen bekunden, ist stets mit einer größeren Abhängigkeit von Gruppen gekoppelt. Mädchen sind, verglichen mit Jungen, im allgemeinen konformistischer, leichter zu beeinflussen und abhängiger von der Meinung anderer. Die empirischen Untersuchungen bestätigen zwar, daß der wichtigste Bestandteil der Idealrolle der Frau und Mutter die Komponente »Love and Affection« ist: die Bereitschaft, auf die emotionalen Bedürfnisse anderer einzugehen, das Vermitteln emotionaler Sicherheit und Wärme. Zugleich jedoch hat die Komponente »Maintainance of Self« (die Komponente der persönlichen Identität) – in der idealen Definition der weiblichen Rolle durch die Frauen selbst – die geringste Bedeutung: Beschäftigung mit der eigenen Person, Aussehen, eigene intellektuelle und emotionale Identität werden am wenigsten als Bestandteil der Idealrolle der Frau und Mutter angesehen.[94] Frauen sind auch (nach psychologischen Tests) konformistischer in bezug auf politische Haltungen und auf Norm- und Glaubensvorstellungen.[95] Wegen ihrer emotionalen Abhängigkeit entwickeln sie nicht oder nur schwer die Fähigkeit, analytisch zu denken. Analytisches Denken setzt eine gewisse Unabhängigkeit voraus, die abhängige Personen, die auf Stimuli aus ihrer Umgebung angewiesen sind, nicht entwickeln können.[96] Analytisches Denken bedeutet die Fähigkeit, zu trennen, zu gliedern, Objekte zu umreißen, Problemzusammenhänge zu strukturieren. Bei Frauen findet man häufig die Tendenz zur passiven Durchführung von Aufgaben und wenig Neigung zur selbständigen Umorganisation von

Zusammenhängen und zur objektiven Analyse von Relationen.[97] Eine Untersuchung über amerikanische Collegestudentinnen zeigte, daß Frauen, die auf einer Skala der Ichstärke (Sinn für Realität, persönliches Mit-den-Dingen-Fertigwerden[98]) hoch rangieren, eine definitive Berufsorientierung aufweisen, Frauen dagegen, die auf der Ichstärke-Skala niedriger rangieren, auch in ihren Berufsorientierungen vage und diffus sind; ihre privaten Träume zeigen sich eher in folgender charakteristischer Äußerung:

»Reisen – oder weit weg von zu Hause leben, ohne arbeiten zu *müssen*, es sei denn, es ist einem danach. Aber ich bin mir auch nicht sicher, ob ich nicht lieber glücklich und leicht Erfolg in einem Beruf haben möchte, in dem ich mit anderen Leuten zusammenkomme. Ach, ich habe so viele private Träume – wahrscheinlich möchte ich einfach von sehr guten Freunden umgeben sein.«[99]

Ichstärke ist in dieser Studie von vornherein durch »männliche« Kriterien wie das der Fähigkeit zu Konkurrenzverhalten und durch die Attribute der männlichen Berufsrolle definiert, was zweifellos eine Verzerrung ergibt. Von einem weniger verengten Begriff von Ichstärke her ließe sich die zitierte Äußerung, die ja einen Wunsch nach befreiter Arbeit und befreiter Kommunikation ausdrückt, durchaus als ichstark bezeichnen. Andererseits aber erwiesen sich die im Rahmen der in dieser Studie vorliegenden (an den Kriterien der Berufsorientierung orientierten) Ichstärke-Skala niedrig rangierenden Frauen als unfähig zum Handeln und Planen, fixiert auf bestimmte Lokalitäten und Situationen; die hoch rangierenden Frauen dagegen waren in bezug auf Karriere höchst realitätstüchtig; sie fixierten sich nicht auf Situationen, vereinbarten Berufsleben und Privatleben ohne Schwierigkeiten, ließen sich immer noch Möglichkeiten und Wege offen:

»Die wenig ›ichstarken‹, auf der Ichstärke-Skala niedrig rangierenden Personen erwiesen sich (im allgemeinen wie im spezifischen Sinn) als besonders abhängig. Sie schienen sich nicht nur mehr auf andere zu verlassen, sondern viele von ihnen waren auch unfähig, sich von der gegenwärtigen Situation hinreichend unabhängig zu machen, wenn es darum ging, Bedürfnisse und angemessene Mittel zur Bedürfnisbefriedigung zu bestimmen. Eine wenig ichstarke Frau, die befragt wurde, sagte zum Beispiel, daß sie in der Stadt bleiben möchte, in der ihr früherer Freund wohnt, und das, obwohl sich beide längst getrennt hatten. Auch

73

auf der Ichstärke-Skala hoch rangierende Personen machten Pläne, die ihr Interesse an einen Mann in Betracht zogen, aber sie behielten sich mehrere Möglichkeiten vor, statt sich auf eine einzige Möglichkeit, noch dazu mit ungewissem Ausgang, zu fixieren. So beschloß zum Beispiel eine Studentin, eine nahe gelegene Schule zu besuchen, damit sie und ihr Freund sich besser entscheiden könnten, ob sie zusammen paßten; da sie nicht sehr optimistisch hierüber dachte, machte sie sowohl Pläne für den Fall, daß die Beziehung sich entwickeln würde, als auch Pläne für alternative Interessen und Beziehungen. Eine andere ichstarke Frau beschloß, nicht in ein Entwicklungsland zu gehen, um nicht zwei Jahre von einem ›boy in America‹ getrennt zu sein. Die typische ichschwache Frau hatte mehr Schwierigkeiten, ihre eigenen Bedürfnisse herauszufinden, sich auf eigene Füße zu stellen und sich Alternativen offenzuhalten.«[100]

Von dieser Ambivalenz von Bedürfnis- und Gruppenbezogenheit und Ichschwäche im weiblichen Erfahrungsmodus geht auch etwas in die Geschlechtsrollen-Stereotypen ein, die den Frauen einerseits Sensibilität, Intuition, Freundlichkeit etc., andererseits Hysterie, Kapriziosität, Inkohärenz, Schwatzhaftigkeit, das Bedürfnis, zu vertrauen und zu gefallen, Passivität und Ichschwäche bescheinigen.[101]

Selbst wenn also bestimmte Fähigkeiten der Bedürfnisorientierung, der Kommunikation, der Imagination in der von den Frauen geleisteten Produktion angelegt sind, lassen sich die empirischen Verhaltensweisen und das empirische Bewußtsein der Frauen nicht idealisieren. Der Begriff der »Produktivkraft« fällt nicht ohne weiteres mit den empirischen Bedürfnissen und Interessen der Frauen zusammen. In den Verhaltensweisen und Vorstellungen der Frauen wirken die im weiblichen Lebenszusammenhang bestehenden *Produktionsverhältnisse* bis in die Ängste und sexuellen Verdrängungen hinein fort.

2.3. *Produktionsverhältnisse*

Die weiblichen Produktivkräfte sind nicht entwickelt. Die Einheit von körperlicher und geistiger Arbeit, die sich in der »vorindustriellen« Produktionsweise der Frau in Haushalt und Familie erhalten hat, läßt auf dieser Stufe wiederum keine Entfaltung der Produktivkräfte zu (die Zugang zu Wissen und

Kooperation voraussetzt). Die im weiblichen Lebenszusammenhang bestehende Produktionsweise, in der sich bestimmte Produktivkräfte entwickelt und rudimentär bewahrt haben, ist durch spezifische Produktionsverhältnisse geprägt: die den Frauen eigene Produktionsweise hat sich im Rahmen traditioneller Machtstrukturen und abhängiger Arbeit vollzogen. Beide Faktoren haben die *Entfaltung* von Bedürfnisbezogenheit und Imagination verhindert. Die Produktivkräfte der Frau werden in den Produktionsverhältnissen des weiblichen Lebenszusammenhangs sowohl rudimentär entwickelt und bewahrt als auch gefesselt.

Wesentliches Element der Produktionsverhältnisse[102] im weiblichen Lebenszusammenhang ist die alltägliche Organisation der Arbeit in Haushalt und Familie. Die Hausarbeit ist notwendige Arbeit. Solange diese Arbeit nicht von Dienstleistungsbetrieben übernommen wird, ist die Stundenzahl, die in einer durchschnittlichen Familie dafür aufgewendet werden muß, beträchtlich. Fast alle Frauen – ob berufstätig oder nicht – fühlen sich für den Haushalt, d. h. vor allem für Ordnung, Sauberkeit der Kleidung, der Wohnung und für das Essen verantwortlich. Dies sind die besonders repetitiven Teile der Hausarbeit.

Zur Gruppe der verheirateten Hausfrauen – also jener Frauen, die am stärksten mit Haushalt und Kindererziehung beschäftigt sind – zählen in der Bundesrepublik vor allem die Altersgruppen der 30-40jährigen, 40-50jährigen und (viel weniger) die der 25-30jährigen.[103] In der Bundesrepublik machen 92% der Hausfrauen ihre Hausarbeit allein; 5% haben eine Stundenhilfe, und noch weniger Frauen werden von der Mutter, Schwiegermutter oder anderen Verwandten unterstützt.[104] Hausfrauen versorgen meist einen Drei-Personen-Haushalt (ein Viertel der Befragten), einen Vier-Personen-Haushalt (ein Drittel der Befragten) und ein Fünftel einen größeren Haushalt.[104] Die Haushalte der Frauen vor allem von ungelernten und angelernten Arbeitern sind im Durchschnitt am größten: 44% dieser Frauen haben fünf und mehr Personen zu versorgen. Am kleinsten sind die Haushalte der Facharbeiter sowie der Angestellten und Beamten (die Frauen von kleinen Selbständigen, von selbständigen Unternehmern und von akademischen Selbständigen haben dagegen ebenfalls zu einem hohen Anteil [ca. 35-40%] Haushalte mit fünf und mehr Personen).[105]

Was macht die Alltagsroutine aus? Da sind zunächst die Hausarbeiten, die geleistet werden müssen: die Zubereitung der Mahlzeiten, das Geschirrspülen, das Aufräumen und Säubern der Wohnung, das Wäschewaschen, Bügeln und Einkaufen. Es sind dies die in ihrer repetitiven Struktur als ermüdend und langweilend empfundenen Tätigkeiten. In der ›Brigitte‹-Studie von 1973[106] ergab sich hierbei folgendes Zeitbudget (beruhend auf den relativ unklaren Angaben der Hausfrauen selbst): Für die meisten Hausfrauen in der Bundesrepublik beginnt der Tag zwischen 6 und 7 Uhr früh und endet zwischen 22 und 23 Uhr. Für *Hausarbeit* (dazu gehört nicht Kindererziehung) benötigen 10% der befragten Hausfrauen bis zu drei Stunden am Tag, 55% bis zu 6 Stunden, 24% bis zu 9 Stunden und 11% zehn und mehr Stunden. Frauen mit 4 und mehr Kindern putzen häufig zweimal pro Woche die Wohnung; jede zweite Frau mit einem Kind und jede zweite Frau mit zwei Kindern (unabhängig vom Beruf des Mannes) sagte, sie putze die Wohnung in der Woche zweimal gründlich. Insgesamt verbringen zwei Drittel der Hausfrauen ca. 30 Stunden pro Woche mit Hausarbeiten.

»Der größte Posten im Zeitbudget ist die Herstellung der Mahlzeiten. Zwei Drittel der Befragten setzen täglich drei Mahlzeiten auf den Tisch, jede fünfte vier. 61 Prozent brauchen für diese Leistung bis zu 15 Stunden pro Woche, 38 Prozent mehr als 15 Stunden. Den nächsten Platz nimmt das tägliche Aufräumen einschließlich Bettenmachen und Putzen ein. Damit verbringen 72 Prozent wöchentlich bis zu 15 Stunden, 29 Prozent mehr. Alle anderen Arbeiten werden von der Majorität in weniger als 15 Wochenstunden getan. Geschirrspülen und Aufräumen der Küche wurden von 66 Prozent mit weniger als 10 Stunden angesetzt, von 34 Prozent höher. Einen gründlichen Wohnungsputz nehmen über zwei Drittel der Befragten einmal in der Woche vor, 25 Prozent zweimal. Er beansprucht bei 77 Prozent bis zu 10 Wochenstunden, bei 13 Prozent eine längere Zeit. Für Routineeinkäufe brauchen 81 Prozent bis zu 5 Stunden in der Woche, 19 Prozent mehr. Ein Drittel der Frauen wäscht wöchentlich einmal, ein Viertel zweimal, ein Fünftel dreimal. 11 Prozent sind damit in weniger als 5 Wochenstunden fertig, mit dem Bügeln 95 Prozent.

Nach dem Zeitaufwand ergibt sich also folgende Rangfolge der Hauptverrichtungen:

Zubereitung der Mahlzeiten
Tägliches Aufräumen
Geschirrspülen und Küchenreinigung
Gründlicher Wochenputz
Einkaufen
Waschen
Bügeln.«[107]

Von der Werktagsroutine weicht der Samstag ab. Ein normaler Arbeitstag ist er für ein Drittel der Hausfrauen, wobei er allerdings desto mehr den Charakter eines üblichen Arbeitstages annimmt, je mehr Kinder vorhanden sind. Der Sonntag ist ein »besonderer Tag«; hier fallen nur drei Arbeiten an: Kochen, Spülen und Aufräumen, die von zwei Dritteln der Hausfrauen besorgt werden. Ein Fünftel beschränkt sich auf die Zubereitung von Mahlzeiten und den Abwasch. Die anderen Arbeiten der Alltagsroutine (Putzen, Waschen, Flikken) fallen dagegen weg.

Haushaltsgeräte (wenn auch nicht die »gehobenen«) sind zu einem beträchtlichen Anteil bei den Hausfrauen der BRD vorhanden. So haben die Hausfrauen nach der ›Brigitte‹-Studie von 1973 in ihrem Haushalt:

Staubsauger	94 Prozent
Kühlschrank	94 Prozent
Waschmaschine	88 Prozent
Gefriertruhe	46 Prozent
Nähmaschine	16 Prozent
Geschirrspülautomat	14 Prozent
Bohnermaschine	11 Prozent
Bügelmaschine	16 Prozent
Wäschetrockner	5 Prozent.

Zeiteinsparungen beim Waschen und Bügeln sind durch Haushaltsmaschinen und synthetische Textilien möglich geworden.

Zur Hausarbeit gehören jedoch nicht nur die Zubereitung von Mahlzeiten, das Aufräumen und die gründliche Säuberung der Wohnung, das Einkaufen, Waschen und Bügeln, sondern auch die gelegentliche Herstellung von Kleidung, das Tapezieren und das Konservieren von Nahrungsmitteln. Mit der Konservierung von Lebensmitteln durch Einkochen oder Einfrieren beschäftigen sich 70% der befragten verheirateten

Hausfrauen. Jede dritte Hausfrau näht regelmäßig für sich oder die Familie, jede fünfte gelegentlich. Die Hälfte der Hausfrauen macht häufig Handarbeiten, ein Fünftel gelegentlich. 50% geben an, sie würden selbst tapezieren, und fast drei Viertel machen sich regelmäßig und 11% manchmal ihre Frisur selbst.

Einen beträchtlichen weiteren Teil der Hausarbeit macht die *Versorgung der Kinder* aus. Fast zwei Drittel der westdeutschen verheirateten Hausfrauen haben für ein Kind oder für mehrere Kinder unter 6 Jahren zu sorgen.

»Es betreuen im eigenen Haushalt
25 Prozent Kinder unter 3 Jahren
33 Prozent Kinder von 3 bis unter 6 Jahren
51 Prozent Kinder von 6 bis unter 14 Jahren
35 Prozent Kinder von 14 und mehr Jahren.
(Da drei Viertel der Befragten mehr als ein Kind bei sich haben, addieren sich die Prozentsätze auf über hundert.) Fast drei Viertel der Frauen haben ein Schulkind oder mehrere Schulkinder bei sich. Jede fünfte hat ein Kind oder mehrere Kinder im Kindergarten. Im einzelnen haben von den Befragten ein Kind oder mehrere Kinder in

Kindergarten	21 Prozent
Volksschule	42 Prozent
Realschule	11 Prozent
Höhere Schule	18 Prozent
Hochschule	5 Prozent
Fachschule	3 Prozent
Berufsschule	8 Prozent.«[108]

Für die Pflege der Kinder (füttern, wickeln, baden, beaufsichtigen beim Spielen und bei den Schularbeiten) wenden die meisten Frauen täglich zwei bis drei Stunden auf (der Rest der Frauen mehr). Für sämtliche Hausfrauen- und »Mutterarbeiten« ergibt sich so eine durchschnittliche Beanspruchung von maximal 9 Stunden; rechnet man den Sonntag hinzu, so kommen die Hausfrauen, soweit sie sich auch noch um Kinderpflege kümmern, im Durchschnitt auf eine Arbeitswoche von 55 bis 60 Stunden. Zu den für die Kinder erforderlichen Leistungen gehört vor allem die Hilfe bei den Hausaufgaben. Wie die ›Brigitte‹-Studie ausweist, haben nahezu zwei Drittel aller befragten Hausfrauen Schulkinder in ihrer Familie. 71% der Frauen helfen bei den Hausaufgaben (28% helfen nicht), meist etwa eine Stunde täglich oder mehr. Das Ausmaß der häuslichen Hilfe bei den Schulaufgaben ist, wie die Untersuchung ergab, nicht an Schichtunterschiede gebunden.

Zur Alltagsroutine der Frau gehört es auch, daß die Freizeit der Männer von der Notwendigkeit ihrer *Regeneration* begrenzt ist. Die Situation wird in der ›Brigitte‹-Studie von 1973 beschrieben:

»Die meisten Männer: 55 Prozent, sind bis 18 Uhr wieder zu Hause [. . .]. 24 Prozent kommen später, und 17 Prozent kehren zu verschiedenen Zeiten zurück. Sie sind auf Montage, haben Schichten, befinden sich häufig auf Reisen oder müssen anderweitig wechselnde Termine wahrnehmen. Die Zeit nach der Berufsarbeit nutzen sie meist für Erholung und häusliche Tätigkeiten. (Da mehrere Antworten möglich waren, addieren sich die Zahlen auf über 100 Prozent.) ›In der Regel‹ erholen sich zunächst 66 Prozent – sie schlafen, lesen, sitzen vor dem Fernsehapparat oder sind mit Freunden zusammen. 54 Prozent arbeiten in der Wohnung, am Auto, im Garten. 35 Prozent widmen sich den Kindern. Ziemlich hoch im Kurs steht auch der Sport. Aktiv befaßt sich damit ›in der Regel‹ jeder Fünfte nach der Arbeitszeit. Wirklich anstrengenden Aufgaben gehen nur wenige nach: 9 Prozent verdienen nebenher, beginnen also nach Dienstschluß mit einer neuen Erwerbsarbeit. 8 Prozent arbeiten für ihre Weiterbildung, 7 Prozent betätigen sich in einem Ehrenamt. Den größten Teil der Freizeit am Nachmittag und Abend verbringen die Ehemänner also zu Hause, ausruhend oder mit leichten Arbeiten befaßt.«[109]

Die aus der Alltagsroutine, den regenerativen Funktionen, die die Familie aufgrund der Berufstätigkeit des Mannes (und auch der Frau) zwangsläufig hat, den repetitiven Aspekten der Kindererziehung und den bestehenden Strukturen von realer Öffentlichkeit und Kommunikation hervorgehenden Zwänge sind *Produktionsverhältnisse*. Sie bestimmen die Art und den Entwicklungsgrad der im weiblichen Lebenszusammenhang geleisteten Arbeiten und damit auch den Grad der Entfaltung der im weiblichen Lebenszusammenhang angelegten Produktivkräfte. Die Produktionsverhältnisse im weiblichen Lebenszusammenhang bewahren aufgrund der geringeren Trennung von geistiger und körperlicher Arbeit bestimmte Fähigkeiten der Bedürfnisorientierung und der Imagination, entfalten sie jedoch nicht weiter, sondern halten die darin entstehenden Orientierungen in einer allgemeinen Unterentwicklung fest. Dies macht die empirisch »bedürfnisorientierten« Eigenschaften der Frauen (jedenfalls der unteren und breiten Mittelschicht), ihre Moral des »gesunden Menschenverstands« – man soll freundlich sein, hilfsbereit, eine gute Hausfrau sein etc. – ambivalent: Der zweifellos vorhandenen Bedürfnisorientierung korrespondieren verdrängte Angst und Aggression, wie sie sich z. B. in der Forderung nach der Todesstrafe für schwere Verbrechen und in einem auffallenden Interesse für die Darstellung von Morden in der Presse manifestieren.[110]

Der Inhalt des Alltagslebens besteht primär – und je mehr Ressourcen schichtspezifisch vorhanden sind, desto eher ist diese Tatsache kompensierbar – in konservativen Akten, im Erhalten von Menschen und Dingen. Alltäglichkeit ist Lebensablauf in abstrakt gleicher Zeit; Alltäglichkeit ist die Konstituierung einer Ordnung durch äußere Zwänge, Zwänge der Reproduktion, definiert (und modifiziert) durch die objektive Klassenlage, durch die Schichtkriterien Beruf, Einkommen als Determinanten der Lebenschancen. »Das Alltägliche setzt sich in seiner Trivialität aus Wiederholungen zusammen: Gesten in der Arbeit und außerhalb der Arbeit, mechanische Bewegungen (die der Hände und des Körpers, und auch die der Stücke und Verrichtungen, Rotation oder Hin und Her), Stunden, Tage, Wochen, Monate, Jahre.«[111] Alltäglichkeit gibt es nur in der Bewußtlosigkeit. Ihr Inhalt ist Passivität und Melancholie, ihr Gegenstand die Pflege und Bewahrung von Dingen, Menschen, Beziehungen im Status quo bzw. im Rahmen der normativ vorgeschriebenen Entwicklung.

»Das Alltägliche, das ist das Bescheidene und das Solide, das Selbstverständliche, das, dessen Teile und Fragmente sich in einem Stundenplan verketten. Und zwar, ohne daß man (der Betreffende) die Artikulationen dieser Teile prüfen muß. Das, was ohne Datum ist. Das ist (offenbar) das Unbedeutende; es beschäftigt und berunruhigt und braucht dennoch nicht gesagt zu werden, Ethik, die dem Stundenplan unterliegt, dekorative Ästhetik dieser gebrauchten Zeit. Was mit der Modernität zusammenfällt.«[112]

Das Alltagsleben ist beruhigend, formal identitätsstiftend und zugleich Grund von verdrängter Verzweiflung.

Es kommt darauf an, die Begriffe »Produktion«, »Produktivkräfte«, »Produktionsverhältnisse« und die von diesen Begrif-

*fen bezeichnete Realität nicht reduziert zu verstehen; es
kommt also darauf an, weder Produktion auf »Funktionen«
(Produktion von Mahlzeiten, von Kindern, von Arbeitskraft)
zu reduzieren, noch Produktivkräfte sich als bloß technische
vorzustellen, noch Produktionsverhältnisse lediglich als Arbeitsüberlastung der Hausfrau aufzufassen. Produktion ist
nicht zuletzt Herstellung von sozialen Beziehungen und von
Bewußtseinsformen. Wenn wir von »Widersprüchen und Ambivalenzen« im weiblichen Lebenszusammenhang sprechen, so
deshalb, weil das Registrieren allein des objektiven Widerspruchs von Produktivkräften und Produktionsverhältnissen
die Probleme, die Verhaltensweisen und das Bewußtsein der
Frauen nur an der Oberfläche erfaßt. Praktisch relevant wird
der Widerspruch von Produktivkräften und Produktionsverhältnissen im Rahmen des weiblichen Lebenszusammenhangs
erst aufgrund der Widersprüchlichkeit – und der erlebten
Widersprüchlichkeit: der Ambivalenz[113] – der psychisch und
institutionell verfestigten »Lösungen« (Verhaltensweisen und
Bewußtseinsformen), die aus der objektiven Fesselung weiblicher Produktivkräfte hervorgehen. Im weiblichen Lebenszusammenhang entwickeln sich Formen der Subjektivität, die
Elemente bedürfnisbezogenen Handelns enthalten. Diese ru-
dimentären Formen verfangen sich in der Unterentwicklung
der aufs Private abgedrängten weiblichen Produktion. Die in
Teil I an den verselbständigten Strategien geübte Kritik ver-
suchte zu zeigen, daß mit Begriffen wie »Traditionalismus der
Geschlechtsrollenstereotypen«, »Manipulation«, »cultural lag«
etc. die faktischen Verhaltensweisen und Vorstellungen der
Frauen weder soziologisch verstanden noch in ihrem emanzipativen Potential erfaßt werden können. Das empirische Verhalten und die empirischen Vorstellungen der Frauen sind
nicht einfach »Ideologien«, die nur noch der Modernisierung
bedürfen. Die Verhaltensweisen und Vorstellungen der Frauen
sind stets ein ambivalent bleibender Kompromiß, eine Reaktion auf den im weiblichen Lebenszusammenhang vorhandenen objektiven Widerspruch. Es scheint so zu sein, daß in den
empirischen Bedürfnissen, Interessen und Vorstellungen der
Frauen, in denen sich Produktivkräfte und Produktionsverhältnisse stets vermischen, sich das Unbehagen und das Leiden
an diesem Zustand – an der Unterdrückung, Unentwickeltheit*

und Deformation der produktiven Momente in Verhalten und Erfahrung – in bestimmten, psychisch und institutionell verfestigten Reaktionen artikuliert: in vegetativen Störungen, »Angst vor Erfolg«, Unzufriedenheit und Protest[114], in bestimmten Ritualen im Alltagsverhalten und in der Imagination[115], in der Symbolik von Sauberkeit, des Narzißmus und des Phallischen.[116]

3. Einige ambivalente Strukturen im weiblichen Bewußtsein

> »Was die Frauen betrifft, so kennen wir schon die Zwei-
> deutigkeit ihres Zustandes. Ins Alltägliche verbannt, ma-
> chen sie daraus eine Festung und bemühen sich um so
> mehr, da herauszukommen, wobei sie jedoch den Impli-
> kationen des Bewußtseins ausweichen. Daher ein unauf-
> hörlicher, aber ungeschickter Protest, der nur auf wenig
> orientierte Forderungen hinausläuft.«
>
> Henri Lefebvre[117]

Die für die Frauen entscheidenden Probleme entstehen im
Rahmen der Familie.[118] Es sind jedoch nicht, wie häufig
angenommen wird, einfach innerfamiliale Rollenprobleme
und Arbeitsüberlastung, die in diesem Bereich die Unzufriedenheit und den Protest der Frauen bestimmen. Haushalt und
Familie bleiben ein Bereich, auf den sich die Frauen durchaus
wegen bestimmter Vorteile zurückziehen (wobei dieser Rückzug zugleich regressiv ist und die Probleme nicht löst):

> »In den Worten einer Arbeiterfrau: ›Wenn bei uns das Thema Gleichbe-
> rechtigung kommt, da sagt mein Mann immer: Die gibt es gar nicht;
> mache mal meine Arbeit. Wenn ich dann sage: Mache meine, sagt er:
> Gerne, wenn du raus gehst. Da bin ich bedient. Ich soll rausgehen, damit
> er meine Hausarbeit machen kann und zu Hause sitzt! . . . Es ist so, daß
> die Männer uns noch das Geldverdienen in die Schuhe schieben wollen,
> daß wir dann noch unsere Männer ernähren sollen.‹
> Gleichberechtigung als Gleichheit der Aufgaben und Gleichheit der
> Aufgaben als Berufszwang auch für die Frau – ein solcher Zustand scheint
> den meisten Befragten [Hausfrauen der BRD, U. P.] nicht attraktiv.
> Genötigt, Farbe zu bekennen, präsentieren viele von ihnen die Hausfrau-
> enrolle indirekt auf einmal als Privileg, als Vorrecht, das man sich nicht
> nehmen lassen will. Nur jeweils eine von fünf Befragten hält es für
> erstrebenswert, daß Mann und Frau beide halbtags erwerbstätig sind und
> in der anderen Tageshälfte beide Haushalt und Kinder versorgen. Jede
> zweite will nichts davon wissen. 19 Prozent differenzieren: Müßte man
> ausprobieren, käme auf die Berufe an.«[119]

Das Problem der Unzufriedenheit der Frauen scheint auch
nicht so sehr ein Problem fehlender Anerkennung der weiblichen Arbeiten durch die Männer zu sein. In ihrer Tätigkeit als
Hausfrau jedenfalls fühlen sich die Frauen von den Männern

anerkannt. So glauben zum Beispiel 87% der Hausfrauen in der Bundesrepublik, der Mann bewerte ihre Tätigkeit richtig, nur 14% fühlten sich zu wenig anerkannt.[120] Ärger oder Sorgen machen zwar die Schulkinder durch Unordnung und Mangel an Fleiß.[121] 18% der Frauen ärgern sich außerdem über die ungenügende Bereitschaft der Kinder, mitzuhelfen.

Es ist vor allem die im Alltag vorherrschende »Geschichtslosigkeit«, die die Frauen subjektiv bedroht. Bestimmend für ihre Unzufriedenheit und diffuse Angst ist die in der alltäglichen Routine vorherrschende innere und äußere Isolation. Die Frauen haben stets das Gefühl, im familialen Alltag mit ihren Bedürfnissen zu kurz zu kommen.[122]

Die Unzufriedenheit der Frauen mit dem Haushalt, aber auch mit der Berufsarbeit scheint eine Unzufriedenheit zu sein, die aus der *Fesselung der Produktivkräfte* (der »Bedürfnisorientierung«) stammt und die sich schwer mit der Isolation im Haushalt (und ebenso schwer mit der Einsperrung in das »Berufsleben«) abfindet. Die Verhinderung von Autonomie, eigener Entwicklung und Identität wird – gerade angesichts der Vorteile der im weiblichen Lebenszusammenhang bewahrten Produktionsweise – einer zunehmenden Gruppe von Frauen bewußt. Viele Frauen erkennen, daß sie im Rahmen des Haushalts nicht »Subjekt« werden können; zugleich ist aber auch klar, daß die Berufsarbeit – obwohl sie, vor allem wegen der Möglichkeit der ökonomischen Selbständigkeit, einen Zuwachs an Freiheit bedeutet – das Gefühl der Unzufriedenheit nicht vertreibt.

»Während der letzten Generation etwa hat sich die Unzufriedenheit der Frau interessanterweise verlagert. Viel von dem Neid der Frau gegenüber dem Manne – zweifellos eine starke Unterströmung in den Anfängen der Frauenbewegung – hat jetzt die Richtung gewechselt und ist zum Neid einer Gruppe von Frauen gegen eine andere geworden: die berufstätige Frau mißgönnt der Hausfrau die Freiheit, ihre Arbeit zu tun, wann und wie sie will [. . .]; die Hausfrau dagegen beneidet die berufstätige Frau wegen ihrer finanziellen Unabhängigkeit, wegen der größeren Vielfältigkeit ihrer gesellschaftlichen Kontakte und wegen ihrer Zielstrebigkeit.«[123]

Die Frage jedoch, was für die Frau »Subjektwerdung« bedeuten kann, ist ebenso offen, wie die weiblichen Produktivkräfte selbst unentwickelt sind. Die Frauen wollen vor allem

»anders leben«; das heißt zunächst empirisch, sie wollen mehr konsumieren, und darauf richtet sich ihre Imagination. Ihr Objekt ist nicht die Berufsarbeit und der Protest in gewerkschaftlich organisierter Form, sondern die Artikulation einer tiefergehenden, prinzipiellen Unzufriedenheit mit der bestehenden Form des »Lebens« überhaupt. Die bedürfnisorientierten Beziehungen, die in der im weiblichen Lebenszusammenhang vorherrschenden Produktion strukturell angelegt sind, implizieren nur sehr wenige manifest geäußerte Wünsche und Bedürfnisse. Werden sie auf ihre »großen Wünsche« hin befragt, so äußern sich die meisten Frauen, vor allem Arbeiterfrauen, »realistisch«, »vernünftig«, aufs Mögliche hin orientiert.[124] Daß die im weiblichen Lebenszusammenhang angelegten Produktivkräfte dennoch gefesselt sind – und daß die Frauen hierunter leiden –, manifestiert sich nur in psychisch und institutionell verfestigten kulturellen Mustern[125], in denen sich die aus der Bedürfnisorientierung hervorgehenden (unentwickelten und regressiv bleibenden) Wünsche symbolisch verschlüsselt äußern. Diese Äußerungen und Verhaltensweisen der Frauen sind regressiv und kompensatorisch, zugleich jedoch enthalten sie Momente der Kritik und des Protests.

3.1. Angst und Unzufriedenheit der Frauen

Was die verheirateten[126] Hausfrauen in der Bundesrepublik betrifft, so empfindet etwa ein Drittel die Hausarbeit als ganz unbefriedigend; für 35% ist sie einigermaßen, für 10% manchmal und nur für 23% sehr befriedigend.[127] Kritisiert wird an der Hausarbeit vor allem deren Eintönigkeit und Einförmigkeit. Dennoch kann man die Hausarbeit in ihrer Zeitstruktur nicht mit der Lohnarbeit parallelsetzen. Natürlich zerhackt die alltägliche Routine die Zeit der Frauen; trotzdem haben die meisten noch Freiräume und die Möglichkeit, ihre Zeit autonomer einzuteilen, als es Berufstätigen möglich ist.

»Im Alltag der ›Nur-Hausfrauen‹ geht es insgesamt offenbar ruhiger zu. Daran ändert auch der Umstand nichts, daß sie nach ihren eigenen Angaben und im Durchschnitt etwa 55 bis 60 Stunden mit den häuslichen Pflichten verbringen. Diese 55 bis 60 Stunden sind nicht so rigoros durchorganisiert wie die Arbeitsstunden der erwerbstätigen Männer und

Frauen, sie unterliegen keiner, aus der Sicht der einzelnen Frau, unverrückbaren Einteilung wie in Fabrik, Büro oder Ladengeschäft; sie lassen mehr Spielräume für individuelle Abweichungen, für Anpassungen an das persönliche Befinden, an Unpäßlichkeiten oder Phasen gesteigerter Leistungsfähigkeit. In diesem, gewiß beschränkten, gleichwohl wichtigen Sinn ist das Gros der Hausfrauen freier, sind Hausfrauen mehr Herrinnen ihrer selbst. Die Befunde korrigieren damit das in der Öffentlichkeit noch verbreitete Bild der Hausfrau als der nimmermüden, rastlos schaffenden Frau. Die in der Fachliteratur immer wieder genannte Zahl von 60 Arbeitsstunden pro Woche scheint zwar korrekt, ist aber irreführend, wenn man sie nicht in der oben angedeuteten Weise relativiert.«[128]

Im Gegensatz zu den berufstätigen Frauen haben die sogenannten »Nur-Hausfrauen« nicht ständig das Gefühl des Gehetztseins und des Eingespanntseins:

»Gemessen an den Mitteilungen über die Pausen, fielen die Antworten auf eine Frage nach der Freizeit sehr positiv aus: ›Gibt es im Laufe des Tages Stunden, die sie ganz für sich haben?‹ (Frage 18) Zwei Drittel sagten: Ja; ein Drittel: Nein. Die Schätzungen über die Zahl der Stunden, die man ganz für sich hat, gehen wieder stärker auseinander: Je ein Fünftel sprach von einer Stunde und von zwei Stunden, ein weiteres Fünftel von drei Stunden und mehr. Die Zahl derer, die über freie Stunden verfügen, geht mit steigender Kinderzahl stark zurück«.[129]

So ist es nicht erstaunlich, daß die Frauen ihr *Zeitbudget* im allgemeinen, vor allem verglichen mit der Lage des Mannes, als zufriedenstellend empfinden. Das dennoch vorhandene Gefühl des immerwährenden Gehetztseins hat andere Ursachen, ist ein Symbol für anderes.

A. Diffuse Angst, vegetative Störungen,
»Motiv der Vermeidung von Erfolg«

Unzufriedenheit und Angst gehen vor allem aus dem in der Alltagsroutine herrschenden Mangel hervor. Angst ist hierbei einerseits Ausdruck realer Furcht (vor allem vor der Verschlechterung der ökonomischen Situation), andererseits Ergebnis verdrängter Wünsche nach autonomer Entfaltung von Fähigkeiten, nach Individuierung und nach persönlicher Anerkennung. Das Geregelte, Ritualisierte des Alltagslebens entwickelt sich vor dem Hintergrund der Angst vor Katastrophen, vor Schulden, vor dem finanziellen Chaos, vor dem Gefühl des »Überrolltwerdens« durch Unordnung, Staub und

Schmutz, vor dem »Nicht-fertig-Werden« mit der Situation.[130] Wie die Untersuchung von 1973 ergeben hat, gehen Angst, Unsicherheit und Abhängigkeitsgefühle der Frauen nicht so sehr von dem Bewußtsein aus, daß der Mann der Geldverdiener ist, nicht die Frau; das Geld wird mehr oder weniger partnerschaftlich geteilt. Unsicherheit und Abhängigkeitsgefühle finden vielmehr ihren Ausdruck in der Phantasievorstellung darüber, was geschehen würde, wenn der Mann einmal ausfiele (was letztlich ein Ausdruck für die gefühlsmäßigen Ambivalenzen ist, die aus finanzieller und emotionaler Abhängigkeit und dem Sicherheitsbedürfnis der Frau hervorgehen).

»Fast zwei Drittel der Frauen haben darüber nachgedacht, nur ein Drittel baut ohne weitere Überlegungen auf die Erhaltung des gegenwärtigen Zustands. Wider Erwarten sind es häufiger die Frauen in jungen und mittleren Jahren – zwischen 18 und 40 –, die sich mit solchen Gedanken befaßten, und nicht die ältesten Befragten. Wider Erwarten sind es auch häufiger Frauen mit einem Kind oder zwei Kindern als kinderreiche Mütter. Den höchsten Anteil der Nachdenklichen weisen die Frauen von Angestellten und Beamten auf, den niedrigsten die der un- und angelernten Arbeiter. Das heißt nichts anderes, als daß die relativ gut gesicherten Frauen sich eher den Kopf zerbrechen als die relativ ungesicherten.«[131]

Bei den berufstätigen Frauen wie bei den Hausfrauen ist eine diffuse Angst vor physischer und psychischer Gefährdung, ein nicht genau definiertes Unbehagen vorhanden. Aus der ›Brigitte‹-Studie geht hervor, daß fast jede zweite Hausfrau zwischen 18 und 54 Jahren an die Möglichkeit einer Berufskrankheit (durch Hausarbeit) glaubt (was mit dem hohen Maß an Zufriedenheit mit dem gegenwärtigen Leben kontrastiert, das die Frauen selbst bekunden).[132]

»Im ganzen, so muß man folgern, ist unter den Frauen der Bundesrepublik, ob erwerbstätig oder nicht, das Gefühl, gesundheitlich gefährdet zu sein, stark verbreitet. Ein Drittel der Arbeitnehmerinnen und fast die Hälfte der Hausfrauen zwischen 18 und 54 glaubt, ›Berufskrankheiten‹ ausgesetzt zu sein. Da der Begriff der Berufskrankheit offenkundig nicht in einem präzisen Sinn verwendet wurde, kann man annehmen, daß das große Ausmaß der Besorgnisse Symptom für andere Ängste ist, deren Wurzeln nicht im Gesundheitsbereich liegen müssen.«[133]

Die Beschwerden, unter denen die Frauen häufig leiden, liegen im Bereich psychosomatischer Symptombildungen: Fünf vegetative Beschwerdekomplexe treten bei Frauen gesichert häufiger auf als bei Männern: Kreislaufstörungen, Darmträgheit, Abgespanntheit, Nervosität, Schlaflosigkeit.[134] Hausfrauen in der Bundesrepublik klagen vor allem über »Nervosität« (62%), Kreislaufbeschwerden (50%), Kreuzschmerzen und Kopfschmerzen (42% bzw. 41%), Erschöpfungszustände (36%), Herzbeschwerden (24%), Schlafstörungen (21%), Schwindelanfälle (21%), Magenleiden (16%), Angstzustände (15%), Gallenbeschwerden (13%).[135] Horst-E. Richter bestätigt, daß Frauen, vor allem die zwischen 31 und 60 Jahren, das Gefühl haben, besonders belastet und schwach zu sein; sie betonen besonders Schwäche und Minderwertigkeitsgefühle. »Dazu gehören ihre vermehrte soziale Gehemmtheit, Gefügigkeit und Unzufriedenheit mit sich selbst. Abweichend von den jüngeren Frauen bewerten sich die älteren in der Richtung von vermehrter Abhängigkeit, Isolation, Unattraktivität, Neigung zu Selbstvorwürfen.«[136]

Tabelle 3. Anteil verheirateter Frauen mit Protest, psychosomatischen Symptomen und Fluchttendenz, nach Legitimation der familiären Rollenverteilung. Großstadt, Schweiz 1970/71

Aspekt subjektiver	Verhältnis zwischen Normen der Frau und realer Traditionalität der Rollenverteilung			
Spannung	Traditionalitätsüberschuß	Übereinstimmung Normen/Struktur: hohe Traditionalität	Übereinstimmung Normen/Struktur: tiefe Traditionalität	Traditionalitätsdefizit
Protest	46% (41)	(32%) (20)	39% (110)	32% (36)
psychosomatische Symptome	51% (41)	(82%) (21)	53% (116)	52% (39)
Fluchttendenz	35% (43)	(35%) (21)	21% (119)	32% (39)

Quelle: Thomas Held, René Levy, *Die Stellung der Frau in Familie und Gesellschaft*, S. 255.

Die Ergebnisse der schweizer Frauenstudie von 1970/71 präzisieren diese Daten (vgl. *Tabelle 3*): Psychosomatische Störungen treten mit großer Häufigkeit bei Frauen mit (manifest geäußerten) traditionellen Normen auf, die zugleich in einer stark traditionellen (strikte Rollentrennung zwischen Mann und Frau, Dominanz des Mannes etc.) realen Situation leben (in der Tabelle ist dies die Kategorie »Übereinstimmung Normen/Struktur: hohe Traditionalität«). 82% dieser Frauen zeigten psychosomatische Symptome. (Abgesehen davon ist an den Ergebnissen der schweizer Untersuchung bedeutsam, daß mehr als die Hälfte aller verheirateten, in der Großstadt wohnenden Frauen psychosomatische Symptome angaben.)

Ein anderes Syndrom, in welchem sich ein Gefühl der Minderwertigkeit, der Hilflosigkeit und der Angst bei den Frauen artikuliert, betrifft, wie bereits kurz dargestellt[137], den Bereich der Leistung und des Leistungsprinzips: das »Motiv der Vermeidung von Erfolg«. Zwar suchen die Frauen nicht den Mißerfolg; das Motiv der Vermeidung von Erfolg bedeutet, daß die freie Äußerung von Leistungsorientierung (auch bei sonst positiv motivierten jungen Frauen) durch Dispositionen der Angst vor den negativen Konsequenzen (soziale Ablehnung, Gefühl der Unweiblichkeit) des gewünschten Erfolges verhindert wird.[138] Zum Beispiel stellte es sich in einer Untersuchung von Undergraduate Students einer amerikanischen Universität heraus, daß mehr als 90% der männlichen Untersuchungspersonen gegenüber vorgegebenen Thematiken für männlichen Erfolg – verwendet wurde ein Standard Thematic Apperceptive Test zur Messung des Leistungsmotivs[139] – starke positive Einstellungen zeigten, während in bezug auf die Thematik für weiblichen Erfolg 65% der Mädchen irritiert, beunruhigt oder verwirrt reagierten:

»Ungewünschter Erfolg war bei den Frauen ganz klar mit dem Verlust an Weiblichkeit, sozialer Ablehnung, persönlicher oder gesellschaftlicher Zerstörung oder mit einer Verbindung dieser Thematiken verbunden. Ihre Antworten drehten sich vor allem um die negativen Konsequenzen, [...] sie waren sogar unfähig, den Informationsgehalt der vorgegebenen leistungsbezogenen Thematik überhaupt aufzufassen. Nehmen wir als Beispiel die folgende typische Thematik: ›Freiwillig verringert Anne ihre akademischen Leistungen und unternimmt alles, was ihr möglich ist, um Karl zu helfen, der vor dem Examen steht. Bald muß sie ihre medizinische Ausbildung aufgeben, da ihre Leistungen nicht mehr ausreichen. Sie heiraten. Karl studiert weiter, während sie Hausfrau wird.‹ Manche Mädchen betonten in ihrer Fortführung dieser Geschichte, daß

Anne unglücklich sei, aggressiv, solange sie unverheiratet sei; andere glaubten, sie sei so ehrgeizig, daß sie ihre Familie als Mittel zur Durchsetzung ihrer eigenen Karriere benutze, andere meinten, Anne sei ein Code-Name für eine nicht existente Person, die eine Gruppe von Medizinstudenten erfunden haben, die nacheinander Examen machen und Papiere für ›Anne‹ schreiben. Mit anderen Worten, die befragten Frauen zeigten siginifikant mehr vom ›Motiv der Vermeidung von Erfolg‹ als die Männer: 59 der befragten 90 Frauen rangierten hier hoch, aber nur 8 von den 88 befragten männlichen Vergleichspersonen.«[140]

Die entsprechenden Studien sind in *Tabelle 4* zusammengefaßt. Sie lassen erkennen, daß die Angst vor Erfolg bei Frauen (vor allem der Mittelschicht) generell häufiger ist als bei Männern. (Allerdings stellt sich in neueren Untersuchungen heraus, daß sich auch bei Männern eine zunehmend negative Einstellung gegenüber Erfolg und Leistung entwickelt.)[141]

Das Motiv der Vermeidung von Erfolg ist zugleich verbunden mit Frustration, Feindschaft und Aggression:

»Eine Sekundärinterpretation der Ergebnisse der ersten Studie erbrachte ebenso wie unsere neuesten Ergebnisse, daß derartige Entwicklungen nicht ohne Kosten vor sich gehen. Der Preis besteht in Gefühlen der Frustration, in Feindseligkeit, in Aggression und Verbitterung und in Identitätsproblemen. Alle diese Momente treten in der Phantasieproduktion der jungen Frauen deutlich hervor. Das wurde deutlich im Vergleich der Vorstellungen, die Frauen entwickelten, die in unserer Untersuchung ein starkes ›Motiv der Vermeidung von Erfolg‹ gezeigt hatten, mit solchen, die *wenig* solche Neigungen erkennen ließen. Es handelt sich um Weiterentwicklungen der Ausgangsthematik: ›Anne sitzt in einem Sessel, sie lächelt.‹ Mehr als 90% der Frauen, die im Hinblick auf das ›Motiv der Vermeidung von Erfolg‹ niedrig eingestuft worden waren, führten die Thematik mit folgenden positiven Vorstellungen weiter: Verabredungen, Verlobungen, bevorstehende Heiraten und erfolgreiche Leistungen. Dagegen brachten nur 20% der Frauen *mit* der Tendenz zur Vermeidung von Erfolg vergleichbare Phantasien. Die übrigen Antworten enthielten – soweit sie nicht besonders exzentrisch ausfielen – vor allem negative Einfälle, Vorstellungen von Feindseligkeit oder von der Manipulation anderer Menschen.

Typische Geschichten, wie sie Mädchen erzählen, die *wenig* ›Angst vor Erfolg‹ zeigen, sind etwa:

Ihr Freund hat gerade angerufen ... Was soll ich nur anziehen ... Ob er mich mögen wird? Ich bin so aufgeregt ... Anne ist sehr glücklich. Anne wird eine herrliche Zeit verbringen.

Anne ist glücklich – sie ist glücklich, weil die Welt so schön ist. Es schneit und es ist schön draußen – sie ist glücklich, zu leben, und das

Tabelle 4. Häufigkeit von Vorstellungen über ›Angst vor Erfolg‹ in Samples von 1964-1970

Studien[1]	Jahr der Untersuchung	Art des Sample	N	Anzahl d. Personen mit ›Angst v. Erf.‹ (TAT)	
				N	%
Horner, 1968	1964	*College Freshmen & Sophomores*	178		
		Males	88	8	9,1
		Females	90	59	65,5
Horner & Rhoem, 1968	1967	*All Female*			
		Junior High (7th grade)	19	9	47,0
		Senior High (11th grade)	15	9	60,0
		College Undergraduates	27	22	81,0
		Secretaries	15	13	86,6
		Students at an Eastern University			
Schwenn, 1970	1969	Female Juniors	16	12	75,0
Horner, 1970b	1969	Female Juniors/Seniors	45	38	84,4
		Same Subjects	45	34	75,5
		Female Law School Students	15	13	86,6
Watson, 1970	1970	Female Sammer School Students	37	24	65,0
Prescott, 1971	1970	Male Freshmen	36	17	47,2
		Female Freshmen	34	30	88,2
		Same Females 3 months later	34	29	85,3

1 Vgl. Literaturverzeichnis am Schluß dieser Arbeit.
Quelle: Matina S. Horner, *Toward an Understanding of Achievement-Related Conflicts in Women*, S. 160.

gibt ihr ein Gefühl von Geborgenheit und Wärme. Ja, Anne hat eine Prüfung gut bestanden.

Von solchen Äußerungen weicht die Gruppe mit *starker* Tendenz zur ›Vermeidung von Erfolg‹ in extremer und dramatischer Weise ab:

Anne überdenkt gerade ihren Tageserfolg. Sie hat ihrer Ex-Freundin eben den Freund abspenstig gemacht.

Sie sitzt lächelnd im Sessel, denn sie ist gerade sehr zufrieden, jemanden gekränkt zu haben. Mit der Waffe in der Hand wartet sie auf die Rückkehr ihrer Stiefmutter.

Anne ist beim Begräbnis ihres Vaters. Mehr als 200 Leute sind gekommen. Sie weiß, es gehört sich nicht, zu lächeln, aber sie kann nicht anders . . . Ihr Bruder Ralph versetzt ihr vor Wut einen Stoß in die Rippen, aber sie beherrscht sich nicht . . . Anne steht dramatisch auf, verläßt den Raum und zieht als erstes eine Nelke aus dem Strauß, der auf dem Sarg liegt.«[142]

Das Resumé, das Horner aus ihren Ergebnissen zieht, lautet: »Unsere Ergebnisse zeigen mit großer Deutlichkeit, daß zahlreiche leistungsorientierte amerikanische Frauen, vor allem dann, wenn sie ein starkes ›Motiv der Vermeidung von Erfolg‹ haben, im Konflikt zwischen ihrer Vorstellung von Weiblichkeit und der Entwicklung ihrer Fähigkeiten und Interessen, ihre Fähigkeiten zurückhalten (verbergen) und auf Konkurrenz in der nicht-familialen Welt verzichten.‹«[143]

B. Manifestes Unbehagen, Protest und schichtspezifische Kompensation

Ein manifestes Unbehagen – eine generelle »Protesthaltung«[144] – zeigt in der Untersuchung über die schweizer Frauen etwa die Hälfte aller Frauen (ob in Stadt oder Land, ob in einem hochentwickelten oder niedrigentwickelten Kanton); sie nehmen eine allgemeine Benachteiligung der Frauen wahr. Etwa 60 bis fast 70% der schweizer Frauen unterstrichen die Forderung nach einem Zusammenschluß der Frauen.[145]

Wir ziehen hier Ergebnisse über die schweizer Frauen heran, weil eine detaillierte Untersuchung des Unbehagens und des Protests der Frauen für die Bundesrepublik und auch für andere Länder nicht vorliegt. In den Untersuchungen über die Arbeitnehmerinnen in der EWG (1971) und die verheirateten Ehefrauen in der Bundesrepublik zeigen sich jedoch deutlich vergleichbare Einstellungen.[146] Betrachtet man in dieser Studie den Anteil lediger und verheirateter Frauen mit konsequenter Befürwortung bzw. konsequenter Ablehnung von »Frauen-

protest« (»konsequent« ist hierbei definiert als Anteil der
Frauen, die mehrere Items zum Frauenprotest zugleich befür-
worten bzw. ablehnen), so ergibt sich immerhin, daß in den
niedrigentwickelten Kantonen, sowohl in der Stadt als auch
auf dem Land, etwa 40% der Frauen Protesthaltungen »konsequent« zustimmen (8-16% Ablehnungen), in den hochentwickelten Kantonen auf dem Land 43-48% (14-22% Ablehnungen) und in der Stadt sogar 44-47% (5-8% Ablehnungen).[147] Der schweizer Studie zufolge besteht die, wie die
Autoren dies nennen, »Emanzipationsideologie« bei den meisten Frauen (in der Stadt wie auch auf dem Land, in hochentwickelten Kantonen ebenso wie in niedrigerentwickelten)
darin, daß man eine Gleichheit der Geschlechtsrollen bejaht,
gegen die Benachteiligung der Frauen jedoch im allgemeinen
nicht protestiert. Die Autoren nennen dies eine »individualistische Haltung«: man sucht die Diskriminierung, die man
spürt, zu ignorieren.[148]

Manifest richtet sich das aus der Unzufriedenheit der Hausfrauen mit der Hausfrauenrolle hervorgehende Interesse nicht
auf eine Berufstätigkeit, sondern auf Formen realer Öffentlichkeit, auf Kommunikation. Der Mangel an Kommunikation wird von den Hausfrauen nicht unmittelbar mit der
Familie in Zusammenhang gebracht; von vornherein ist man
an außerfamilialen Aktivitäten interessiert. Anschaulich
wurde dieses Bedürfnis in einer Gruppendiskussion der Hausfrauen im Rahmen der ›Brigitte‹-Studie formuliert:

»›Es ist alles ein bißchen eintönig‹. – ›Daß man mit dem Kind spielt, es
unterstützt, das ist alles klar. Manchmal habe ich die Nase voll. So
halbtags arbeiten, das würde mir schon gefallen. Mal was anderes hören,
nicht nur immer mein Kind‹. – ›Wenn die Frau nur zu Hause ist, stimmt
es, daß die Frau langsam verblödet. Wenn man so viele Jahre nur daheim
ist, nur im Haushalt. Irgendwie kommt man nicht mehr mit Leuten
zusammen, man hat keinen richtigen Kontakt, man weiß nicht, was unter
Arbeitskollegen geschieht, wie sie sich unterhalten. Nur daheim, nur die
Kinder, nur den Mann – es wäre angebracht, wenn eine Frau nach einer
gewissen Zeit wieder rauskommt. Es muß nicht das Geld sein, auch
deshalb, damit man wieder unter Leute kommt und ein bißchen Anspra-
che hat und vom Berufsleben mitreden kann‹. – ›Ich sehne mich nicht
nach einer ausgesprochenen Berufstätigkeit, sondern nach einer Anspra-
che‹.« Und: »›Der Kreis in einer Familie ist doch furchtbar klein, der
Kontakt nach außen ist in jedem Beruf größer. Selbst wenn man am

Fließband steht, sind Sie immer im öffentlichen etwas drin, zu Hause schließt sich dieser Kreis so furchtbar schnell‹.«[149]

Von den Hausfrauen, die später einmal wieder berufstätig sein wollen, gab jede dritte hierbei den Wunsch nach sozialen Beziehungen als Grund an. Die Großfamilie jedoch wird nicht als eine mögliche Form einer solchen Öffentlichkeit verstanden. Nach der ›Brigitte‹-Studie können sich die meisten der befragten verheirateten Hausfrauen das Leben in einer Großfamilie (die in der Befragung positiv dargestellt wurde) nicht vorstellen. (69%, 13% kaum, 7% halten sich zu alt dafür, lediglich 7% bejahten das Modell der Großfamilie; 2% meinten, man müsse es erst einmal ausprobieren.[150]).

»Auch Frauen, die der Hausfrauenexistenz kritisch gegenüberstehen, wollen nicht deren Ablösung durch eine partiell kollektivierte Form. Die Privatheit der Familie, der eigene Haushalt sind sakrosankt. Sie sind es vor allem für Frauen ab 30, nicht so eindeutig für die jüngeren Befragten. Auch unter den jungen überwiegt jedoch bei weitem die Ablehnung der neuen Form. Zwischen den Männer-Berufs-Gruppen, also nach Schicht [gemessen am Beruf des Mannes, U. P.], besteht überhaupt kein Unterschied nach dem Grad der Antipathie.«[151]

Anstelle einer Veränderung der Familie wünschen sich die Frauen mehr zusätzliche außerfamiliale Kommunikation, vermutlich wegen der in diesen Kommunikationszusammenhängen geringeren sozialen Kontrolle.

Unzufriedenheit und auch Protest der Frauen hängen nicht zuletzt davon ab, welche Ressourcen der Mann in die Familie einbringt. Von Verzicht sprechen die Frauen um so mehr, je niedriger der Berufsstatus des Mannes ist:

»Die Frauen von Männern in niedrigen Berufen neigen auch stärker als die Frauen von Männern in höheren Berufen zu der Deutung, es würden ihnen besondere Verzichte abverlangt. Die These, die Hausfrau gebe mehr, als sie zurück erhalte, bejahten ohne Einschränkung von den Frauen der

an- und ungelernten Arbeiter	74 Prozent
Facharbeiter	75 Prozent
kleinen Selbständigen	72 Prozent
unteren Angestellten und Beamten	63 Prozent
mittleren Angestellten und Beamten	59 Prozent
höheren Angestellten und Beamten	58 Prozent
leitenden Angestellten und Beamten	58 Prozent

Die Feststellung, die Hausfrau und Mutter sei der Dienstbote ihrer
Familie, bezeichneten als uneingeschränkt zutreffend von den Frauen der

an- und ungelernten Arbeiter	54 Prozent
Facharbeiter	58 Prozent
kleinen Selbständigen	45 Prozent
unteren Angestellten und Beamten	43 Prozent
mittleren Angestellten und Beamten	38 Prozent
höheren Angestellten und Beamten	29 Prozent
leitenden Angestellten und Beamten	35 Prozent.

Ähnliche Abstände ergaben sich bei der Auffassung, die Leistungen
einer Hausfrau und Mutter seien für die Allgemeinheit von größerer
Bedeutung als die Arbeit der Frauen in der Berufswelt. Die Frauen von
Arbeitern, von kleinen Selbständigen sowie von unteren Angestellten und
Beamten stimmten ihr sehr viel häufiger zu als die Frauen von Angestell-
ten und Beamten der nächsten Stufen.«[152]

Auch die schweizer Frauenstudie ergab, daß das Unbehagen
an der Frauenrolle (hier als »Protest« gekennzeichnet) bei den
verheirateten Frauen (vor allem in den hochentwickelten Kantonen) in der Unterschicht stärker ist als in der Mittelschicht,
und zwar sowohl in der Stadt (47% gegenüber 31%) als auch
auf dem Land (25% gegenüber 13%).[153]

»Betrachtet man auch noch Angehörige höherer Berufsschichten, so ist
übereinstimmend in allen Kontexten eine deutlich U-förmige Verteilung
festzustellen: Arbeiterfrauen protestieren relativ häufig, Frauen der Mittelschicht weniger, Frauen aus höheren sozioökonomischen Schichten
dagegen wieder häufiger, oft sogar noch häufiger als jene aus der Unterschicht. Dies ist ein wohlbekanntes Bild; es entspricht dem besonders
hohen Konformismus der Mittelschicht, der mit Normen zusammenhängt, die allgemeineren Charakter haben als die spezifischen Frauennor-
men und sich gegen jede Art von ›auffälligem‹ – eben nicht-konformem –
Verhalten richten. Diese Normen können mit der besonderen Situation
der Mittelschicht (vor allem mit ihrer Mittelstellung zwischen Unter- und
Oberschicht und mit ihren Aufstiegserwartungen) erklärt werden.«[154]

Diese Unzufriedenheit bei Arbeiterfrauen besteht unabhängig von ihrer Berufstätigkeit, hängt also von anderen Faktoren
als von Berufstätigkeit ab; entgegen der Annahme, es sei vor
allem die Belastung durch die Doppelrolle, die das Frauenpro-
blem ausmacht, ist es sogar so, daß berufstätige Frauen weniger manifestes Unbehagen an der Frauenrolle äußern als
Hausfrauen.[155] Die Autoren vermuten die Ursache der Unzufriedenheit der städtischen, nicht berufstätigen Frauen der

Unterschicht in der Diskrepanz zwischen realer sozialer Lage und Konsum- und Kommunikationsbedürfnissen. Bei den kleinstädtischen nicht-berufstätigen Frauen ist diese Diskrepanz ebenfalls vorhanden, sie wird jedoch im Rahmen allgemeiner »Verzichtkultur« rationalisiert. Die städtischen *berufstätigen* Frauen können solche Bedürfnisse wenigstens partiell befriedigen.[156] Aufgrund der beruflichen und finanziellen Position des Ehemanns verfügen die Frauen der Mittelschicht auch innerhalb von Haushalt, Familie und sozialen Beziehungen über relativ mehr Privilegien und damit auch Möglichkeiten, ihre innerfamiliale Isolation zu kompensieren. In den Unterschichtfamilien sind es dagegen vor allem außerfamiliale Aktivitäten, die den Frauen Gratifikation bringen, denn im Alltag des Haushalts und der Familie haben die Frauen der Unterschicht wenig Privilegien, daher auch wenig Möglichkeiten der Kompensation (obwohl die Mittelschichtfrau hier generell reichere Möglichkeiten hat). Mit zunehmenden »Modernisierungsgrad« und damit auch wachsendem allgemeinen Protest der Frauen[157] nehmen daher bei den Unterschichtfrauen deren nicht-familiale Aktivitäten (nicht nur Berufstätigkeit, sondern auch Cliquenbeziehungen etc.) zu; in der Mittelschicht dagegen artikuliert sich das mit steigender »Modernisierung« generell höhere Protestniveau der Frauen nicht in einer Zunahme außerfamilialer Aktivitäten.[158] Abgesehen davon sind die außerfamilialen Aktivitäten jener Mittelschichtfrauen, die in modernisierterem Kontext leben – die außerfamilialen Beziehungen nehmen mit dem Modernisierungsgrad in der Mittelschicht nicht zu, jedoch bestehen von vornherein mehr außerfamiliale Beziehungen –, »individualisierter« als in der Unterschicht: der Bekanntenkreis, in den die Mittelschichtfrauen im modernisierten Zusammenhang integriert sind, hat weniger Cliquencharakter.[159]

Bei Arbeiterfrauen findet man also mit zunehmender »Modernisierung« nicht nur verstärkt Berufstätigkeit, sondern auch andere, »freiwillige« Aktivitäten im außerfamiliären Bereich (was zugleich ihre familiäre Isolation und die Bedeutung der in der Familie bestehenden Probleme – und damit Unbehagen und Protest – reduziert).[160] Dabei ist jedoch zu beachten, daß bei den *jüngsten* Frauen vor allem der Unterschicht weiblicher Protest kaum vorkommt. Sie weichen häufig in

Mode aus; sie haben hohe Aufstiegserwartungen, die sich auf den Mann konzentrieren, was bereits zu einer Art Delegierung ihrer Entscheidungskompetenzen an den Mann führt. Bei ihnen dominieren eher »individualistische« Haltungen (egalitäre Einstellung ohne »Protest«), denn sie, die berufstätig sind und ihre Interessen auf die Mode konzentrieren, können ihre Wünsche nach Konsum und Soziabilität (außerfamilialen Beziehungen) wenigstens teilweise erfüllen.[161] Ganz anders sieht dies bei _älteren_, nicht berufstätigen Unterschichtfrauen aus, bei Frauen also, die eng an ihre Familiensituation gebunden sind und, anders als die Mittelschichtfrauen, keine Ausweichmöglichkeiten oder Aufstiegserwartungen haben, so daß ihnen nichts anderes übrigbleibt, als sich das Schichtschicksal zum Anlaß des Protests zu nehmen – häufig vor allem dann, wenn sie in cliquenartige Bekanntschaften integriert sind, die die einzige außerfamiliale Partizipation von Bedeutung für sie darstellen.[162]

Die Fesselung der im weiblichen Lebenszusammenhang vorhandenen Produktivkräfte in den Produktionsverhältnissen und die Folgen, die die darin bestehende Produktionsweise für die Identität und für das Bewußtsein der Frauen hat (knapp charakterisierbar als Ambivalenz von »Bedürfnisorientierung« versus »Ich-Schwäche«[163]), ist also in der bei allen Frauen, unabhängig von ihrer Schichtlage, vorhandenen diffusen Angst, den vegetativen Störungen und in den prekären Einstellungen zum Bereich von Leistung und Konkurrenz spürbar. Die Art und Weise, wie dieser Widerspruch verarbeitet wird, wieweit also daraus ein manifestes Unbehagen oder ein bewußter Protest hervorgeht, hängt auf differenzierte Weise mit den schichtspezifisch unterschiedlichen Produktionsverhältnissen der Frauen zusammen: mit den unterschiedlichen Ressourcen, die den Frauen der Mittelschicht, aber für eine bestimmte Zeit auch den jungen städtischen Frauen der Unterschicht zur Verfügung stehen. Manifestes Unbehagen und manifester Protest sind jedoch nur _eine_ Form der Reaktion im Rahmen der vorhandenen Ressourcen. Wie schon hier bei den Frauen der Mittelschicht und auch bei den jungen städtischen Frauen der Unterschicht deutlich wird, sind bestimmte kulturelle Muster, mittels derer die Frauen ihren Alltag und ihren gesamten Lebenszusammenhang deuten, praktisch noch wichtiger: die kulturellen Muster der Ritualisierung des Alltags, der Imagination und der Mode.

3.2. Rituale im Alltag, Imagination und Mode; »Frauentypen«

Die Ambivalenz des weiblichen Verhaltens und der weiblichen Vorstellungen wird besonders in den institutionellen Mustern der weiblichen Imagination[164] deutlich, d. h. in der Idealisierung bestimmter Elemente des Alltagslebens durch die Frauen selbst: im Versuch, entweder aus der aktiven »Ordnung« oder aber aus der »Dynamisierung« des Alltagslebens Gratifikationen zu gewinnen. Auch diese Möglichkeit der Konfliktlösung ist Teil des (schichtspezifisch unterschiedlichen) weiblichen Sozialcharakters. Die imaginäre Ausstattung des Alltagslebens, wie sie die Frauen vornehmen, ist ambivalent, weil sie nicht nur Ideologie ist[165], sondern auch Mittel der Artikulation latenter Kritik.

Der Bereich des Imaginären nimmt eine eigenartige Mittelstellung ein: Vermittlung zwischen Tagtraum und Realität. Das Imaginäre ist ein Bedeutungszusammenhang realer Dinge; es ist die Überlagerung des Gebrauchs durch Zeichen: die Frau, die sich in einen Pelz schmiegt, nicht nur, weil er warm und leicht ist, sondern auch, weil er das Kostbare repräsentiert, ein Zeichen ist – von Luxus, Reichtum, Schönheit, Begehrtwerden. Konflikte entstehen durch Widersprüche zwischen der Realität und den Interpretationen, Werten und Wünschen, etwa der Vorstellung der Frau von ihren Aufgaben als Mutter, ihren Eigenschaften als Geliebte, ihrer Vorstellung von Schönheit, gutem Leben, Geselligkeit; durch Widersprüche zwischen Liebe und Haß gegenüber Kind, Mann, Eltern und Nachbarn; durch Widersprüche zwischen den Wünschen, wegzufahren, in die Ferien, nicht mehr zu arbeiten, alles stehen und liegen zu lassen, Liebhaber zu haben – und auch all das wiederum nicht zu wollen, weil es unerreichbar bleibt, weil man ein schlechtes Gewissen bekommt – und dem, was im Rahmen der Ressourcen etwa als Fabrikarbeiterin oder Sekretärin oder »Hausfrau« davon zu realisieren möglich scheint. In der Betonung und Ritualisierung von Handlungen und Ereignissen, die die herrschende Geschichtslosigkeit des Alltags durchbrechen (oder positiv umdeuten), werden diese Konflikte stillgestellt.

Familienzeremonien, Wechsel der Mode, neue Objekte des Konsums, Feierlichkeiten des Kollektivs, politische Haupt- und Staatsaktionen, Sportereignisse sind die Zeichen von Geschichte, die aus dem Fluß der Lebenszeit herausragen, Ansatzpunkte der Identitätsbildung. Damit sind auf der Seite des Subjekts Unselbständigkeit, Passivität, Konformismus und Autoritätsanfälligkeit verbunden. Zugleich jedoch erfährt das bedürfnisorientierte Denken und Handeln, sobald es sich auf sich selbst (auf den Bereich des Alltags, dessen Ordnung, die Reputation und Dynamisierung) zurückzieht, auch Gratifikation. Was kann »glücklicher« machen als »die Mode, die Anordnung des familiären Raumes, das Streben nach Stimmung und Personalisierung durch das Kombinieren von Elementen«[166]? Wie empirische Studien zeigen, ist bei Frauen Glücksgefühl verbunden mit dem Gefühl der Rezeptivität gegenüber der Welt und Soziabilität.[167] Glück und Zufriedenheit der Frauen hängen zusammen mit »guter Stimmung« und mit Geselligkeit.[168] Frauen, die sich selbst als unglücklich bezeichnen (aber auch unglückliche Männer), schätzen effiziente Arbeit und Ehrgeiz am höchsten ein.[169] (Hierüber darf man nicht vergessen, daß die Frauen, selbst wenn sie sich auf den Bereich von Haushalt und Familie mehr oder weniger beziehen und hierin ihre eigentliche Welt sehen, ebenfalls bedroht und unzufrieden sind.)

Das Imaginäre, mit der weiblichen Rolle besonders verknüpft, ist der Versuch, einer Vorstellung, einem Wunsch durch Anordnung von Zeichen Ausdruck zu verleihen. Das Imaginäre besteht in einer Symbolsprache – einer Sprache, die einem Wunsch zum Ausdruck, zur Erscheinung verhelfen soll. Dabei entstehen immer Kompromisse: Es gibt eine festgelegte Sprache (Gegenstände der materiellen und der immateriellen Kultur, Verhaltensweisen).

Unterschiedliche Ressourcen bedingen einen unterschiedlichen Zugang zu den Mitteln der Imagination und ihrer öffentlichen Darstellung, entsprechend verschiedene Möglichkeiten der Gratifikation und der psychischen Equilibrierung. Die

Produktion der Zeichen, die für andere verständlich das Imaginäre darstellen, variiert mit den schichtspezifischen Ressourcen. Die Frau der Unterschicht findet keine der Mittelschicht vergleichbare Gratifikation. Ihr fehlen die Mittel, sich in die Unerreichbare, Kostbare, Kapriziöse, Erfolgreiche zu verwandeln. Ihr ist Selbsttäuschung, die Illusion, die von anderen bestätigt wird, nur begrenzt gestattet. Das Imaginäre besteht aber auch in der Unterschicht und ist Ausdruck und Träger von Konflikten. Wir wollen die unterschiedlichen Formen der imaginativen Besetzung des Alltagslebens 1. anhand von Ergebnissen der qualitativen Marketing-Zielgruppenforschung darstellen und 2. anhand deskriptiver Fallstudien untersuchen.

1. In einer Untersuchung des Fachbereichs Marketing der Firma Gruner und Jahr, durchgeführt vom Bremer GETAS-Institut[170], wurden die rund 15 Millionen westdeutscher Frauen (Hausfrauen und berufstätige Frauen) zwischen 14 und 49 Jahren in bestimmte »allgemeine Frauentypen« (Cluster)[171] gegliedert. In unserem Zusammenhang sind diese Untersuchungen relevant, weil sie nicht nur Einstellungen und Verhaltensweisen gegenüber Konsum generell und gegenüber Mode, Kosmetik, Wohnen und Haushalt beachten, sondern auch Einstellungen, Interessen und Bedürfnisse in allgemeinen Lebensbereichen, also das »persönliche Selbstverständnis« der Frauen. (Einen Überblick gibt *Tabelle 5*.) Das Ziel derartiger Frauen-Typologien ist es, den Markt der weiblichen Konsumentinnen – 15 Millionen Frauen sind unter 50 Jahre alt – in »marketing-gerechte« Zielgruppen zu gliedern, und dem Produktplaner, dem Marketing-Fachmann, dem »Creativen«, dem Mediaplaner die Möglichkeit zu geben, diese weiblichen Teilgruppen »klarer zu definieren, genauer abzugrenzen, wirkungsvoller anzusprechen, gezielter zu erreichen«.[172]

Im Zusammenhang dieser Arbeit sind die »Frauentypen« deshalb von Bedeutung, weil sie über eine grobe schichtspezifische Differenzierung hinausgehen. So erweist es sich, daß bestimmte konträre Typen des Modeverhaltens und des Kosmetikverhaltens gleiche sozialstrukturelle Merkmale aufwei-

Frauen zwischen 14 und 49 Jahren
(14,87 Mio.)

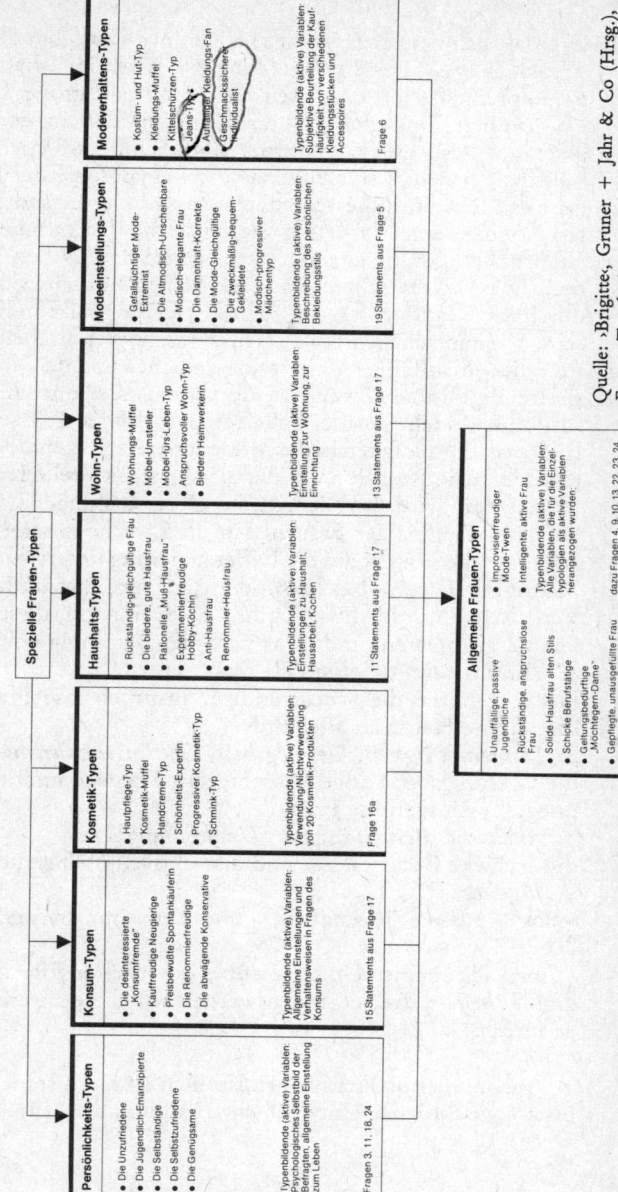

Persönlichkeits-Typen
- Die Unzufriedene
- Die Jugendlich-Emanzipierte
- Die Selbständige
- Die Selbstzufriedene
- Die Genügsame

Typenbildende (aktive) Variablen: Psychologisches Selbstbild der Befragten, allgemeine Einstellung zum Leben

Fragen 3, 11, 18, 24

Konsum-Typen
- Die desinteressierte „Konsumfremde"
- Kauffreudige Neugierige
- Preisbewußte Spontankäuferin
- Die Renommierfreudige
- Die abwägende Konservative

Typenbildende (aktive) Variablen: Allgemeine Einstellungen und Verhaltensweisen in Fragen des Konsums

15 Statements aus Frage 17

Kosmetik-Typen
- Hautpflege-Typ
- Kosmetik-Muffel
- Handcreme-Typ
- Schönheits-Expertin
- Progressiver Kosmetik-Typ
- Schmink-Typ

Typenbildende (aktive) Variablen: Verwendung/Nichtverwendung von 20 Kosmetik-Produkten

Frage 16a

Spezielle Frauen-Typen

Haushalts-Typen
- Rückständig-gleichgültige Frau
- Die biedere, gute Hausfrau
- Rationelle „Muß-Hausfrau"
- Experimentierfreudige Hobby-Köchin
- Anti-Hausfrau
- Renommier-Hausfrau

Typenbildende (aktive) Variablen: Einstellungen zum Haushalt, Hausarbeit, Kochen

11 Statements aus Frage 17

Wohn-Typen
- Wohnungs-Muffel
- Möbel-Umsteller
- Möbel-fürs-Leben-Typ
- Anspruchsvoller Wohn-Typ
- Biedere Heimwerkerin

Typenbildende (aktive) Variablen: Einstellung zur Wohnung und Einrichtung

13 Statements aus Frage 17

Modeeinstellungs-Typen
- Gefallsüchtiger Mode-Extremist
- Die Altmodisch-Unschanbare
- Modisch-elegante Frau
- Die Damenhaft-Korrekte
- Die Mode-Gleichgültige
- Die zweckmäßig-bequem-Gekleidete
- Modisch-progressiver Mädchentyp

Typenbildende (aktive) Variablen: Beschreibung des persönlichen Bekleidungsstils

19 Statements aus Frage 5

Modeverhaltens-Typen
- Kostüm- und Hut-Typ
- Kleidungs-Muffel
- Kittelschürzen-Typ
- Jeans-Typ
- Aufmerksamkeit erregender Kleidungs-Fan
- Geschmackssicherer Individualist

Typenbildende (aktive) Variablen: Subjektive Beurteilung der Kaufhäufigkeit von verschiedenen Kleidungsstücken und Accessoires

Frage 6

Allgemeine Frauen-Typen
- Unauffällige, passive Jugendliche
- Rückständige, anspruchslose Frau
- Solide Hausfrau alten Stils
- Schicke Berufstätige
- Geltungsbedürftige „Möchtegern-Dame"
- Gepflegte, unausgefüllte Frau

Typenbildende (aktive) Variablen: Alle Variablen, die für die Einzeltypologien als aktive Variablen herangezogen wurden.

- Improvisierfreudiger Mode-Twen
- Intelligente, aktive Frau

dazu Fragen 4, 9, 10, 13, 22, 23, 24

Quelle: ›Brigitte‹, Gruner + Jahr & Co (Hrsg.), *Frauen-Typologie.*

sen; daß sich zum Beispiel der »Kleidungs-Muffel und Kittelschürzen-Typ«, was die Verteilung von Alter, Haushalts-Nettoeinkommen, Berufstätigkeit und Haushaltsgröße betrifft,
kaum vom in Einstellungen und Verhalten durchaus entgegengesetzten »Kosmetik-Experten- und Schmink-Typ« unterscheidet.[173] Den Untersuchungen zur Typologie der Frauen
geht es nicht um unterschiedliche psychische Grundstrukturen, sondern um Marketing-Zielgruppen, also um die feinen
empirischen Oberflächenunterschiede im praktischen Verhalten. Diese Unterschiede im faktischen Verhalten können
durchaus Reaktionsweisen auf die gleiche strukturelle Lage
sein. Wenngleich sich etwa in ihrer »demographischen Struktur« die »unauffällige, passive Jugendliche« und der »improvisierfreudige Mode-Twen« wenig voneinander unterscheiden,
so können doch Unauffälligkeit und Passivität einerseits und
Improvisierfreudigkeit in der Mode andererseits gerade eine unterschiedliche Reaktion auf die gleiche strukturelle Lage sein.
  Gemessen wird bei derartigen Untersuchungen stets das
Selbstverständnis der Frauen. Für die Zwecke unserer Untersuchung, die ja nicht auf die Differenzierung unterschiedlicher
Marketing-Typen abzielt, sondern auf Grundstrukturen des
Verhaltens und der Imagination, ist es sinnvoll, diese Typen
neu zu gruppieren, und zwar nach der Betonung von:
1. Traditionalität, Solidität:
hierzu gehören die »rückständige, anspruchslose Frau« und
die »solide Hausfrau alten Stils«;
2. Damenhaftigkeit, Gepflegtheit, Geltungsbedürfnis:
die »geltungsbedürftige ›Möchtegern-Dame‹« und die »gepflegte, unausgefüllte Frau«;
3. Aktivität, Berufstätigkeit, Unabhängigkeit:
die »schicke Berufstätige« und die »aktive, intelligente Frau«;
4. Jugend:
»junge, passive Jugendliche« und der »improvisierfreudige
Mode-Twen«.
  Einen allgemeinen Überblick über die erfaßten Eigenschaften
gibt *Tabelle 6.* Im folgenden werden wir diese Eigenschaften
erläutern.

2. Anhand der qualitativen Fallstudien läßt sich stark idealtypisch zwischen der Unterschicht-Frau und der Mittelschicht-

Tabelle 6. Allgemeine Frauen-Typen, vergleichende Übersicht (14–49 Jahre, BRD 1972)

Charakteristische Merkmale	Unauffällige, passive Jugendliche	Rückständige, anspruchslose Frau	Solide Hausfrau alten Stils	Schicke Berufstätige	Geltungsbedürftige „Möchtegern-Dame"	Gepflegte, unausgefüllte Frau	Improvisierfreudiger Mode-Twen	Intelligente, aktive Frau
Weibliche Bevölkerung von 14–49 Jahren in Mio.	1,69	1,81	2,88	1,43	1,81	1,85	1,36	2,04
Anteil in Prozent	11	12	19	10	12	12	9	14
Fallzahlen	524	559	891	443	560	572	421	632
Überdurchschnittlich ausgeprägte demographische Merkmale								
a) Alter	14–24 Jahre	40–49 Jahre	35–49 Jahre	14–29 Jahre	Ø	30–49 Jahre	14–19 Jahre	20–34 Jahre
b) Familienstand	ledig	verheiratet	verheiratet	ledig	Ø	Ø	ledig	Ø
c) Berufstätigkeit	in Ausbildung	Hausfrau	Hausfrau	berufstätig	Ø	Hausfrau	in Ausbildung	berufstätig
d) Schulbildung	Ø	Volksschule o. Lehre	Volksschule o. Lehre	Ø	Ø	Volksschule m. Lehre	Ø	Mittel-/Fachschule, Abi., Uni.
e) Ortsgröße	Großstädte	Kleinstädte	Kleinstädte	Großstädte	Ø	Großstädte	Ø	Großstädte
f) Konfession	evangelisch	katholisch	katholisch	Ø	Ø	Ø	evangelisch	Ø
Medienverhalten								
a) Zeitschriften, die relativ überdurchschnittlich genutzt werden	BR, FR, FU, HZ, JA, S, SP	BF, BU, FU, GQ, HZ, NP, Q, TV H+S	BF, FS, FU, GQ, NB, TV H+S	BR, FS, JA, NM, PE, Q, SW	BM, BF, E, FS, NP, SW	E, FS, HZ, NB, NM, NR	BR, E, FR, HZ, JA, NR, PE, SP	BM, BR, BU, E, FS, S, SP, SW
b) Zeitschriften, die relativ unterdurchschnittlich genutzt werden	BM, FS, NB, NM, NP, NR, Q, TV H+S	BM, BR, FR, JA, NM, PE, SP, SW	BR, FS, JA, NM, PE, S, SP, SW	BF, FS, HZ, HZ, NB, NP	BR, FS, HZ, JA, PE, S, SP	BF, BM, FR, NP, PE, SP, TV H+S	BF, BM, BU, FS, FU, GQ, SW	BF, FS, FU, NB, NM, NP
Persönlichkeitsbereich								
a) Allgemeine Persönlichkeitsmerkmale, die – überdurchschnittlich ausgeprägt sind	unaktiv, verschlossen	kontaktarm, rückschrittlich	kontaktarm, konservativ, häuslich, ordnungsliebend, genügsam	eitel, kontaktfreudig, berufsorientiert, träumerisch, modebewusst	eitel, selbstbewusst, konservativ, ordnungsliebend, modebewusst	zurückhaltend	jung, kontaktfreudig, berufsorientiert, träumerisch	individuell, rational
– unterdurchschnittlich ausgeprägt sind	eitel, häuslich ordnungsliebend, modern	eitel, träumerisch modern	träumerisch	–	–	sportlich	sparsam, häuslich	–
b) Persönlichkeits-Typen, die überdurchschnittlich vertreten sind	Die Unzufriedene	Die Genügsame	Die Selbstzufriedene, die Genügsame	Die Jugendlich-Emanzipierte, Die Selbständige	Die Selbstzufriedene	Die Unzufriedene	Die Jugendlich-Emanzipierte	Die Selbständige
Allgemeiner Konsumbereich								
a) Konsum-Einstellungen mit – überdurchschnittlicher Ausprägung	–	preisbewusst, bleibt bei Bewährtem	preis- u. qualitätsbewusst, bleibt bei Bewährtem	probierfreudig, kauft spontan, kauffreudig	qualitätsbewusst, sparsam, bleibt bei Bewährtem	–	probierfreudig, kauft spontan	–
– unterdurchschnittlicher Ausprägung	sparsam, qualitätsbewusst	kauft spontan, kauffreudig	kauft spontan, kauffreudig	preisbewusst	kauft spontan	–	preis- u. qualitätsbewusst	preisbewusst

Tabelle (Querformat): Konsum-Typen im Vergleich

	Die desinteressierte „Konsumfremde"	Die desinteressierte „Konsumfremde", Die abwägende Konservative	Die abwägende Konservative	Kauffreudige Neugierige	Die Renommierfreudige	–	Kauffreudige Neugierige	Die desinteressierte „Konsumfremde"
b) Konsum-Typen, die überdurchschnittlich vertreten sind	∅	–	∅	∅	∅	–	∅	∅
c) Monatliches Taschengeld	niedrigstes	niedrigstes	zweitniedrigstes	höchstes	∅	∅	∅	zweithöchstes
Kosmetikbereich a) Kosmetik-Produkte, die – überdurchschnittlich verwendet werden	–	–	–	höchster Verbrauch bei allen Produkten	überdurchschnittlicher Verbrauch bei allen Produkten	zweithöchster Verbrauch bei fast allen Produkten	Augen-Make-up	überdurchschnittlicher Verbrauch bei fast allen Produkten
– unterdurchschnittlich verwendet werden	unterdurchschnittlicher Verbrauch bei fast allen Produkten	niedrigster Verbrauch bei allen Produkten	zweitniedrigster Verbrauch bei fast allen Produkten	Haarspray, Handcreme	–	–	Tages-, Nacht- u. Handcreme, Haarspray	–
b) Kosmetik-Typen, die überdurchschnittlich vertreten sind	–	Kosmetik-Muffel	Handcreme-Typ	Schönheits-Expertin	Hautpflege-Typ	Hautpflege-Typ	Progress. Kosmetik-Typ, Hautpflege-Typ	Progress. Kosmetik-Typ, Hautpflege-Typ
c) Markenbewußtsein	unterdurchschnittlich	schwächstes	∅	überdurchschnittlich	stärkstes	∅	∅	überdurchschnittlich
Modebereich a) Kleidungsstil, der – überdurchschnittlich ausgeprägt ist	bequem, individuell	zeitlos, unauffällig	zeitlos, unauffällig, korrekt	sexy, progressiv, gewagt, modisch, individuell	bequem, elegant, damenhaft, praktisch, korrekt, jugendlich, modisch	elegant, damenhaft	progressiv, leger, romantisch, poppig, gewagt, verspielt, jugendlich	sportlich, bequem
– unterdurchschnittlich ausgeprägt ist	–	verspielt, progressiv, sexy, modisch	verspielt, sexy	praktisch	–	bequem	unauffällig, praktisch, korrekt, damenhaft	–
b) Modeeinstellungs-Typen, die überdurchschnittlich vertreten sind	–	Die Altmodisch-Unscheinbare	–	Gefälligkeitiger Mode-Extremist, Modisch-progressiver Mädchentyp	–	–	Modisch-progressiver Mädchentyp	–
c) Textilien und modische Produkte, die – überdurchschnittlich häufig gekauft werden	fast alle Produkte	fast alle Produkte	Hosen, Gürtel, Hosenanzüge, Bade-Moden, Mode-Schmuck	Pullover, Miederwaren, Blusen, Hosen, Hüte, Hosenanzüge, Gürtel, Abendkleider, Bade-Moden, Mode-Schmuck	Kleider, Kostüme, Schuhe, Miederwaren, Röcke, Jacken, Strümpfe, Handtaschen	Kostüme, Hüte, Strümpfe, Kleider, Handtaschen	Pullover, Hosen, Jeans, Hosenanzüge, Gürtel, Bade-Moden, Mode-Schmuck	Abendkleider
– unterdurchschnittlich häufig gekauft werden	Hosen, Jeans	Kittel, Kostüme	Kittel	Kittel	–	Hosen	Kittel	Kittel
d) Modeverhaltens-Typen, die überdurchschnittlich vertreten sind	Jeans-Typ	Kleidungs-Muffel, Kittelschürzen-Typ	Kittelschürzen-Typ	Jeans-Typ	Hosen	Hosen	Jeans-Typ	Jeans-Typ, Geschmacksicherer Individualist
e) Konfektionsgröße	drittkleinste	größte	zweitgrößte	zweitkleinste	∅	drittgrößte	kleinste	eher kleine

Haushaltsbereich						
a) Einstellungen zum Haushalt, die – überdurchschnittlich ausgeprägt sind	–	kocht am liebsten nach alten Rezepten	Spaß am Haushalt, probiert neue Rezepte, ordentlich	begrüßt technischen Komfort u. Fertiggerichte	Spaß am Haushalt, probiert neue Rezepte, ordentlich, begrüßt technischen Komfort	–	begrüßt Fertiggerichte
– unterdurchschnittlich ausgeprägt sind	Spaß am Haushalt, ordentlich	begrüßt technischen Komfort u. Fertiggerichte	Spaß am Haushalt	–	–	–	Spaß am Haushalt, ordentlich
b) Haushalts-Typen, die überdurchschnittlich vertreten sind	Anti-Haushaltsfrau	Rückständig-gleichgültige Haushaltsfrau. Die biedere, gute Haushaltsfrau	Die biedere, gute Haushaltsfrau	Rationelle „Muß-Haushaltsfrau"	Renommier-Haushaltsfrau	Rationelle „Muß-Haushaltsfrau"	–
Wohnbereich						
a) Einstellungen zum Wohnen, die – überdurchschnittlich ausgeprägt sind	–	eine Wohnungseinrichtung kauft man fürs ganze Leben	überlegt ständig, wie man es sich schöner machen kann, Wohnen macht Spaß, wenn man viel selbst gemacht hat	legt Wert auf schönes Wohnen, man sollte sich häufiger neu einrichten	legt Wert auf schönes Wohnen, Wohnung muß gediegen sein, in die Wohnung gehört ab und zu ein neues Möbelstück	wohne lieber teurer, auch wenn ich mich dafür einschränken muß	man sollte sich häufiger neu einrichten, Wohnen wäre langweilig ohne das Umstellen der Möbel
– unterdurchschnittlich ausgeprägt sind	legt Wert auf schönes Wohnen	legt Wert auf schönes Wohnen	–	–	–	–	Wohnen macht Spaß, wenn man viel selbst macht
b) Wohn-Typen, die überdurchschnittlich vertreten sind	Wohnungs-Muffel	Möbel-fürs-Leben-Typ, Biedere Heimwerkerin	Möbel-fürs-Leben-Typ, Biedere Heimwerkerin	Möbelumsteller	Anspruchsvoller Wohntyp	Möbelumsteller	–
Themen, die überdurchschnittlich stark interessieren	–	an fast allen Themen unterdurchschnittlich interessiert, insgesamt geringstes Interessenniveau	Religion, Natur, Adelsfamilien, Erziehung, Haushalt, Wohnung	Reisen, Mode, neue Marken, Politik, Kunst, Schönheit, Beruf	insgesamt hohes Interessenniveau	Ehefragen, Verbrechen, Filmstars	Medizin, Ausbildung, Politik, soziale Probleme, Erziehung
Erwartungen gegenüber Zeitschriften, die überdurchschnittlich ausgeprägt sind	–	–	Hausfrau trösten und bestätigen, die Familie unterhalten	Frau persönlich ansprechen, Schönheitstips geben, weiterbilden	insgesamt stark ausgeprägte Erwartungen	Selbstgefühl stärken, Hausfrau trösten und bestätigen	zeigen, was die moderne Frau wissen muß
Mobilität (Reisen, Autofahren)	unterdurchschnittlich	niedrigste	zweitniedrigste	0	0	0	höchste
Einstellung zur Werbung	negativste	negative	positivste	positive	positive	positive	negative
Erinnerung an Anzeigen in Zeitschriften	zweitniedrigste	niedrigste	höchste	drittniedrigste	zweithöchste	dritthöchste	zweithöchste
Intelligenz	überdurchschnittlich	niedrigste	zweithöchste	unterdurchschnittlich	unterdurchschnittlich	dritthöchste	höchste
Zigaretten-Konsum	0	niedrigster	höchster	drittniedrigster	zweithöchster	zweithöchster	dritthöchster

Quelle: »Brigitte, Gruner + Jahr AG & Co (Hrsg.), Frauen-Typologie.

Frau unterscheiden. Durch diese Studien kann – und dies ist gegenüber der an der Oberfläche bleibenden und in gewisser Weise zynischen (»geltungsbedürftige ›Möchtegern-Dame‹«) »Frauen-Typologie« bedeutsam – die *Funktion* unterschiedlicher Formen der Imagination genauer bestimmt werden.[174]

Leider vernachlässigt die »Frauen-Typologie« die genaue Bestimmung der sozialen Schichtung. Lediglich aus den Einkommensverhältnissen läßt sich ungenau auf die schichtspezifische Verteilung schließen. Man kann jedoch von dieser Frauentypologie her die idealtypische Beschreibung der »Unterschichtfrau« und der »Mittelschichtfrau«, wie wir sie aus den deskriptiven Fallstudien gewinnen können[175], durchaus bestätigen. Wie *Tabelle 7* zeigt, sind die »Frauentypen«, wenn man das Haushalts-Nettoeinkommen betrachtet, auch schichtspezifisch unterschiedlich verteilt: Die Gruppe 1 (Traditionalität etc.) bezieht eher ein niedriges Einkommen (1000-unter 1500 DM); die Gruppe 3 (Aktivität, Berufstätigkeit etc.) eher ein höheres Einkommen (2000 DM und mehr), während die Gruppe 2 (Damenhaftigkeit etc.) sich mit ihrem Einkommen zwischen diesen beiden Gruppen befindet, mit Tendenz nach unten (1000 bis unter 1500; unter 2000 DM). Im Gegensatz zur Gruppe 1 gibt es bei der Gruppe 2 jedoch mehr Personen mit höherer Schulbildung (Mittelschule, Abitur, Universität), so daß hier offensichtlich ein Widerspruch zwischen den vorhandenen Ressourcen und den über die Schulbildung begründeten Ansprüchen besteht. Die Frauen der Gruppe 4 (Jugend) befinden sich größtenteils noch in der Ausbildung.

Wir wollen nun die spezifischen kulturellen Muster der Besetzung des Alltagslebens für die verschiedenen Typen beschreiben.

A. Die Imagination der Unterschichtfrau; Ordnung des Alltagslebens

In der »Frauen-Typologie« von 1972 wird das besonders von der Unterschichtfrau vertretene Selbstbild der Traditionalität und Solidität von den Frauentypen der »rückständigen, anspruchslosen Frau« und der »soliden Hausfrau alten Stils« verkörpert.

Die »rückständige, anspruchslose Frau« (12% = 1,81 Mio.):

Dieser Frauentyp weist im Vergleich zur Gesamtheit der Frauen ein höheres Alter (40–49 Jahre) auf, ist überdurchschnittlich häufig katholisch, verheiratet (mit Kindern), hat eine Volksschule ohne Lehre besucht. Zu diesem Typus gehören überdurchschnittlich häufig die nichtberufstätige Hausfrau, ein niedriges Haushalts-Nettoeinkommen und ein Wohnort in einer kleineren Gemeinde.

Das Verhalten der Frauen dieses Typs und ihre Einstellungen sind starr und eingefahren; Aufgeschlossenheit und Mobilität (Voraussetzungen für aktiven Konsum) fehlen. Diese Frauen haben das geringste Interesse an Mode, an Schönheit, Kosmetik und an Fragen der Emanzipation der Frau im Beruf. Sie kleiden sich schlicht und einfach und unscheinbar; ihr Kleiderkonsum ist konservativ, sie tragen am häufigsten Kittel und Schürze. Auch kosmetische Artikel werden von ihnen kaum gebraucht. Sie verfügen über relativ wenig Taschengeld, sind Nichtraucher, besitzen keinen Führerschein, machen nur selten Reisen, auf keinen Fall Auslandsreisen. Traditional ist auch ihre Einstellung gegenüber Ehe und Sexualität, in der eigene Ansprüche unterdrückt sind. Alles Neue, ob es nun Kaufverhalten, Haushalt, Kochen und Wohnen betrifft, wird von diesem Frauentyp strikt abgelehnt.

Die »solide Hausfrau alten Stils« (19% = 2,88 Mio.):

In dieser Kategorie finden sich überdurchschnittlich häufig Frauen im Alter von 35 bis 49 Jahren, die katholisch und verheiratet sind und Kinder haben. Es sind Frauen, die eine Volksschule ohne Lehre besucht haben, die nicht berufstätige Hausfrauen sind, die ein niedriges Haushalts-Nettoeinkommen haben und in kleineren Gemeinden wohnen.

Haushalt und Probleme des Haushalts spielen im Selbstverständnis dieser Frauen eine zentrale Rolle. »Das konservative Moment darin wird überdeckt durch die positive Zentrierung auf die Rolle der Hausfrau im Rahmen der Familie. Frauen dieses Typs halten sich für besonders häuslich, ordnungs- und sauberkeitsliebend. Die Hausarbeit macht ihnen Spaß, sie kochen gerne, und sie bekennen mit Stolz, gute Hausfrauen zu sein.«[176] Auch diese Frauen kaufen Kittel und Schürzen häufiger als andere Kleidungsstücke, sie tragen selten Hosen,

Tabelle 7. Frauen-Typologie, Demographische Struktur (BRD 1972)

DEMOGRAPHISCHE Struktur	Frauen von 14–49 Jahren	Unauffällige, passive Jugendliche	Rückständige, anspruchslose Frau	Solide Hausfrau alten Stils	Schicke Berufstätige	"Möchtegern-Dame"	Geprägte, genußbedürftige unausgefüllte Frau	Imponierfreudiger Mode-Twen	Intelligente, aktive Frau	Die Unzufriedene	Die Jugendlich-Emanzipierte	Die Selbständige	Die Selbstzufriedene	Die Genügsame
					Allgemeine Frauen-Typen					*Persönlichkeits-Typen*				
FRAUEN VON 14–49 JHN. IN MIO / PROZENT-ANTEILE	14.87 / 100	1.69 / 11	1.81 / 12	2.88 / 19	1.43 / 10	1.81 / 12	1.85 / 12	1.36 / 14	2.04 / 14	3.34 / 24	2.52 / 17	2.80 / 19	3.42 / 23	2.58 / 17
FALLZAHL / BASIS	4603 / 100	524 / 100	559 / 100	991 / 100	443 / 100	560 / 100	572 / 100	421 / 100	632 / 100	1097 / 100	781 / 100	867 / 100	1056 / 100	800 / 100
Alter														
14–19 Jahre	16	35	1	3	20	12	6	61	8	15	40	16	10	1
20–29 Jahre	28	21	8	12	48	30	22	30	39	26	39	35	23	10
30–39 Jahre	28	21	27	32	25	33	37	5	38	41	14	30	30	28
40–49 Jahre	29	23	64	48	7	24	34	3	15	28	7	19	36	60
Schulbildung														
Volksschule ohne Lehre	33	26	49	49	9	30	42	13	24	24	61	27	25	57
Volksschule mit Lehre	36	35	45	35	41	42	40	60	27	32	16	30	38	31
Mittelschule, Abitur, Universität	32	39	6	16	50	27	18	27	49	44	22	44	37	12
Familienstand														
ledig	26	48	7	7	43	19	13	78	13	24	61	27	16	7
verheiratet	69	49	85	89	52	78	80	16	71	72	36	66	79	86
Haushalts-Nettoeinkommen														
unter 1000 DM	14	18	24	17	12	11	12	8	8	15	12	11	14	21
1000 bis unter 1500 DM	24	24	27	22	23	28	29	24	22	21	21	27	27	37
1500 bis unter 2000 DM	22	20	23	23	28	30	22	26	23	23	27	28	32	22
2000 DM und mehr	23	25	9	16	29	24	18	33	38	36	34	18	18	13
Pro-Kopf-Einkommen														
unter 400 DM	39	44	52	52	21	38	35	22	22	34	26	40	45	56
400 bis unter 700 DM	37	36	30	33	39	41	38	43	40	34	40	36	36	32
700 DM und mehr	15	15	9	12	33	15	15	22	33	26	29	23	11	12
Berufstätigkeit														
Voll oder teilweise berufstätig	42	36	26	35	64	43	41	61	36	40	48	54	39	31
Haushaltsgröße														
1 Person	5	5	11	10	21	13	21	14	21	6	6	2	4	1
2 Personen	16	11	18	21	23	18	27	17	22	24	19	16	17	17
3 Personen	26	24	17	24	31	24	28	30	26	36	28	32	23	23
4 Personen und mehr	53	59	62	59	38	44	54	57	45	54	45	47	59	56
Kinder im Haushalt														
Kinder unter 3 Jahren	10	11	9	6	12	9	16	11	14	10	7	14	7	7
Kinder nicht über 8 Jahre	13	13	8	18	14	16	19	8	26	15	10	12	12	8
Keine Kinder	37	56	18	14	59	27	26	81	41	36	75	37	25	16
Nielsengebiete														
Nielsen I + V (Schl.-H., Hmb., Ndsa, Brm, Bln)	23	27	19	20	21	21	21	28	30	24	26	20	27	17
Nielsen II (Nordrhein-Westfalen)	27	27	27	26	34	26	26	27	23	26	27	31	20	27
Nielsen III (Hess., RhPf., Saar, BaWü)	31	36	36	36	26	26	26	21	26	31	21	28	18	35
Nielsen IV (Bayern)	17	10	19	19	18	16	22	14	18	12	14	19	20	24
Ortsgröße														
bis 19.999 Einwohner	42	32	57	57	29	47	30	38	35	33	35	37	51	53
20.000 bis 99.999 Einwohner	13	12	12	13	14	14	16	13	16	16	16	17	15	12
100.000 bis 499.999 Einwohner	12	16	7	9	14	11	11	14	14	15	15	11	12	8
5× 000 Einwohner und mehr	33	41	27	22	43	28	43	35	35	36	34	35	22	26

Fortsetzung nächste Seite.

DEMOGRAPHISCHE Struktur — Frauen-Typologie

Spaltengruppen (column groups):

- **Konsum-Typen:** Die desinteressierte »Konsummuffel«, Kauffreudige Neugierige, Preisbewußte Sparタ../Sparsame, Die Renommierfreudige, Die abwägende Konservative
- **Kosmetik-Typen:** Hauptpflege-Typ, Kosmetik-Muffel, Handcreme-Typ, Schönheits-Expertin, Progressiver Kosmetik-Typ, Schmink-Typ
- **Haushalts-Typen:** Rückständig-gleichgültige Hausfrau, Die biedere, gute Hausfrau, Rationelle »Muß-Hausfrau«, Experimentierfreudige Hobby-Köchin, Anti-Hausfrau, Renommier-Hausfrau

Zeilen (row labels):

FRAUEN VON 14–49 J., 14+10
PROZENT-ANTEILE
FALLZAHL BASIS

Alter:
- 14–19 Jahre
- 20–29 Jahre
- 30–39 Jahre
- 40–49 Jahre

Schulbildung:
- Volksschule ohne Lehre
- Volksschule mit Lehre
- Mittelschule, Abitur, Universität

Familienstand:
- Ledig
- Verheiratet

Haushalts-Nettoeinkommen:
- unter 1000 DM
- 1000 bis unter 1500 DM
- 1500 bis unter 2000 DM
- 2000 DM und mehr

Pro-Kopf-Einkommen:
- unter 400 DM
- 400 bis unter 700 DM
- 700 DM und mehr

Berufstätigkeit:
- Voll oder teilweise berufstätig

Haushaltsgröße:
- 1 Person
- 2 Personen
- 3 Personen
- 4 Personen und mehr

Kinder im Haushalt:
- Kinder unter 6 Jahre
- Kinder nicht über 6 Jahre
- Keine Kinder

Nielsengebiete:
- Nielsen I + V: Schl.-Holst., Ndsa, Brm, Bln
- Nielsen II: Nordrhein-Westfalen
- Nielsen III: Hess., RhPf, Saar, BaWü
- Nielsen IV: Bayern

Ortsgröße:
- bis 19.999 Einwohner
- 20.000 bis 99.999 Einwohner
- 100.000 bis 499.999 Einwohner
- 500.000 Einwohner und mehr

Quelle: ›Brigitte‹, Gruner + Jahr AG & Co (Hrsg.), Frauen-Typologie.

und sie benutzen an kosmetischen Artikeln vorwiegend Handcreme und Haarfestiger. Sie wollen sich nicht »schön machen«, sondern »anständig aussehen«. Ihr Einkaufsverhalten ist generell auf »Vernünftigkeit« ausgerichtet.

Was die Imagination dieser beiden Frauentypen betrifft, so wurden in der an Konsumfähigkeit interessierten »Frauen-Typologie« nur solche Aspekte untersucht, die sich auf bestimmte Einstellungen und Verhaltensweisen zu Konsum, Kosmetik, Haushalt, Wohnung und Mode beziehen. Nicht berücksichtigt ist hierbei zum Beispiel die immer wieder beobachtete Tatsache, daß gerade Frauen der Unterschicht – und hierzu wird man beide Typen rechnen können – gegenüber Interviewern sehr vernünftige Angaben machen, in ihrem tatsächlichen Verhalten aber sehr zu Üppigkeit und expressiver Darstellung, im Wohnverhalten zum Gebrauch von Fransen und Quasten tendieren. Dennoch bleibt festzuhalten, daß von diesen beiden Typen überdurchschnittlich häufig Häuslichkeit, Ordnung und Genügsamkeit hervorgehoben werden, wobei die »rückständige, anspruchslose Frau« eher Traditionalität, die »solide Hausfrau alten Stils« eher Solidität und Spaß an den Arbeiten in Haushalt und Familie betont. Von der »soliden Hausfrau alten Stils« wird immer wieder der Spaß am Kochen und an Haushaltsarbeiten unterstrichen. Ordnung und Sauberkeit zu schaffen gehört also zum dominanten Teil des Selbstverständnisses dieser Frauen, wobei auch hier die »rückständige, anspruchslose Frau« eher die Traditionalität, z. B. das Verwenden traditioneller Kochrezepte, erwähnt, während die »solide Hausfrau alten Stils«, die in der Regel 35 bis 49 Jahre alt ist, Vergnügen am Haushalt, ihre Kompetenz in der Haushaltsführung, Sauberkeit und Ordentlichkeit als zentrale Werte betrachtet. Wie bereits im vorherigen Kapitel erwähnt, wird dieser Typ eher von den Frauen repräsentiert, die älter als 30 Jahre sind, während die berufstätigen jüngeren Unterschichtfrauen aktiver an Mode und Konsum partizipieren.

In seiner Funktion verständlich wird dieses Muster erst durch die qualitative Beschreibung des spezifischen Lebenszusammenhangs anhand verschiedener Fallstudien.

Das Leben der Unterschichtfrau ist stärker als das der Mittelschichtfrau auf Familie und Alltag hin zentriert. Die Unterschichtfrau lebt stärker in der Alltäglichkeit, in der Alltagsroutine. Entsprechend sind ihre Abhängigkeit und ihre
Angst vor Einsamkeit größer als bei den Mittelschichtfrauen.
Für sie ist – wie die empirischen Untersuchungen ergeben –
das Gefühl der Deprivation und der Angst weniger kompensierbar und stets bewußt. So verbringt sie zum Beispiel, nach
ihrer eigenen Aussage, ihre Lebenszeit immer gleich: »Es ist
genau dasselbe, außer, daß ich keine Hausarbeit mache am
Wochenende. Ein Tag ist für mich wie der andere.«[177] Tatsächlich bestehen im Tagesablauf ziemliche Unterschiede zwischen Werktagen und Wochenenden. So werden z. B. Ver-
wandtenbesuche gemacht, Ausflüge unternommen, man geht
ins Kino oder essen, oder man geht zur Kirche. Warum diese
Unternehmungen nicht als Unterbrechung der Routine wahrgenommen werden, läßt vielleicht der folgende Ausspruch vermuten: »Sonntags trifft sich die ganze Familie, das passiert
ganz automatisch.«[178] In dieser Formulierung drückt sich das
Gefühl aus, Teil eines mechanischen Systems, einer »Maschi-
nerie«, zu sein.

Die Statik ihres Lebenszusammenhangs ist der Unterschichtfrau bewußt. Dies läßt sich z. B. anhand der Orientierungen
nachweisen, die die Frauen in bezug auf ihr Haushaltbudget
haben. Während die Frauen der Mittelschicht ihr Einkommen
im allgemeinen für ausreichend halten und mit Stolz betonen,
daß sie sich »normale« Wünsche nach Belieben erfüllen und
ihre Entscheidungen ohne Rücksicht auf die finanzielle Situation treffen können, finden die von Rainwater et al. befragten
Frauen der Unterschicht, daß ihr Einkommen zu gering ist,
um an vielen der durchschnittlichen, normalen Aktivitäten des
(amerikanischen) Lebens teilzunehmen: etwa Mitglied eines
Clubs zu sein, jedes Jahr Ferien zu machen, abends in der
Stadt auszugehen oder ihre Wohnungen auszustatten, wie sie
es gern möchten. Das Leben der Arbeiterfrauen ist ein ständi-
ger Kampf mit den Bedürfnissen, für die das Einkommen
nicht ausreicht; sie haben das Gefühl, daß sie niemals genügend Geld haben werden, um sich wirklich sicher fühlen und
um Ersparnisse zu machen, da sie keine Verbesserung der
ökonomischen Situation erwarten. Sie sind auch nicht rigide

genug gegen sich selbst und beherrschen sich zu wenig, wie die Sozialforscher stirnrunzelnd bemerken.

»Auch bei verhältnismäßig hohem Einkommen haben Arbeiterfrauen das Gefühl, zu wenig Geld zu haben. Das Thema des Mangels, die Vorstellung, nicht genug Geld zu haben, ›um rund zu kommen‹, kehrt in ihren Kommentaren immer wieder. Wir wissen, daß sie tatsächlich ein durchschnittliches Einkommen beziehen und eine ansehnliche Menge einkaufen. So erscheint dem außenstehenden Beobachter dieses Gefühl materieller Benachteiligung noch andere, nicht nur finanzielle Ursachen zu haben. Einer der wesentlichsten Gründe ist die Fixierung auf den Konsum sowie das überaus starke Bedürfnis nach materieller Sicherheit.«[179]

Für die Statik ihrer Lebensweise sucht sich die Unterschichtfrau zu entschädigen. Sie fixiert sich demonstrativ auf die Alltagsroutine, die sie haßt und aus der sie gleichzeitig identitätsstiftende Elemente zu gewinnen sucht – das letztere gilt vor allem für das Streben nach »Reputation«, die aus der Herstellung eines geordneten Alltagslebens zu ziehen ist. Aus dem »Meistern« eines Tagesablaufs, dem Bewältigen eines ordentlichen Haushalts ist Selbstbewußtsein zu gewinnen. Die »Funktionen« des Haushalts und der Erziehung bringen zugleich Elemente der Autonomie mit sich: etwa die selbständige Disposition des Budgets und die entsprechende Verantwortung für die Familie und die Kinder. Eines der Hauptziele ist Sicherheit. Die Frauen der Unterschicht gehen davon aus, daß man mit einigem Glück von Unglück verschont bleibt, daß man aber nicht individuell gegen das Schicksal ankommen kann. Zugleich wünschen sie Veränderung in der Zukunft, erwarten diese jedoch passiv als Ereignis, als Zufall; zugleich tendieren sie dazu, die unbekannte Welt als katastrophisch, zumindest als chaotisch wahrzunehmen. Als Kompromiß zwischen phantastischen Wünschen – dem Glück – und auch phantastischen Befürchtungen – der Katastrophe – schätzen es die Frauen der Unterschicht, wenn alles ruhig und friedlich seinen Gang geht. Diese psychische Konstellation ist die Voraussetzung des praktischen Sichabfindens mit dem alltäglichen Leben. – In ihrem Alltagsleben ist die Frau der Unterschicht praktisch, realistisch auch in der Einschätzung von Personen; sie ist entschlossen, »sich nicht unterkriegen zu lassen«, und die »Reputation« vor sich selbst und anderen aufrechtzuerhalten. »Alles geht seinen ordentlichen Gang.«

Von der Funktion der Aufrechterhaltung einer bedrohten Identität her erklärt sich auch die Betonung der »Ordnung« in den Geschlechtsrollen in der Unterschicht, also der definitiv getrennten Rollen von Mann und Frau und deren Formalisierung. Männlichkeit und Weiblichkeit werden als einander ausschließende Verhaltensmuster begriffen, zwischen denen es keine Überschneidungen gibt.[180] Die meisten Frauen heiraten früh, bald nach dem Schulabschluß. Phantasie und Selbstbilder zentrieren sich um die Familienrollen:

> »Die Unterschichtfrau ist nicht glücklich ohne klar definierte Familienrollen. Nach der Tochterrolle bewegt sie sich so rasch als möglich in die Ehefrau- und Mutterrolle. Diese Fluchtbewegung, die mit Angst zusammenhängt und die Ausbildung einer selbstbewußten Individualität behindert, führt dann dazu, daß das Verhältnis zwischen den Eheleuten sehr formal bleibt. Der Ehemann repräsentiert die Gelegenheit von Liebe, Sicherheit und Schutz gegen die im Leben drohenden Gefahren und das mögliche schicksalhafte Chaos. Zugleich ist der Besitz eines Ehemanns Zeichen dafür, daß man erwachsen ist, eine erwachsene Frau, die eine gute Ehefrau und Mutter ist und als solche anerkannt wird.«[181]

Wegen der Formalisierung der zudem nur über die Erfüllung bestimmter häuslicher Aufgaben demonstrierten Zuneigung zwischen den Ehepartnern besteht bei der Unterschichtfrau ein ständiges Gefühl von Frustration und Entfremdung. Wie Männer überhaupt, so erscheinen auch Ehemänner der Frau der Unterschicht häufig als willkürlich und unverständlich handelnd. Das Gefühl der Isolation und Bedrohung, das daraus resultiert, verarbeitet sie, indem sie die Rigidität der Rollentrennung zusätzlich von sich aus betont. Die Unberechenbarkeit der persönlichen Beziehungen wird durch feste Verantwortlichkeiten in der Familie verringert. Das Alltagsleben wird so organisiert, daß es ruhig, aber nach Aufgaben und Interessenbereichen getrennt abläuft. Auch hier ist die Starrheit, mit der Geschlechtsrollen aufrechterhalten werden, ein Kompromiß zwischen vorherigen phantastischen Wünschen und Hoffnungen einerseits – die jungen, berufstätigen Arbeiterinnen partizipieren an der Mode und erhoffen sich sozialen Aufstieg über den Mann[182] – und realer Frustration in der Ehe andererseits. Die Phantasien vom »Geld-Haben«, vom gemeinsamen Verdienen, »Reichtum«, gemeinsamen Reisen und gemeinsamer Freizeit werden bei der Übernahme der zentralen Rolle der Hausfrau und der Mutter aufgegeben.

Die stärkere Rollentrennung in der Unterschicht geht auch auf die Kompensationsbedürfnisse des Mannes zurück: auf sein Bedürfnis, sich in der Familie für die Bedrohung seines Selbstwertgefühls und fehlende Befriedigung, die mit einem niedrigen sozialen Status häufig zusammengehen, zu entschädigen. Die Betonung der männlichen Rolle soll Leistungsfähigkeit bestätigen: dazu gehören sexuelle Aktivität, physische Stärke, Macht über andere und offen geäußerte Aggressivität. Dieses Verhalten widerspricht allerdings den anerkannten Erfordernissen einer stabilen ehelichen Beziehung ebenso wie den Vorbildern der Vaterrolle. Wechselseitige Anerkennung und Rücksichtnahme werden als zentrale Werte sowohl in der Mittelschicht als auch in der Unterschicht zunehmend anerkannt. Die aggressiveren Komponenten werden daher häufig außerhalb der Familie in männlich-aggressiven Freundesgruppen und Vereinen zum Ausdruck gebracht. Solches Verhalten verstärkt bei den Frauen der Unterschicht das Gefühl der Isolation. Die Unterschichtfrau fühlt sich von ihrem Ehemann isoliert, ohne dieses Gefühl nun auf konkrete Dinge beziehen zu können, außer vielleicht durch den ständigen, halbbewußten Zweifel darüber, wie die Einstellung ihres Ehemannes zu ihr »wirklich« ist. Sie ist daher ängstlich darauf bedacht, die Wünsche des Mannes zu erfüllen.[183] Es ist in diesem Zusammenhang wichtig, daß die »Störung der sexuellen Beziehungen«, von der die Frauen am meisten sprachen, sich auf die Diskrepanz zwischen den sexuellen Forderungen der Ehemänner und dem Bedürfnis der Frau nach Liebe und Zärtlichkeit bezieht. Sie fühlt sich häufig vom Mann als Objekt zur Befriedigung ausschließlich seiner Bedürfnisse behandelt. Allerdings lösen sich diese autoritären Strukturen bei den Gruppen innerhalb der Unterschicht, die eine gewisse materielle Sicherheit erreicht haben, allmählich auf; in diesen Gruppen wird der sexuelle Glücksanspruch der Frau zunehmend anerkannt.[184]

B. Die Imagination der Mittelschichtfrau;
Dynamisierung des Alltagslebens

Betrachtet man die demographische Struktur der westdeutschen Frauen zwischen 19 und 49 Jahren (Haushalts-Nettoeinkommen und Schulbildung, vgl. *Tabelle 7*), so ist, soweit man aus dem Material ersehen kann, in der BRD (1972) das Syndrom der »Damenhaftigkeit, Gepflegtheit« und des »Geltungsbedürfnisses« vor allem, wenn auch nicht überdurchschnittlich häufig, in der unteren Mittelschicht vertreten.

Die »geltungsbedürftige ›Möchtegern-Dame‹« (12% = 1,81 Mio.):

 Mit einer geringfügigen Ausnahme (geringfügige Überrepräsentation in der Ausbildungsgruppe »Volksschule mit Lehre« und einem etwas häufigeren Wohnsitz in Bayern) ist diese Gruppe in ihrer demographischen Struktur identisch mit der Frauengesamtheit zwischen 14 und 49 Jahren. Dieser Frauentyp ist relativ undifferenziert im Urteil, zeigt eine vergleichsweise geringere Fähigkeit, sich kritisch gegenüber der Umwelt und der eigenen Person zu verhalten. Er ist meist familien- und haushaltsbezogen, versteht sich jedoch selbst als besonders aktiv und selbständig: einerseits als modern und aufgeschlossen, andererseits als Verkörperung häuslicher Tugenden. Diese Frauen kochen gern und probieren gern neue Rezepte aus. »Obwohl sie in erster Linie für ihre Familie und den Haushalt da sind, beanspruchen sie in diesem Rahmen doch eine wesentlich souveränere Rolle als die der sich aufopfernden und sich unterordnenden Ehefrau, Mutter und Nur-Hausfrau.«[185] Sie fühlen sich als Meinungsführerin im Konsumbereich; sie achten, nach ihren eigenen Angaben, mehr als andere auf Qualität und kaufen nur »das Beste«. Sie bemühen sich, guten Geschmack zu zeigen, und sie sind stolz darauf, daß andere Frauen sie in Fragen des Konsums um Rat fragen und sich nach ihren Empfehlungen richten. Ihren Kleidungsstil empfinden sie als elegant, gepflegt. Ihnen kommt es auf geschmackvolles Wohnen, auf Gediegenheit an.

Die »gepflegte, unausgefüllte Frau« (12% = 1,85 Mio.):
 Überdurchschnittlich häufig findet sich dieser Typ bei

Frauen, die 30 bis 49 Jahre alt sind, Volksschule und Lehre absolviert haben, verheiratet, nicht berufstätige Hausfrauen sind, in Großstädten und vor allem in Nordrhein-Westfalen wohnen. Es handelt sich um einen »durchschnittlichen«, mehr oder weniger unauffälligen Frauentyp, der sich von der Gesamtstichprobe kaum unterscheidet, allenfalls durch einen relativ hohen Medikamentenverbrauch (die Einnahme jeder Art von Medikamenten liegt über der Norm) und durch einen relativ intensiven Gebrauch von Kosmetika, insbesondere von pflegenden Kosmetika. Frauen dieses Typs neigen eher zu Passivität und Introversion; sie haben wenig Selbstvertrauen.

Die Imagination dieser beiden Frauentypen richtet sich, soweit dies aus der primär am Konsumverhalten interessierten Untersuchung hervorgeht, auf Aktivität und Dynamik in Haushalt und Familie. Zugleich bescheinigt die Studie der »geltungsbedürftigen ›Möchtegern-Dame‹« eine allgemein positive Einstellung zu sich selbst und zu den Dingen, aber auch eine gewisse Undifferenziertheit des Urteils sowie eine relativ geringe Fähigkeit, sich kritisch zur Umwelt und zur eigenen Person zu verhalten, und von daher eine Neigung, auf dynamisierende Konsumangebote hereinzufallen. Die »gepflegte, unausgefüllte Frau« dagegen, die überdurchschnittlich häufig unter den Frauen von 30 bis 49 Jahren repräsentiert ist, scheint mit zunehmendem Alter eher die negative Seite des Selbstbilds der aktiven, dynamischen Frau zu entwickeln. Ihr Selbstbild ist vorwiegend passiv und nach innen gerichtet. Hier scheint Resignation eine Rolle zu spielen; jedenfalls könnten der relativ hohe Medikamentenverbrauch, die intensive Verwendung pflegender kosmetischer Mittel und die Unzufriedenheit darauf hinweisen.

Die Mittelschichtfrau ist auf Grund ihrer schichtspezifischen Ressourcen (finanzielle Möglichkeiten, Ausbildung) gegenüber dem Alltagsleben relativ autonom. Sie bekommt es besser »in den Griff«. Während die Unterschichtfrau die Alltagsroutine als Realität anerkennen muß, versucht die Mittelschichtfrau, die Angst, die auch bei ihr die Alltagsroutine verursacht, durch ein Überangebot an Imagination und Dynamik zu kompensieren.[186] Auf das Bild eines einsamen Mädchens reagierten Unterschichtfrauen mit der Deutung, das Mädchen sei zurückgestoßen, ausgeschlossen worden, und sie identifizierten sich unmittelbar mit der Dargestellten. Dagegen lautete der typische Kommentar der Mittelschichtfrauen: »Ein armes Kind, das allein ist. Ihre Lebensverhältnisse scheinen nicht besonders gut zu sein. Hat zu viel Zeit, keine Spielkameraden, nichts um sich zu beschäftigen. Das könnte zu ziemlichen Schwierigkeiten führen. Scheint das Kind braucht jemanden, der es gern hat und sich um es kümmert.«[187] Die Mittelschichtfrau betrachtet die Situation mehr oder weniger technisch, sie schneidet ihre Wahrnehmung der Situation bereits auf die technischen Möglichkeiten zu. Im Mittelschichtverhalten findet man generell »Nervosität«, eine Unruhe, die auch hier in der Interpretation deutlich hervortritt: »Es ist nicht gut allein zu sein«, und: »Aktivität ist alles«. Das ganze Verhalten ist von Hektik geprägt, von Angst vor »Leere«.

Die Unterschichtfrau sieht ihre tägliche Routine als langweilig und normal, d. h. als Schicksal an.[188] Ganz anders fällt die Beurteilung bei jungen Frauen der Mittelschicht aus. Sie fragen scheinbar indigniert: »Gibt es überhaupt typische Tage? Jeder Tag ist irgendwie anders. Wie kann ich überhaupt einen typischen Tag beschreiben?«[189] Der Unterschied im Tagesablauf einer Mittelschichtfrau und einer Unterschichtfrau scheint ebensosehr eine Folge ihrer Wahrnehmung wie ihres wirklichen Verhaltens zu sein:

>»Auch die Frauen der Mittelschicht verbringen viel Zeit mit der Versorgung der Kinder; auch sie haben Geschirr zu spülen, zu waschen, auch sie bereiten täglich (im Durchschnitt) drei Mahlzeiten zu. Der Unterschied zwischen den Frauen der Mittelschicht und der Unterschicht besteht eben weniger in dem, was sie tun (obwohl auch hier bemerkenswerte Unterschiede bestehen), als in ihrer gesamten Reaktion auf ihre Lebensverhältnisse. Die Frau der Mittelschicht sieht ihr Leben nicht als eintönig und ›durchschnittlich‹ an. Ein Tag ist für sie nicht wie der andere.«[190]

Dies kommt zum Beispiel in der Einstellung zu den Kindern zum Ausdruck, die für die Mittelschicht gerade nicht die Routine des Tagesablaufs bestimmen sollen, im Gegenteil: »Sie erfinden immer neue Sachen.« Ihre Hausarbeit hat die Mittelschichtfrau auf verschiedene Tage aufgeteilt: Montag Wäsche, Dienstag Einkauf etc. (Außerdem sind die Frauen der amerikanischen Mittelschicht meist Mitglied in einem oder zwei Vereinen.) Wenn die Mittelschichtfrau von Besuchen spricht, meint sie meist eine »Party« oder ein »Vereinstreffen«, während die Unterschichtfrau von »Nachbarn, Verwandten, alten Freundinnen« spricht, deren Besuch sie nicht als Unterbrechung der alltäglichen Routine empfindet, weil es »immer dieselben Leute« sind. Auch das Wochenende betrachtet die Mittelschichtfrau anders, »dynamischer«: Es ist die Zeit der Familienunternehmungen (Familie bezeichnet in der Mittelschicht immer den engen Kreis der Kernfamilie; in der Unterschicht die gesamte Verwandtschaft, den »Clan«). Was die Unterschiede ihres Tagesablaufs in den verschiedenen Jahreszeiten betrifft, so macht die Unterschichtfrau davon wenig her: »Im Sommer sind wir mehr draußen als im Winter, das ist alles.«[191] Die Mittelschichtfrau dagegen verleiht den Jahreszeiten unterschiedliche Funktionen: Winter ist die »social season«, Sommer hauptsächlich die Zeit »privater« Vergnügungen.

»An den Winterabenden haben wir mehr Gäste als im Sommer. Im Sommer sind unsere Freunde und Bekannten dauernd in Urlaub, verreist, im Winter bekommt man die Gruppe leichter zusammen.

Im Winter haben wir alle möglichen Geselligkeiten – Parties, Tanzveranstaltungen, Schulveranstaltungen, fast jeden Samstag Fußball und den ganzen Winter über Theater oder Konzerte. Aber im Sommer haben wir unsere Hütte am See, wir fahren viel dorthin und sind unter uns. Wir schwimmen und erholen uns. Wenn der Sommer vorbei ist, haben wir wieder Lust zu unseren Winterunternehmungen.«[192]

Betty Friedans Beschreibung des »Weiblichkeitswahns« war ein Versuch, diese Dynamisierung des Alltags mit einer Ideologie der Weiblichkeit zu umgeben. (Zum Teil war der »Weiblichkeitswahn« allerdings eine journalistische Erfindung.) Auch ihren Beobachtungen zufolge spielt die Dynamisierung des Alltags im Leben der Mittelschichtfrau die Hauptrolle:

»Zwar fand ich niemals eine Frau, die dem Bild der ›glücklichen Hausfrau‹ tatsächlich entsprach, aber mir fiel bei diesen tüchtigen Frauen, die ihr Leben im Schutz des Weiblichkeitswahns führten, etwas anderes auf. Sie waren ungemein betriebsam – sie machten Besorgungen und spielten Chauffeur, die Geschirrspülmaschine, die Trockenschleuder und der Elektromixer waren ständig in Betrieb, sie arbeiteten im Garten, bohnerten, putzten Silber, beaufsichtigten die Schularbeiten ihrer Kinder, sammelten Geld für irgendwelche wohltätigen Zwecke und taten noch tausenderlei anderes. Im Verlauf meiner Unterhaltungen mit ihnen begann mir klarzuwerden, daß es sich mit der Zeit, die ein Haushalt erfordert, seltsam verhält.«[193]

»1. Je mehr einer Frau die Betätigung in der Gesellschaft auf dem Niveau ihrer Fähigkeiten verwehrt wird, um so mehr werden sich Hausarbeit und Ehefrauen- und Mutterpflichten ausdehnen – und um so mehr wird sie trachten, niemals mit diesen Arbeiten fertig zu werden, um nicht ganz unbeschäftigt zu sein. (Offenbar hat auch die menschliche Natur einen Horror vor dem Vakuum, selbst bei Frauen.)

2. Die Zeit, die eine Frau benötigt, um die Hausarbeit zu erledigen, schwankt je nach den Anforderungen einer anderen Tätigkeit, die ihr am Herzen liegt. Ohne irgendwelche Interessen außerhalb des Hauses ist eine Frau praktisch gezwungen, jeden Augenblick ihres Daseins auf die Bagatellen des Haushalts zu verwenden.

Den einfachen Grundsatz, daß sich ›Arbeit wie Gummi dehnen läßt, um die Zeit auszufüllen, die für sie zur Verfügung steht‹, hat als erster C. Northcote Parkinson formuliert. Parkinsons ›Gesetz‹ kann im gleichen Maße auf die amerikanischen Hausfrauen angewendet werden. Hausarbeit läßt sich wie Gummi dehnen, um die Zeit auszufüllen, die für sie zur Verfügung steht, oder Muttersein läßt sich wie Gummi dehnen, um die Zeit auszufüllen, die dafür zur Verfügung steht, oder auch: Sex läßt sich wie Gummi dehnen, um die Zeit auszufüllen, die dafür zur Verfügung steht. Das ist zweifellos die wahre Erklärung für die Tatsache, daß die moderne amerikanische Hausfrau trotz all der neuen arbeitsparenden Geräte wahrscheinlich mehr Zeit mit Hausarbeit verbringt als ihre Großmutter.«[194]

Der »Weiblichkeitswahn« bezeichnet den Rückzug berufstätiger oder auf Berufstätigkeit hin durch College etc. ausgebildeter Mittelschichtfrauen – Frauen also, die, anders als die Arbeiterfrauen, Möglichkeiten haben, auch einen Beruf auszuüben, der ihnen Spaß machen *könnte* und ihre Interessen entwickeln *könnte* – in eine Vorort-Hausfrauenrolle, mit allem was dazu gehört: Bedienen der Haushaltsgeräte, konformistische Kindererziehung, ritualisiertes Sexualverhalten, konformistisch-standardisiertes »Beisammensein«. Betty Friedan registrierte jedoch zugleich eine wachsende Verzweiflung gerade bei diesen Frauen.[195]

Eine weitere Variante der Betonung von Dynamik im Alltagsleben findet sich bei den *voll berufstätigen* Frauen vor allem der *höheren Schichten*. Nach der »Frauen-Typologie« gehören hierzu die »schicke Berufstätige« und die »intelligente, aktive

Frau«. Die Art und Weise, wie die Mittelschichtfrau versucht, durch Betonung von Aktivität und Dynamik das Alltagsleben zu besetzen, ist bei den berufstätigen Frauen der Mittelschicht und auch bei den jüngeren berufstätigen Frauen der Unterschicht ebenso stark ausgeprägt wie bei den Hausfrauen.

Die »schicke Berufstätige« (10% = 1,43 Mio.):

Frauen dieses Typs finden sich überdurchschnittlich häufig unter den 14-29jährigen; sie sind überdurchschnittlich häufig ledig, haben eine Mittelschule oder Fachschule besucht, sind voll berufstätig, beziehen ein hohes Haushalts-Nettoeinkommen und wohnen überdurchschnittlich häufig in Großstädten. Dies ist der Typ der lebensfrohen und konsumfreudigen, mode- und kosmetikbewußten, progressiven jungen Frau. Sie verfügt über reichliches Taschengeld, raucht, fährt Auto und unternimmt zahlreiche Reisen. Sie ist für alles Neue »aufgeschlossen«. Sie ist unternehmungslustig, geht gern aus und hat viele Bekannte, mit denen sie oft zusammen ist. Sie tritt für die Gleichberechtigung der Frau ein und hält Hausarbeit für Zeitverschwendung. Sie stellt häufig ihre Möbel um und plädiert dafür, sich in gewissen Abständen wieder neu einzurichten. Sie ist besonders konsumfreudig, kauft viel und »spontan«. Sie bevorzugt Jeans und Hosenanzüge, macht jedoch jede Mode mit. Ihr Aussehen ist für sie von großer Bedeutung; sie will jugendlich, »gewagt« und »sexy« aussehen.

Die »intelligente, aktive Frau« (14% = 2,04 Mio.):

Frauen dieses Typs sind überdurchschnittlich häufig 20-34 Jahre alt; sie haben Abitur, die Mittelschule, die Fachschule und/oder Hochschule besucht, sie sind voll berufstätig, beziehen ein höheres Haushalts-Nettoeinkommen und wohnen meist in Großstädten. Sie unterscheiden sich kaum von der gesamten Stichprobe, zeigen also ein durchschnittliches Verhalten und »normale« Einstellungen. Was die dennoch vorhandenen geringfügigen Abweichungen betrifft, so beziehen sie sich hauptsächlich auf das größere Interesse an Politik und sozialen Problemen. Die »intelligente, aktive Frau« verfügt über viel Taschengeld, sie verbraucht relativ viel Tag- und Nachtcremes. Sie ist auffällig mobil (Reisen, Auto), gibt sich selbständig und selbstbewußt. Sie betont »Lebensfreude« und »Lebensgenuß«.

In beiden Gruppen haben Aktivität und Mobilität, Selbständigkeit und Selbstbewußtsein eine hohe Geltung. Die »intelligente, aktive Frau« fühlt sich jung, modern, aktiv, erfolgreich, selbständig und zufrieden; sie hat ein ausgeprägtes Selbstbewußtsein. Während der Typ der »intelligenten, aktiven Frau« – in dem ein überdurchschnittlicher Anteil von Frauen mit einer über das Abitur hinausgehenden Schulbildung repräsentiert ist – gegenüber dem Konsumbereich desinteressiert ist, zugleich aber im Modeverhalten sich als geschmackssicher versteht, bezieht die »schicke Berufstätige« ihre Identität insbesondere aus neuen Konsumgütern. Vor allem die »schicke Berufstätige« setzt auf »Dynamik«; sie ist »Schönheitsexpertin«, fühlt sich jung, modern, erfolgreich, sie verwendet sämtliche kosmetischen Mittel, selbst die »extremsten«, häufiger als der Durchschnitt der Frauen. Sie schätzt Aktivität, Geselligkeit und Partnerschaft, kauft oft Kleidungsstücke und Accessoires. Von Zeitschriften erwartet sie Informationen über Mode und Informationen über die »schönen Seiten des Lebens«. Sie ist ausgesprochen kauffreudig, macht gern einen Schaufensterbummel und gehört zum Typ des »Möbelumstellers«. Als »Möbelumsteller« wird ein Typ charakterisiert, der »selbst im Wohnen mobil ist«: »Diese Frauen wollen ihre Wohnung immer wieder anders sehen. Die Möbel sind in den Augen dieser Frauen Konsumgüter, die man wie andere auch nach einer gewissen Zeit satt hat. Wechsel, Veränderung von Zeit zu Zeit ist das Grundmotiv, das auf verschiedene Weise realisiert werden kann: sei es durch bloßes Umstellen von Möbeln, den Erwerb neuer Möbelstücke oder durch vollständig neues Einrichten.«[196]

Ein Spezialfall der »schicken Berufstätigen« scheint der »improvisierfreudige Mode-Twen« zu sein: die junge, noch in der Ausbildung befindliche Frau.

Der »improvisierfreudige Mode-Twen« (9% = 1,36 Mio.):
  Frauen dieses Typs sind überdurchschnittlich häufig 14-19 Jahre alt, evangelisch, ledig und befinden sich noch in einer

Schulausbildung bzw. Berufsausbildung (Mittelschule oder Fachschule).

Diese Gruppe gleicht der der »schicken Berufstätigen« weitgehend, verfügt allerdings über weniger Taschengeld und lehnt korrekte, damenhaft wirkende Kleidung ab. Sie verwendet vor allem Kosmetika, die eine dekorative Funktion haben. Ihre Imagination richtet sich deutlich auf Jugendlichkeit, »Poppigkeit«, »Progressivität«; dieser Typ ist generell unbeständiger.

Die »unauffällige, passive Jugendliche« dagegen scheint ein Protesttyp gegen die bei der Mittelschichtfrau übliche Imagination von Dynamik und Aktivität zu sein:

linke ?

Die »unauffällige, passive Jugendliche« (11% der weiblichen Bevölkerung von 14-19 Jahren = 1,69 Mio.):

Im Vergleich zu der Gesamtheit der Frauen zwischen 14 und 49 Jahren gehören dieser Kategorie überdurchschnittlich viele Frauen an, die zwischen 14 und 24 Jahren alt, evangelisch, ledig sind, sich in einer Schul- und Berufsausbildung befinden, in Großstädten und vor allem in Hessen und Berlin wohnen.

Überdurchschnittlich häufig zeigt sich bei diesem Frauentyp eine kritische Haltung gegenüber allem, was mit »bürgerlichen« Selbstverständnissen zu tun hat. Er ist eher introvertiert und selbstkritisch, zeigt freilich wenig Selbstvertrauen und Selbstsicherheit. Gegenüber Werten wie Planung und Ordnung, Wohnlichkeit und Häuslichkeit, Korrektheit, Gepflegtheit und Eleganz verhält er sich ablehnend. »Haushaltsführung, Hausarbeit, werden von ihnen ebenso kritisch beurteilt wie das Wichtignehmen der Art und Weise, wie man wohnt. Hierbei wenden sie sich insbesondere gegen ein anspruchsvolles, mit Sinn für Ästhetik verbundenes Wohnen. Diese Frauen lehnen es in der Regel ab, sich mit irgendeinem Kleidungsstil zu identifizieren; im übrigen trägt man bevorzugt Hosen und Jeans. In puncto Kosmetik wird ebenfalls Konsum-Unwille dokumentiert.«[197] Dieser Jugendlichen-Typ ist also durch Ablehnung aller Merkmale der »schicken Berufstätigen« charakterisiert, insbesondere aller Merkmale der Dynamisierung des Alltagslebens: Konsum, effektive Haushaltsführung, Ästhetisierung des Wohnens, Stilisierung der Kleidung und Kosmetik.

Sowohl die Betonung von Ordnung und Regelung des Alltagslebens und der daraus zu gewinnenden Reputation als auch die Dynamisierung des Alltagslebens sind (je nach Ressourcen unterschiedliche) Versuche der Frauen, das Alltagsleben mit Imagination zu besetzen. Das Bewußtsein der meisten Frauen ist von derartigen Reaktionen bestimmt. Es ist deshalb wichtig, sich die Ambivalenz dieser Bewußtseinsformen zu vergegenwärtigen. Bei der imaginativen Besetzung bestimmter Elemente des Alltagslebens handelt es sich stets um Versuche der Rationalisierung der eigenen strukturellen Lage, zugleich jedoch um Bemühungen, mit der Bedürfnisorientierung, die sich in der im weiblichen Lebenszusammenhang gegebenen Produktionsweise erhält, »etwas anzufangen«, hieraus »etwas zu machen«. Sowohl die Betonung von Ordnung und Reputation als auch die Dynamisierung des Alltagslebens sind restringierte, deformierte und zum Teil auch neurotische Versuche, besondere Gebrauchswertqualitäten des Alltagslebens zu artikulieren, selbst wenn diese Artikulation sofort einer falschen institutionellen Stilisierung verfällt. Leider ist diese Ambivalenz in den Verhaltensweisen und Vorstellungen der Frauen bisher nicht empirisch untersucht worden; sie wird jedoch auch in der Bedeutung sichtbar, die die Mode für die Frauen hat.[198]

C. »Modernität« in Mode und Warenwelt

»Modernität« in Mode und Warenwelt ist für die Frauen (aller Schichten) eine gratifizierende Kompensation der im Alltag vorherrschenden Zeitlosigkeit.

Das Alltagsleben der Frauen wird durch das »Neue«, »Moderne« strukturiert, wie es in Mode und Konsum auftritt. Das imaginative Angebot von Mode und Konsum hat die Funktion, die Sehnsucht der Frauen (aller Schichten) nach Öffentlichkeit und Bedeutung, nach Repräsentation und folgenreichem Handeln zu kanalisieren. Gerade aufgrund dieser Sehnsucht verfangen sich die Frauen in den Angeboten der Warenwelt, in der Statussymbolik; daher rührt die Ideologie des leichten Einkaufs schöner und angenehmer Dinge und des interessanten Freizeitlebens (die darum auch nicht einfach als Ideologie denunziert werden kann). Es ist bezeichnend, daß es vor allem den jüngeren Frauen der Unterschicht gelingt, ihre Unzufriedenheit durch Mode und Konsum zu kompensieren, während in der *Mittelschicht* gerade die *jüngeren* Frauen, die an Mode und Konsum partizipieren, hierdurch offensichtlich nicht zufriedengestellt werden können:

»In der Unterschicht protestieren vornehmlich diejenigen Frauen, die keinen Zugang zu Beruf, Einkommen und Mode haben, also die älteren Frauen, während bei den jüngeren die Mode Protestäußerungen absorbiert. In der Mittelschicht ist es umgekehrt: Hier äußern gerade die jüngeren Frauen, die eher an der Mode teilnehmen und seltener cliquenartige Beziehungen haben, häufiger Protest, während bei den älteren eine traditionell (und konform) orientierte Fraulichkeitskultur Protestäußerungen nicht aufkommen läßt.«[199]

In der faktischen Häufigkeit der Teilnahme an der Mode (Häufigkeit des Kleiderkaufs oder Kleidermachens) gibt es (in der Stadt) nur geringfügige Unterschiede nach sozialer Schicht: Arbeiterfrauen nehmen nur geringfügig weniger teil als Frauen der Mittelschicht.[200] Es gibt jedoch Unterschiede in der Art der Imagination.

Rainwater et al. weisen darauf hin, daß es vor allem die Wahl der Accessoires und der Farben, der Gebrauch von Schminke sind, die die Frau der Unterschicht von der Mittelschichtfrau unterscheiden.[201] Die Mittelschicht bevorzugt den »natural look«. Dagegen sucht die Unterschichtfrau mit jeder neuen »Modewelle« aufs neue die Möglichkeit der Verwandlung. Zur Milderung ihrer Schwierigkeiten und Identitätsprobleme versucht sie, ihre Umgebung und sich selbst so schön wie möglich zu machen[202], doch erliegt sie hierbei dem jeweils »Neuen« (ihre mangelnden Ressourcen zwingen sie, zu verdrängen, daß die Zeichen des »Soliden«, »Ordentlichen«, »Gediegenen«, »Bürgerlichen«, die die ihr zur Verfügung stehenden Waren darstellen – der schwere Wohnzimmerschrank, der Marmortisch, das Plüschsofa –, eben nur Zeichen sind). Was die Unterschichtfrau schön findet, ist das, was sie zugleich als »modern« bezeichnet. Sie versucht, in ihrem Geschmack »mit der Zeit zu gehen«. Der Gegenbegriff ist »old fashioned«. Es scheint, als ob das, was das Neueste auf dem Markt ist, zugleich auch das Beste wäre.[203] Die neueren Modelle der Waschmaschine, der Gardinen oder Autos er-

scheinen unwandelbar »schöner« als die vom Vorjahr. Gegenüber dem »Neuen« zeigen die Frauen vor allem der Unterschicht eine kriterienlose Bewunderung. Das »Moderne«,
»Neue« berührt sie in verschiedener Hinsicht: Es bedeutet die
ganze Breite des »Fortschritts«, ökonomische Sicherheit,
Wohlhabenheit, einen mittleren sozialen Status. Außerdem
erscheint das »Neue« als Unterbrechung der Routine, der
Monotonie, in der die Frauen leben und die sie deutlich
fühlen. Da die Frauen es »satt haben, immer dasselbe Leben
zu führen«, erscheint jeder »New Look« als wünschenswert;
er regt die Phantasie an (wobei sie das »Neue« mit gewisser
Aggression als »arbeitssparend« legitimieren, seien es nun
Waschmaschinen, Möbel, Kleider oder Wohnungen, Häuser,
Gärten). Im Urteil der Mittelschichtfrau wirkt die Frau der
Unterschicht im allgemeinen »aufgedonnert«; das gleiche gilt
für ihren Geschmack in bezug auf Möbel (Silber, Gold, glän-
zende falsche Seide, vor allem durch die schlechte Qualität in
den niedrigen Preislagen) und die Unfähigkeit, »Geschmack«
zu zeigen. Die Unterschichtfrau hat eine Tendenz zur »over-
decoration«; alles wirkt demonstrativ und überladen – jedenfalls auf Beobachter aus der Mittelschicht[204] –, zugleich jedoch
auch widersprüchlicher, unbeherrschter. Der Geschmack der
Mittelschichtfrauen ist demgegenüber »individueller«, d. h.
nicht so offensichtlich durch einen vorgegebenen »New
Look« geprägt. Ihr Geschmack mag aus der »Faszination
anderer Länder« stammen oder – mit den vorgestellten Erfordernissen von Repräsentation oder Eleganz – ein Nebenpro-
dukt ihrer Aufstiegsorientierung sein; jedenfalls macht sie
nicht unbedingt jede Modeänderung mit.
   Die Unterschichtfrau, die stets das Gefühl hat, hinter der
Entwicklung zurückzubleiben, ist sich nicht klar darüber, daß
sie »modischer« ist als die Frau der Mittelschicht. Das hängt
auch damit zusammen, daß sie sich weniger bewußt für ein
Publikum in bestimmten sozialen Situationen anzieht als die
Mittelschichtfrau, die versucht, den »Anlässen« entsprechend
gekleidet zu sein. Die Unterschichtfrau dagegen zieht das an,
»was mir am besten steht«, sie folgt mehr ihren geheimen
Phantasien über ihre mögliche Wirkung (bezogen auf die oft
widersprüchlichen Elemente Erotik und Reputation). Die
Mittelschichtfrau hat eher Angst, mit der Mode zu gehen, um

nicht »unangenehm aufzufallen«; die Frau der Unterschicht fürchtet eher, hinter der Modeentwicklung zurückzubleiben, und zugleich ist für sie jede neue Mode eine neue Hoffnung.

Teil III
Zur Theorie der Weiblichkeit

Wir haben die Widersprüche und Ambivalenzen der Weiblichkeit anhand einiger empirischer Strukturen charakterisiert, die teils den Bereich der materiellen Produktion und der sozialen Struktur, teils den des Bewußtseins betreffen. In bestimmten Verhaltensweisen äußern sich, diffus, unbestimmt und in regressiver Fixierung, die im weiblichen Lebenszusammenhang bestehende Bedürfnisorientierung und zugleich ein Leiden an deren Unterentwicklung. Wir haben im Ansatz versucht, dies anhand der Unzufriedenheit der Frauen, ihrer vegetativen Störungen, des »Motivs der Vermeidung von Erfolg« und der imaginativen Besetzung des Alltagslebens, der schichtspezifisch unterschiedlichen Betonung von Ordnung oder Dynamik im Alltagsleben und in der Mode darzustellen.

Entscheidend ist nun die Analyse der politischen, gesellschaftlichen Relevanz jener Elemente in der weiblichen Produktion, die den Produktivkräften zugehören.[1] Sind es Mängel? Neue Prinzipien?

Die Soziologie hat sich auf den Zusammenhang von sozialstrukturellen Variablen (Modernisierungsgrad, Schicht, Familienstruktur) mit einzelnen Bruchstücken weiblichen Bewußtseins und Verhaltens (Leistungsorientierung, Berufstätigkeit, Motiv der Vermeidung von Erfolg, Einstellungen zur Frau bzw. zum Mann) konzentriert, ohne eine Theorie über den inneren Zusammenhang dieser Elemente des weiblichen Bewußtseins und Verhaltens zu entwickeln. Dies ist (allerdings ohne Bezug auf sozialstrukturelle Ursachen) Gegenstand der psychoanalytischen Theorie der Weiblichkeit.

1. Die psychoanalytische Theorie der Weiblichkeit: zur Ambivalenz des weiblichen Narzißmus; die regressive Fixierung von Autonomiebestrebungen

1.1. »Vollkommenheit« und Regression: zur Ambivalenz des weiblichen Narzißmus

Die kulturelle Definition der »Weiblichkeit« zielt nicht nur auf die unterdrückte Frau ab; sie enthält die Verbindung von Frau, Lust, Gewähren und Gefahr des Verfallens zugleich. Diese kulturelle Bestimmung hatte mit dem realen Leben der Frauen immer nur sehr vermittelt zu tun. Die Imago der Weiblichkeit war eher ein gesellschaftliches Symbol dessen, was gesellschaftlich verdrängt wurde, verdrängt werden mußte: der Sehnsucht nach Versöhnung, Einheit, Passivität, nach Freiheit von Arbeit und dem Zwang zur Selbsterhaltung; sie beruhte auf der Unterdrückung der Frau, auf ihrem Ausschluß von gesellschaftlicher Macht. Die Schönheit der Frau repräsentierte die Lockung, in Natur zurückzufallen, zu regredieren auf den Zustand narzißtischer Vollkommenheit, in dem Ich und Welt eins sind, auf einen Zustand, »in dem die Reproduktion des Lebens von der bewußten Selbsterhaltung, die Seligkeit des Satten von der Nützlichkeit planvoller Ernährung unabhängig ist. Die Erinnerung des fernsten und ältesten Glücks«.[2]

Freud war der Auffassung, die vollkommene Schönheit der Frau komme durch die Konzentration der Libido auf den eigenen Körper zustande. Die Außenwelt existiert dann, im psychologischen Sinn, nicht als Gegenpol des Ich. Sie ist vielmehr im psychologischen Sinne Teil dieses Körpers. Die vollendete Schönheit ist »unwiderstehlich«. Sie gestattet es dem Subjekt, die Trennung zwischen Ich und Außenwelt eine Zeitlang zu ignorieren. Sie stellt die verlorene ursprüngliche Allmacht und Einheitlichkeit des Ich dar und fasziniert daher. Freud bemerkt zu der Entwicklung »bei dem häufigsten, wahrscheinlich reinsten und echtesten Typus des Weibes«:

»Hier scheint mit der Pubertätsentwicklung durch die Ausbildung der bis dahin latenten weiblichen Sexualorgane eine Steigerung des ursprünglichen Narzißmus aufzutreten, welche der Gestaltung einer ordentlichen, mit Sexualüberschätzung ausgestatteten Objektliebe ungünstig ist. Es

stellt sich besonders im Falle der Entwicklung zur Schönheit eine Selbstgenügsamkeit des Weibes her, welche das Weib für die ihm sozial
verkümmerte Freiheit der Objektwahl entschädigt. Solche Frauen lieben,
streng genommen, nur sich selbst mit ähnlicher Intensität, wie der Mann
sie liebt. Ihr Bedürfnis geht auch nicht dahin zu lieben, sondern geliebt zu
werden, und sie lassen sich den Mann gefallen, welcher diese Bedingung
erfüllt. Die Bedeutung dieses Frauentypus für das Liebesleben der Menschen ist sehr hoch einzuschätzen. Solche Frauen üben den größten Reiz
auf die Männer aus, nicht nur aus ästhetischen Gründen, weil sie gewöhnlich die schönsten sind, sondern auch infolge interessanter psychologi-
scher Konstellationen. Es erscheint nämlich deutlich erkennbar, daß der
Narzißmus einer Person eine große Anziehung auf diejenigen anderen
entfaltet, welche sich des vollen Ausmaßes ihres eigenen Narzißmus
begeben haben und sich in der Werbung um die Objektliebe befinden; der
Reiz des Kindes beruht zum guten Teil auf dessen Narzißmus, seiner
Selbstgenügsamkeit und Unzugänglichkeit, ebenso der Reiz gewisser
Tiere, die sich um nichts zu kümmern scheinen, wie der Katzen und
großen Raubtiere [. . .]. Es ist so, als beneideten wir sie um die Erhaltung
eines seeligen psychischen Zustandes, einer unangreifbaren Libidoposi-
tion, die wir selbst seither aufgegeben haben.«[3]

Die weibliche Schönheit hat für den Betrachter den Charakter einer Erinnerung. Sie ruft in dem Betrachtenden die eigene
narzißtische Vollkommenheit der Kindheit wach. Aber was
bedeutet der Narzißmus für die Frau selbst? Die Frau wird
sich selbst zum Liebesobjekt. Das bedeutet, ihre seelische
Energie wird von der Außenwelt abgezogen. Sie besetzt ihr
eigenes Selbst. Sie behandelt ihren Körper wie ein Liebesobjekt. Helene Deutsch zitiert Tolstoi, um uns diesen Typus der
vollkommenen narzißtischen Autonomie vor Augen zu
führen:

»Die Prinzessin lächelte. Sie erhob sich mit demselben, immer gleichen
Lächeln, mit dem sie zuerst ins Zimmer getreten war – dem Lächeln einer
makellos schönen Frau. Mit einem leichten Rauschen ihres weißen Kleides, das mit Moos und Efeu geschmückt war, mit dem Glanz ihrer weißen
Schultern, ihres glänzenden Haares und mit ihren funkelnden Diamanten
bewegte sie sich unter den Männern, die ihr Platz machten, ohne einen
von ihnen anzusehen, aber allen zulächelnd, als wollte sie gerne allen
gestatten, ihre schöne Gestalt und ihre wohlgeformten Schultern, Rücken
und Busen zu bewundern – die nach der Mode jener Zeit den Blicken
ziemlich weitgehend preisgegeben waren – und sie schien den Zauber
eines Ballsaales mit sich zu bringen als sie sich A. P. näherte. Helene war
so schön, daß sie nicht nur keine Spur von Koketterie zeigte, sondern im
Gegenteil sich ihrer unzweifelhaften und allzu siegreichen Schönheit eher

zu schämen schien. Sie schien zu wünschen, daß sie deren Wirkung verringern könnte, war aber unfähig dazu. Die Gesellschaft hört einer faszinierenden Erzählung zu.

Während der ganzen Zeit, in der die Geschichte erzählt wurde, saß sie aufrecht, betrachtete bald ihren schönen runden Arm, dessen Form durch den Druck gegen den Tisch verändert wurde, bald ihren noch schöneren Busen, auf dem sie einen Diamantenschmuck zurechtschob. Von Zeit zu Zeit glättete sie die Falten ihres Kleides, und jedesmal, wenn die Geschichte zu einer Pointe kam, blickte sie auf A. P., nahm den Ausdruck an, den sie im Gesicht ihrer Ehrendame sah, und kehrte dann zu ihrem strahlenden Lächeln zurück.«[4]

Wenige Frauen erreichen die Vollkommenheit und den Autismus der Prinzessin Hélène, die mit sich ganz eins ist, deren ganze Liebe einem Teil ihres Selbst gilt. Dennoch bildet diese narzißtische Einheit ein kulturelles Ideal der Weiblichkeit: es ist die Weiblichkeit, die siegt, ohne selbst der Leidenschaft zu verfallen, da sie ihre Bestätigung in sich selbst hat. Ihre Schönheit macht sie unabhängig. Die Prinzessin Hélène ist träge, charakterlos, unmoralisch. Ihrer sinnlichen Schönheit wird alles verziehen. Für eine kurze Zeit steht sie außerhalb der gewöhnlichen Ordnung.

Allegorie
C'est une femme belle et de riche encolure,
Qui laisse dans son vin traîner sa chevelure.
Les griffes de l'amour, les poisons du tripot,
Tout glisse et tout s'émousse au granit de sa peau.
Elle rit à la Mort et nargue la Débauche,
Ces monstres dont la main, qui toujours gratte et fau
Dans ses jeux destructeurs a pourtant respecté
De ce corps ferme et droit la rude majesté.
Elle marche en déesse et repose en sultane;
Elle a dans le plaisir la foi mahométane,
Et dans ses bras ouverts, que remplissent ses seins,
Elle apelle des yeux la race des humains.
Elle croit, elle sait, cette vierge inféconde
Et pourtant nécessaire à la marche du monde,
Que la beauté du corps est un sublime don
Qui de toute infamie arrache le pardon.
Elle ignore l'Enfer comme le Purgatoire,
Et quand l'heure viendra d'entrer dans la Nuit noire,
Elle regardera la face de la Mort,
Ainsi qu'un nouveau-né, – sans haine et sans remord.

Ein schönes Weib ist dies und reichen Nackens, das in seinem Wein die
Haare schleifen läßt. Der Liebe Krallen, des Freudenhauses Gifte, alles
gleitet und stumpft sich ab an ihrer Haut Granit. Sie lacht dem Tode zu
und trotzt der Unzucht, jenen Ungeheuern, deren Hand, die immer
kratzt und mäht, in ihren verwüstenden Spielen dennoch dieses festen,
aufrechten Leibes derbe Hoheit stets verschont hat. Wie eine Göttin
schreitet sie und ruht wie eine Sultanin; sie hat den Mosleminenglauben
an die Lust, und in die offnen Arme, die ihre Brüste füllen, ruft sie mit
ihrem Blick das menschliche Geschlecht. Sie glaubt, sie weiß es, diese
unfruchtbare Jungfrau, deren der Weltlauf doch bedarf, daß Leibesschön-
heit ein erhabenes Geschenk ist, das für jede Niedertracht Verzeihung
sich erwirkt. Sie weiß von keiner Hölle, keinem Fegefeuer, und kommt
die Stunde, einzutreten in die schwarze Nacht, wird sie dem Tod ins
Antlitz schauen wie ein Neugebornes – ohne Haß und ohne Reue.[5]

Diese autonom-narzißtische Frau stellt den eigentlichen Ra-
chetypus der Weiblichkeit dar, nicht die zwanghaft Konkur-
rierende, die sich unbewußt als unvollkommen erlebt und die
»Männlichkeit« anstrebt. Der autonome Narzißmus stellt dem
Mann die Unwesentlichkeit des Phallus vor Augen. Die Frau
bedarf seiner nicht. Sie selbst stellt die vollkommene narzißtische Integrität dar und entwertet damit die Überlegenheit der
Männlichkeit. Sie ist den Männern eine Qual: »Dem großen
Reiz des narzißtischen Weibes fehlt aber die Kehrseite nicht;
ein guter Teil der Unbefriedigung des verliebten Mannes, der
Zweifel an der Liebe des Weibes, der Klagen über die Rätsel
im Wesen desselben.«[6]
  Die regressiv-narzißtische Weiblichkeit, die die Männer fasziniert, ist zugleich asexuell; Freud vermutet, daß narzißtische
Frauen oft frigide seien. Die vollendet narzißtische Frau ist
das »böse« lockende Prinzip der Weiblichkeit. Ihre Macht ist
erkauft durch Rückzug vom Objekt. Freud selbst verweist
darauf, daß dieser Rückzug – der Versuch der Frauen, Lust
aus ihrem eigenen Körper zu ziehen – mit der sozialen Situation der Weiblichkeit zu tun hat. Er bringt ihn in Zusammenhang mit »der sozial verkümmerten Freiheit der Objektwahl
des Weibes«. Das Bild der autonomen weiblichen Schönheit
ist eng verbunden mit der Vorstellung von gleichgültiger
Zerstörung und Vernichtung von Menschen und Dingen. (Die
Frau hat selbst dinghaften Charakter angenommen. Sie ist

zerstört als Subjekt und zerstört andere.)

Die narzißtische Autonomie ist durch eine Verkümmerung der Objektliebe erkauft, durch Verleugnung der Selbständigkeit der Objekte. Die glückhafte Einheit von Ich und Welt wird in regressiver Weise hergestellt. Die narzißtische Struktur bedeutet die Besetzung des eigenen Körpers, die Behandlung des eigenen Körpers als ein Liebesobjekt und zugleich die Fixierung auf einer Stufe der Ich-Entwicklung, auf der die Differenzierung zwischen Ich und Objekt noch nicht abgeschlossen war und Identifikationen die Objektliebe überwogen.[7] Aufgrund besonderer Konstellationen ist die vollkommen narzißtische Frau in der Lage, sich narzißtische Bestätigung selbst zu geben. Sie ist in ihrem körperlichen Sein ihr eigenes Ich-Ideal; ihre Schönheit ist zum Freibrief geworden.

Die »normale« Weiblichkeit dagegen ist durch den Versuch gekennzeichnet, sich die Bestätigung ihres Wertes in ihrer Umwelt zu holen. Sie ist durch permanente narzißtische Bedürftigkeit charakterisiert, durch eine weitgehende Abhängigkeit von ihrem Objekt als Spiegel des eigenen idealen Selbst. Die »normale« Frau will Gegenstand besonderer anerkennender Bewertung sein. Diese Anerkennung soll ihrem körperlichen Sein, ihrer Schönheit, ihrer Persönlichkeit, ihrem sozialen Sein, dem Rahmen ihrer Erscheinung gelten. Soweit die »normale« Frau Idealbilder entwickelt hat, die über diese Eigenschaften hinausgehen, neigt sie dazu, Befriedigung über den Mann zu suchen: Die eigene Veränderung wird durch Identifikation mit einem Objekt ersetzt, das die begehrten Eigenschaften besitzt. Das narzißtische Selbst erreicht so eine labile, »geliehene« Vollkommenheit. Sehr anschaulich beschreibt Helene Deutsch die »weibliche« Frau:

> »Den größten Anteil an der Arbeit der gegenseitigen Anpassung trägt die Frau: sie überläßt dem Mann die Initiative, erlebt ihr eigenes Selbst stärker durch Identifizierung mit ihm, wenn auch oft unter Verzicht auf eigene Originalität. Manche dieser Frauen haben das Bedürfnis, ihre Objekte zu überschätzen, und ihre narzißtische Methode, sich und den Mann glücklich zu machen, läßt sich in den Worten ausdrücken: ›Er ist herrlich, und ich bin ein Teil von ihm.‹«[8]

Diese Frauen sind nach Auffassung Helene Deutschs die ideale Lebensgefährtin des Mannes; sie sind ideale Mitarbeiterinnen, sie sind liebenswürdig, unaggressiv, helfen gern, bestehen nicht auf ihren Rechten. »Man hat überall ein leichtes Spiel mit ihnen – wenn man sie nur liebt. [. . .] Im Sexuellen stellen sie narzißtische Bedingungen, die unbedingt erfüllt werden müssen. Sie verlangen Liebe und heißes Begehren und sehen darin eine befriedigende Entschädigung für den Verzicht auf eigenes aktives Streben.«[9]

Dem Verzicht auf eigene Aktivität, auf Veränderung des Ich, auf den Versuch, selbst herrlich zu sein, bewundert zu werden, dem eigenen Ich-Ideal zu genügen, entspricht eine bestimmte Art der Objektwahl: Eine Person liebt, was sie selbst ist, was sie früher war, was sie sein möchte, jemanden, der einmal Teil ihrer selbst war (das Kind). »Wo die narzißtische Befriedigung auf reale Hindernisse stößt, kann das Sexualideal zur Ersatzbefriedigung verwendet werden. Man liebt dann nach dem Typus der narzißtischen Objektwahl das, was man war und eingebüßt hat. [. . .] Was den dem Ich zum Ideal fehlenden Vorzug besitzt, wird geliebt.«[10] Das Ich liebt im anderen ein verlorenes Stück seiner selbst (internalisierte frühere Ich-Identifikationen). Die narzißtische Objektwahl bildet ein Element aller Liebesbeziehungen. Sie ist die ursprünglichste Form der Gefühlsbindung. Das Ich nimmt die Eigenschaften des Objekts an. Es inkorporiert sich das Objekt[11], und was als Objektliebe erscheint, gilt dem Objekt als Teil des Selbst. (Die *volle* Objektliebe ist dagegen eine späte psychische Errungenschaft.[12]) Dem narzißtisch gewählten Objekt wird die Eigenständigkeit bestritten; es stellt eine Ergänzung dar; im pathologischen Fall ersetzt es einen fehlenden Teil der seelischen Struktur: Es soll fortbestehende kindliche Größenvorstellungen des eigenen Selbst praktisch realisieren, das Selbst bewundern, seinem Exhibitionismus dienen, ehrgeizige Wünsche erfüllen und das Gefühl der Scham und Selbstentwertung, der Minderwertigkeit vertreiben, indem es als Teil des Selbst die infantilen Größenphantasien realisiert und damit die Selbstachtung wiederherstellt[13]: Die Frau, die auf eigene Versuche zu Aktivität und Autonomie verzichtet und diese Bedürfnisse auf den Mann projiziert, einen Teil ihrer selbst durch ihn zu verwirklichen sucht, wird leicht enttäuscht. Der Versuch, den anderen zum ausführenden Teil ihrer selbst zu machen, zum Erfüller oft grandioser Träume, zwingt zur Verleugnung aller Züge des Objekts, die dieser Phantasie widersprechen (z. B. der Schwäche des Mannes). Zugleich muß die Aggression abgewehrt werden, die sich gegen den Mann richtet, der schließlich doch im Besitz jener Eigenschaften ist, die die Frau ursprünglich selbst erstrebte. Oft führt die Unterdrückung dieser Aggression dann zu masochistischem Verhalten. »Diese unterschwellige Ambivalenz bringt solche Frauen dazu, den Mann heimlich zu beobachten und abzuschätzen. Sie sind nie ganz sicher, ob er wirklich so prächtig ist, wie sie angenommen hatten.«[14]

1.2. »Penisneid« als symbolischer Ausdruck verdrängter weiblicher Autonomiebestrebungen. Zur Neuinterpretation der Freudschen Theorie der Weiblichkeit

Frauen bleiben häufig besonders situationsabhängig, gruppenabhängig, ängstlich, die Liebe der Umwelt zu verlieren; sie sind weniger affektkontrolliert. Die Frau scheint weniger als der Mann in der Lage, »kulturelle Leistungen« zu vollbringen, sachliche Urteile zu fällen und innere Selbständigkeit zu erlangen. Die psychoanalytische Theorie der Weiblichkeit faßt die Reaktionen der Frauen als Hemmung: als Tendenz zur narzißtischen Objektwahl, als Ich-Schwäche und Unfähigkeit zur Sublimierung.

Eine vernünftige Diskussion dieser Theorie wird jedoch durch ein oberflächliches Verständnis der Theorie des »Penisneids« erschwert.[15]

Wir wollen daher ausführlicher auf die Frage des Penisneids eingehen und zeigen, daß die biologistischen Vorurteile, die sich bei Freud finden, im Rahmen der psychoanalytischen Diskussion selbst kritisch verstanden werden können. Dann wollen wir einige neuere psychoanalytische Beiträge heranziehen, aus denen sich eine nicht-biologistische, aber auch nicht einfach soziologistische (Penisneid = Wunsch nach sozialer Macht) Interpretation ergibt. Obwohl Freud die Ursache des weiblichen Sozialcharakters in der traumatischen Erfahrung des biologischen Geschlechtsunterschieds sieht, handelt es sich nicht einfach um eine von männlicher Borniertheit geprägte positivistische Theorie. Bei Freud ist bereits angedeutet, daß es sich beim Syndrom des »Penisneids« um einen spezifisch weiblichen Abwehrmechanismus handelt, der bestimmte, spezifisch weibliche Konflikte in der kindlichen Geschichte lösen hilft, die das Ergebnis der sozialen Beziehungen in der Familie sind.

Als das entscheidende Problem wird in der psychoanalytischen Diskussion der Weiblichkeit die Entwicklung eines angemessenen Körperbilds, einer richtigen Selbstrepräsentanz des Mädchens gesehen, das sich als Frau und dennoch als eigenes, von der Mutter unterschiedenes Selbst begreifen muß. In diesem Zusammenhang spielt der biologische[16] Geschlechtsunterschied eine entscheidende Rolle. Beginnen wir mit der Freudschen Darstellung: Die Entwicklung des Kindes in den ersten Phasen der Entwicklung der kindlichen Sexualität verläuft nach Freud für beide Geschlechter im wesentlichen gleich. Erst in der phallischen Phase (etwa 3.-5. Lebensjahr) – in der sich das Interesse der Kinder im Zusammenhang der fortschreitenden körperlichen Entwicklung auf die Genitalien konzentriert und das Kind den Geschlechtsunterschied definitiv wahrnehmen kann – führt die Verarbeitung des anatomischen Geschlechtsunterschieds zu unterschiedlichen Identifikationsprozessen und Entwicklungen, zum Erlernen von Weiblichkeit und Männlichkeit.

Für die weibliche Sexualentwicklung gilt, »daß auch hier die Konstitution sich nicht ohne Sträuben in die Funktion fügen wird«.[17] Freud beschreibt die Prozesse, in denen sich die geschlechtliche Identität herausbildet, als Konflikte von elementarer Gewaltsamkeit. Diese Gewalt entspricht nicht notwendig dem realen Handeln, nicht einmal unbedingt den Intentionen der Erwachsenen. Das Kind lebt zunächst noch in einer magischen Phantasiewelt. Die Grenzen zwischen dem Selbst und den Objekten sind noch fließend, so daß das Kind seine eigenen Phantasien und Gefühle ungebrochen der Umwelt zuschreibt. Daher werden die Rivalität, die Haß- und Rachegefühle der ödipalen Beziehung zugleich als tödliche Bedrohung erlebt. So kann die Vorstellung der Kastration auch in einer »zivilisierten« Umwelt entstehen.[18] Freud kam zu der Auffassung, daß die sexuellen Wünsche des kleinen Jungen, die sich auf die Mutter richten, aus Angst vor Kastration aufgegeben werden. Grund für die Anerkennung der

Kastrationsdrohung als realer Gefahr ist die Wahrnehmung des weiblichen Genitales, das als kastriert erlebt wird. Dieser Schock bewirkt, daß die sexuellen Strebungen durch Identifikation mit dem Aggressor, dem Vater, um der narzißtischen Integrität des Körpers willen sehr schnell aufgegeben werden. Es kommt zu einer raschen und konsistenten Übernahme der elterlichen Gebote und Verbote, dem Aufbau des Über-Ich.[19] Das männliche Über-Ich entwickelt sich unter dem Druck starker Aggression und Angst einheitlicher; damit ist eine größere Unabhängigkeit von den unmittelbaren äußeren Liebesobjekten verbunden. Die sexuellen Wünsche werden im Idealfall der restlosen Bewältigung der ödipalen Mutterbindung teils in Zärtlichkeit, teils in »neutralisierte Energie« umgesetzt, die dem Wissenstrieb in der Latenzzeit zugrunde liegt und die die kulturellen Leistungen des Mannes begründet.

Der entscheidende Unterschied dazu in der Entwicklung des Mädchens ist, daß es – nach Freud – seine Penislosigkeit spontan als Anerkennung der *vollzogenen* Kastration interpretieren muß. Der weibliche Ödipuskomplex beginnt mit dem genitalen Interesse an der Mutter. Er führt über die Entdeckung der Penislosigkeit der Frau zur Entwertung der Weiblichkeit und damit zur Hinwendung zum Vater, der im Besitz des Symbols der Vollkommenheit, des Penis, ist. Das Mädchen wendet sich von der »kastrierten« Mutter ab, die es so »schlecht ausgestattet« hat. Seine Hinwendung zum Vater erfolgt in der Hoffnung, durch ihn an dem begehrten Objekt teilzuhaben, das heißt: einen Penis zu erhalten bzw. später ein Kind.[20] (Freud spricht in diesem Zusammenhang von einer symbolischen Gleichung im Unbewußten der Frau.)

Da das Mädchen die Tatsache der vollzogenen Kastration zu verarbeiten hat, ist es nicht aus Angst gezwungen – und steht es nicht unter so starkem Druck wie der Junge –, die ödipale Liebesbindung an den Vater zu verlassen.

Da es eine vollzogene Kastration annehmen muß, »entfällt beim Mädchen das Motiv für die Zertrümmerung des Ödipuskomplexes. Die Kastration hat ihre Wirkung bereits früher getan, und diese bestand darin, das Kind in die Situation des Ödipuskomplexes zu drängen. Dieser entgeht darum dem Schicksal, das ihm beim Knaben bereitet wird, er kann langsam verlassen, durch Verdrängung erledigt werden. [...] Das

Über-Ich wird niemals so unerbittlich, so unpersönlich, so unabhängig von seinen affektiven Ursprüngen, wie wir es vom Manne fordern«.[21]

Die Angst, die das Mädchen zur Unterwerfung und zur Verinnerlichung der elterlichen Moral treibt, ist also nicht die Kastrationsangst, sondern die Angst vor Liebesverlust. Dadurch erhält das weibliche Über-Ich einen qualitativ anderen Charakter. Das Mädchen bleibt aus *motivationalen* Ursachen stärker abhängig als der Knabe: Es liegen keine zwingenden Gründe vor, die zu vergleichbar starker »Identifikation mit dem Aggressor« und zu entsprechender Ichveränderung führen. Das Mädchen, das »nichts mehr zu verlieren hat«, verbleibt in der erotischen Bindung an den Vater. Seine seelische Energie dient weniger dem Aufbau eines autonomen Über-Ich, sondern bleibt an die unbewußten Phantasien der ödipalen Phase gebunden. Die Übernahme der weiblichen Rolle ist also nicht nur durch die gesellschaftlich definierten Inhalte dieser Rolle bestimmt, sondern auch durch die Art seiner Objektbeziehung. Das Mädchen, das die weibliche Rolle aus Angst vor Liebesverlust übernimmt, bleibt aus strukturellen Gründen abhängiger, passiver, konformistischer, was auch immer die Inhalte der weiblichen Rolle sein mögen.

Freud bezeichnete als das Hauptproblem der Weiblichkeit die Verarbeitung der narzißtischen Kränkung der Kastration. Das Mädchen selbst interpretiert sich nach Freud als verstümmelten Mann. Es entwertet sich selbst und die Weiblichkeit:

»Das Weib anerkennt die Tatsache seiner Kastration und damit auch die Überlegenheit des Mannes und seine eigene Minderwertigkeit, aber es sträubt sich auch gegen diesen unliebsamen Sachverhalt. Aus dieser zwiespältigen Einstellung leiten sich drei Entwicklungsrichtungen ab. Die erste führt zur allgemeinen Abwendung von der Sexualität. Das kleine Weib, durch den Vergleich mit dem Knaben geschreckt, wird mit seiner Klitoris unzufrieden, verzichtet auf seine phallische Betätigung und damit auf die Sexualität überhaupt, wie auf ein gutes Stück seiner Männlichkeit auf anderen Gebieten. Die zweite Richtung hält in trotziger Selbstbehauptung an der bedrohten Männlichkeit fest; die Hoffnung, noch einmal einen Penis zu bekommen, bleibt bis in unglaublich späte Zeiten erhalten, wird zum Lebenszweck erhoben, und die Phantasie, trotz alledem ein Mann zu sein, bleibt oft gestaltend für lange Lebensperioden. Auch dieser ›Männlichkeitskomplex‹ des Weibes kann in manifest homosexuelle Objektwahl ausgehen. Erst eine dritte, recht umwegige Entwicklung mündet in die normal weibliche Endgestaltung aus, die den Vater als Objekt nimmt und so die weibliche Form des Ödipuskomplexes findet. Der Ödipuskomplex ist also beim Weib das Endergebnis einer längeren Entwicklung, er wird durch den Einfluß der Kastration nicht zerstört, sondern durch ihn geschaffen, er entgeht den starken feindlichen Einflüssen, die beim Mann zerstörend auf ihn einwirken, ja er wird allzuhäufig vom Weib überhaupt nicht überwunden. Darum sind auch die kulturellen Ergebnisse seines Zerfalls geringfügiger und weniger belangreich. Man geht wahrscheinlich nicht fehl, wenn man aussagt, daß dieser Unterschied in der gegenseitigen Beziehung von Ödipus- und Kastrationskomplex den Charakter des Weibes als soziales Wesen prägt.«[22]

Das Gefühl der Kastration und, in seinem Gefolge, der Penisneid, die nie ganz verwundene narzißtische Kränkung über die anatomische Benachteiligung, sind demnach nahezu universell das Schicksal der Weiblichkeit. Die Frau verzichtet in den meisten Fällen auf Aktivität, auf Kreativität und bleibt trotz der im Penisneid zum Ausdruck kommenden Proteste abhängig.

Freuds Auffassung beruht auf zwei Prämissen: der Annahme, 1. daß die Vagina bis zur Geschlechtsreife der Frau unentdeckt bleibt, 2. daß das Mädchen in der phallischen Phase männliche sexuelle Strebungen entwickelt, die um die Klitoris als Organ zentriert sind. Das Mädchen empfindet in der phallischen Phase »männliche« Sensationen an der Klitoris. Die Tatsache, daß die Klitoris sozusagen ein beschränkter Penis und kein Mittel des Eindringens ist, begründet *biologisch* die Spontaneität, Intensität und Unvermeidbarkeit des Penisneids.

Es ist jedoch notwendig, die Formel vom »spontanen« weiblichen Penisneid weiter aufzuklären, und zwar nicht in einer soziologistischen Relativierung. Der Penisneid muß als falscher, fetischistischer Ausdruck eines realen, nicht gelösten Konflikts in der Geschichte des Kindes begriffen werden: als Ergebnis einer bestimmten familialen Interaktion.[23]

Das Penissymbol wird aufgrund der für beide Geschlechter schwierigen Prozesse der Ablösung von der Mutter für *beide* Geschlechter zum Fetisch.

Alle Richtungen der Psychoanalyse stimmen darin überein, daß der Objektwechsel des Mädchens über eine Idealisierung des Vaters erfolgt, die ihren symbolischen Ausdruck in der unbewußten Überhöhung des Penis findet. Der Penisneid hat zwei klinisch konstante und signifikante Gegebenheiten: Er ist immer Neid auf einen idealisierten Penis, und er ist immer assoziiert mit einem bewußten oder unbewußten Haß auf die Mutter. Das Problem, das die Freudsche Konstruktion nicht lösen konnte, daß der Anblick des männlichen Geschlechts dem kleinen Mädchen einen so gewaltigen Eindruck macht, daß es vor Zorn und Kränkung über die weibliche Unvollkommenheit sein wichtigstes (und lebenswichtiges) Liebesobjekt – die Mutter – aufgibt, um sich dem Vater zuzuwenden, findet seine Lösung, wenn der Penis *als Zeichen für einen schon vorher bestehenden, nicht gelösten Konflikt im Leben des Mädchens begriffen wird – seinen Kampf um Autonomie:*

»Zahlreiche Frauen machen sich phantastische Vorstellungen von einem männlichen Organ, das über außerordentliche Qualitäten verfügt: unbeschränkte Macht, die Gutes oder Böses tut, die ihrem Besitzer absolute Sicherheit und Freiheit garantiert, die ihn gegen jede Art von Angst und Schuldgefühlen immun macht, die ihm zu Lust, Liebe und Verwirklichung aller seiner Wünsche verhilft. [. . .] Eine solche Idealisierung muß Gegenstück einer Verdrängung sein.«[24]

Der Anblick des Penis kann eine derartige Selbstentwertung, wie sie im Bild der Kastration enthalten ist, nicht begründen. Die schockierende Wirkung des männlichen Genitales wird nur verständlich, wenn man eine vorausgegangene, konfliktreiche Einstellung des Mädchens zu seinem eigenen Geschlecht annimmt, die in der Tatsache des anatomischen Geschlechtsunterschieds eine äußere (»biologische«) Bestätigung findet. Das Geheimnis des Penisneids ist die schon vorausgegangene Verdrängung des eigenen Geschlechts der Frau. Die Voraussetzung der Überwindung der Freudschen Position: den Peniswunsch als den nicht weiter reduzierbaren, den unmöglichen »weiblichen« Wunsch zu begreifen, ist die klinische Erkenntnis, daß das kleine Mädchen nicht bis zur phallischen Phase »ein kleiner Mann« ist. Ursache der Verdrängung ist die Mißbilligung der Reifungs- und Unabhängigkeitstendenzen des Mädchens durch die Mutter, symbolisch zentriert, um die Ablehnung des weiblichen Geschlechts zugleich mit der Ablehnung der Masturbation. Diese Mißbilligung braucht nicht ausgesprochen zu werden, und die Masturbation kann unentdeckt bleiben: Eine häufig vorkommende exzessive oder frühzeitige anale Dressur – meist im Zusammenhang mit einer umfassenden mütterlichen Kontrolle auf allen Gebieten – erzeugt eine eifersüchtige, leere, unbefriedigte Mutter-Imago, die die Akte der kindlichen Selbständigkeit mit der Strafe des Verlassens (und damit der Zerstörung) bedroht.[25] Die Wendung zum Peniswunsch läßt sich dann bereits als Kompromiß aufgrund der drohenden Mutter-Imago verstehen, nämlich als Aufgabe der realisierten und praktisch aktiven Selbstbefriedigung, des frühen Ausdrucks von Autonomie.

»Wie sieht die Verdrängung aus? Sicherlich ist es kein Zufall, daß es gerade der Penis ist – der in der Anatomie des Mädchens fehlt –, der mit all den Werten besetzt wird, die das Subjekt von sich selbst abstreifen mußte: Nichts könnte sich besser eignen zur Darstellung des Unerreichbaren als das Geschlecht, das man nicht hat, um so mehr, als es seiner Natur nach dem Erleben des eigenen Körpers fremd ist. Genau das Verbot jener Körpererfahrungen, die sich auf das eigene Geschlecht richten, wird hier auf großartige Weise symbolisiert. Kurz gesagt, die Ernennung einer unerreichbaren Sache zum begehrten Objekt verrät die Existenz eines Wunsches, der an einer unüberwindlichen Barriere zerbrochen ist. Die Überbesetzung der begehrten Sache ist ein Hinweis auf den ursprünglichen Wert des aufgegebenen Wunsches. Der Frau liegt viel daran, die für die Verdrängung verantwortliche Instanz, diesen Verfolger ohne Gesicht, zu ignorieren; eine Entlarvung würde bedeuten, daß sie sich den obskuren Regionen nähern muß, in denen Haß und Aggressivität gegen das Objekt lauern, das unbedingt geliebt werden muß. Im Penisneid verdichtet sich ein komplexer unbewußter Diskurs, der sich an die mütterliche Imago wendet. Dazu könnte man sich folgende Erklärungen vorstellen:

1. ›Das, was mir fehlt, suche ich in einer *Sache* und *nicht in mir selbst*‹.

2. ›Meine Suche ist *vergeblich*, da man sich diese Sache gar nicht aneignen kann. Die offensichtliche Vergeblichkeit meiner Suche soll meinen *definitiven* Verzicht auf jene Wünsche garantieren, die du bei mir mißbilligst‹.

3. ›Mir liegt viel daran, den Wert dieser unerreichbaren *Sache* zu betonen, damit du das Ausmaß meines Opfers richtig einschätzen kannst, wenn du mich zwingst, meinen Wunsch aufzugeben‹.

4. ›Eigentlich müßte ich dich anklagen und dich meinerseits berauben, aber genau das will ich vermeiden, leugnen und ignorieren, da ich deine Liebe unbedingt brauche.‹ ›Kurz, wenn ich den Penis idealisiere, um ihn dann besser begehren zu können, will ich dich damit beruhigen. Ich will dir zeigen, daß nichts zwischen uns treten kann, daß ich folglich nie zu mir selbst finden kann, daß mir selbst so etwas nie gelingen wird. Ich versichere dir, das wäre genau so unmöglich wie das Auswechseln meines Körpers‹.«[26]

1.3. Die Idealisierung des Phallischen (der Symbolik von Autonomie, Macht, Freiheit, Sauberkeit, Schönheit) als charakteristische weibliche »Fehlsozialisation«

Es ist ein zentrales Problem der weiblichen Entwicklung, daß aufgrund der konfliktreichen Mutter-Tochter-Beziehung die Idealisierung des Vaters – die in der Phase des Objektwechsels vorübergehend notwendig ist, um die Lösung von der Mutter über eine dritte Person zu vollziehen – vom Mädchen häufig nicht mehr aufgegeben werden kann.[27] Das ist dann der Fall, wenn die Versagungen durch die Mutter sich nicht langsam, der Entwicklung des Kindes gemäß, steigern, sondern dem Kind konfliktreich aufgezwungen, wenn sie »schlecht dosiert« wurden. Der Vater erscheint dann als einzige Möglichkeit, überhaupt eine Beziehung zu einem befriedigenden Objekt herzustellen.[28] Falls sich die ersten Erfahrungen des Kindes als böse erwiesen und das zweite, idealisierte Objekt (der Vater) unfähig ist, als »gutes Objekt« zu fungieren (und damit die Ablösung der Tochter von der Mutter zu unterstützen), treten schwere seelische Störungen auf (Charakterstörungen, Perversionen, Psychosen).

Die zentrale, häufigste Fehlentwicklung besteht jedoch in einer fortdauernden Idealisierung des Vaters aufgrund konfliktreicher Mutter-Tochter-Beziehungen. Das Vaterbild (und damit die Vorstellung von Männlichkeit) kann in diesem Fall nicht realitätsgerecht umstrukturiert werden; es kann nicht – zusammen mit dem Bild der Mutter (der Vorstellung von Weiblichkeit) – sowohl als »gut« wie auch als »böse« anerkannt werden. Diese Störung ist so häufig, daß sie den Kern des weiblichen Sozialcharakters ausmacht: »Da das zweite Objekt [der Vater, U. P.] um jeden Preis [aufgrund der gestörten Mutter-Tochter-Beziehung, U. P.] gerettet werden muß, findet eine Verdrängung und Gegenbesetzung der aggressiven, sadistisch-analen Komponente statt.«[29] Eine solche Gegenbesetzung erfolgt aus zwei Gründen: sowohl um das Vaterbild ungestört, von Aggressionen frei zu halten, als auch aufgrund der Weigerung, sich mit der als »böse«, aggressiv erlebten Mutter-Imago selbst zu identifizieren. Kann die Idealisierung der Vater-Imago nicht aufgegeben werden, so wird das Objekt dauerhaft falsch wahrgenommen. Es bleibt dann bei der unbewußten Gleichsetzung von Penis mit Freiheit, Macht, Sauberkeit, Schönheit und offener Aggressivität und von Vagina mit Häßlichkeit, Unfreiheit, Ohnmacht, Schmutz und hinterhältiger Aggressivität.[30]

Freud spricht von der Triebentmischung *beim Mann* als der »allgemeinen Erniedrigung des Liebeslebens«.[31] Zärtliche und sinnliche Bestrebungen werden auseinandergenommen, sie gehen nicht zusammen, werden auf verschiedene Objekte verteilt: Verehrt und idealisiert wird die Frau, die sexuell nicht oder nur unter Wahrung der gesellschaftlichen Konvention wenig sinnlich geliebt wird. Die Frau, bei der der Mann volle sexuelle Befriedigung findet, ist das Objekt seiner Verachtung. Diese Verachtung ist die Voraussetzung der sexuellen Befriedigung. *Auch die Frauen nehmen eine vergleichbare Aufspaltung der Sexualität vor.*[32] Sie idealisieren die Sexualität in einer Reaktionsbildung, die auf Verdrängung und Gegenbesetzung »derjenigen Triebkomponenten zurückzuführen ist, die sich ihrem Wesen nach der Idealisierung, der Erhöhung widersetzen; ich meine die sadistisch-analen Triebe«.[33] Die Folge ist eine Triebentmischung bei der Frau analog der von Freud für den Mann beschriebenen: Zärtliche und sinnliche Strebungen können nicht auf das gleiche Objekt gerichtet werden. Es kommt zur Verdrängung der sinnlichen Strebungen oder zur Aufspaltung der erotischen Objekte in zwei klar unterscheidbare Typen: in einen »Vaterersatz«, dem zärtliche »reine« Liebe gilt, und einen zweiten Typus, bei dem soziale Verachtung die Voraussetzung der sexuellen Beziehung ist. Die Gegenbesetzung der aggressiven Komponente hat aber auch schwerwiegende Folgen für die Entwicklung von Ich-Autonomie: Da Kreativität im Unbewußten mit dem Symbol des Phallus gleichbedeutend ist, muß Aktivität als Schuld, als aggressiver Akt, als Raub erlebt werden. Aktivitätshemmung, Kreativitätshemmung, Tendenzen zur selbstlosen, dienenden »Helferin« (Frauen, die nur arbeiten können, wenn es anderen nützt) stellen Vermeidungen dar, um der als Raub erlebten Tendenz zur Aneignung »männlicher« Aktivität (d. h. auf primitiver Ebene: des männlichen Organs) und den entsprechenden Schuldgefühlen zu entgehen.

Beide Geschlechter einigen sich auf ein falsches Symbol, das im Unbewußten Symbol von Freiheit, Macht und Größe ist.[34] Die wirklichen Beziehungen werden zerstört, da der Mann dieses Symbol fetisiert, um dadurch seine Angst vor der Frau zu überwinden, indem er die Frau verachtet und einen Beweis seiner Überlegenheit und Intaktheit besitzt, während die Frau ihre Selbstentwertung nicht verwindet, die ebenfalls verdrängt bleibt. Beide Geschlechter interagieren auf der Basis der wechselseitigen Bestätigung dieser Fehlidentifikation, der Basis ihrer Einigung, die zu subjektivem Leiden führt. Diese Fehlidentifikation liegt, sofern die Liebes- und Arbeitsfähigkeit nicht entscheidend eingeschränkt wird, im Rahmen des Normalen; sie ist Bestandteil institutionalisierter Entfremdung.

Viele Frauen halten an narzißtischen Größenphantasien fest: an der – vom realitätsgerechten Standpunkt aus – unrealistischen Vorstellung, jeder müsse sie lieben. Sie verbleiben auf einer kindlichen Stufe, auf der das eigene Ich Mittelpunkt der Welt und ganz einzigartig ist. In ihrer Vorstellung muß ihnen das Glück zufallen. Dieses Verhalten charakterisiert den weiblichen Sozialcharakter in seiner verzerrten Form, obwohl es ein Ideal aller Menschen formuliert.

Die Frau projiziert ihren schlecht integrierten, ungesättigten Narzißmus auf die Beziehung zu ihrem Liebhaber, weil sie in ihrer frühen Kindheit eine adäquate narzißtische Bestätigung entbehren mußte. Sie besetzt ihr körperliches Ich, Körper, Kleidung, Schmuck, ihr soziales Ich, in narzißtischer Weise. »Zudem möchte sie, daß auch ihr Partner ihre eigene Besetzung quasi spiegelbildlich besetzt.«[35] Der Mann gewährt der Frau die narzißtische Bestätigung, die sie sucht und die sie mit der Objektliebe verwechselt. Die narzißtische Bestätigung, für die sie dem Mann dankbar ist, so daß sie glaubt, das sei die Liebe, ist in einem hohen Ausmaß unpersönlich. Sie reagiert bereits auf das Konventionelle, das doch nur Mittel zum Zweck ist: »Tut ein Mann, der einer Frau den Hof macht, nicht alles, um ihr zu schmeicheln, benutzt er nicht jede Gelegenheit, um sie in ihrem Bewußtsein ihres Wertes und ihrer Einmaligkeit zu bestärken? Er überschüttet sie mit Geschenken und zeigt damit, wie sehr er die Gabe schätzt, die er von ihr zu erhalten hofft. Er bringt seine Bewunderung ganz offen zum Ausdruck und hält ihr einen narzißtischen Spiegel vor, durch den sie sich im höchsten Grade anerkannt fühlt. [...] Es gibt Männer, die bei den Frauen gezielt eine kalte, aber bewußte Technik anwenden. [...] Die narzißtische Vorbereitung erstreckt sich ganz allgemein auf die Beziehungen zwischen Männern und Frauen.«[36]

Die Beschreibung des weiblichen Sozialcharakters ist zugleich eine Beschreibung von Fixierung und »Dummheit«: der Lernunfähigkeit angesichts der sozialen Verhältnisse. Die regressiv-narzißtische Frau hält an einer imaginären Besonderheit, an der Einzigartigkeit ihrer Person fest. Deren Wirklichkeit äußert sich aber nicht in eigenen Taten, sondern bleibt Innerlichkeit. Auch die erträumte Wirklichkeit ist nicht durch Tätigkeit definiert. Sie sieht sich in geträumten Situationen mit den Augen anderer, wie eine Fremde. Wenn sie auch die Genüsse des Reichtums wünscht – vor allem sehnt sie sich nach der sozialen Bestätigung ihrer selbst als schön, reizend, kapriziös und kostbar. Sie sieht sich selbst Rollen spielen in erlesener Umgebung vor bewunderndem Publikum.

Der weibliche Narzißmus, den wir in der Darstellung der Störung als zwanghaften, verzweifelten Versuch sehen, die Einheit des Selbst durch die Bewunderung der anderen wie in einem Spiegel bestätigt zu sehen, enthält jedoch noch eine andere Komponente, auf die Freud mit dem Begriff des »primären Narzißmus« hingewiesen hat. Es ist ja in Freuds Darlegung ein eigenartiger Widerspruch, daß die von ihm als vollendet narzißtisch beschriebene Frau unabhängig von Bestätigung ist. Sie wird geliebt ohne Verdienst. Diese autonome Schönheit ist das Bild der Freiheit, sie erinnert an alles, was die Kultur den Menschen nimmt: die ursprüngliche narzißtische Einheit von Ich und Welt. Die Sehnsucht nach dieser kindlichen Allmacht ohne Arbeit, nach dem Fortbestehen des kindlichen Größen-Selbst in seiner infantilen Großartigkeit, bleibt im weiblichen Sozialcharakter in seiner unentfalteten Infantilität wirksam. (Das Vorbild dieser Lustvorstellung bilden die frühen Phasen der kindlichen Entwicklung.)

Von der psychoanalytischen Theorie her erscheint der weibliche Sozialcharakter (»vollkommen« oder »normal«) als Deformation eines realitätstüchtigen Charaktertyps, der sich selbst reflektieren kann, ein angemessenes Bild von sich als Frau entwickelt, ohne Schuldgefühle ist und daher sowohl sich selbst lieben als auch Objektbeziehungen eingehen kann. Das Romantische, Träumerische, Phantastische des weiblichen Narzißmus, das ja zugleich regressiv ist, erscheint daher lediglich als Deformation, als Zerstörung dieses realitätstüchtigen Typs. Wenn es jedoch darum geht, die Produktivkräfte der Weiblichkeit zu bestimmen, dann ist es notwendig zu beachten, daß das Realitätsprinzip als Leistungsprinzip unter den bestehenden Verhältnissen auch die zusätzliche gesellschaftliche Unterdrückung[37] gegenüber den Wünschen mit vertritt. Was in der psychoanalytischen Theorie also zwar dargestellt, aber in ihren Folgerungen als realitätsuntüchtig und damit »unnormal« vielleicht allzu negativ betrachtet wird, ist die Tatsache, daß der weibliche Narzißmus, daß die projektiven Bestrebungen nach Autonomie, Freiheit, Schönheit, die stets nur in regressiver Form auftreten, auch Bilder des Protests mit bewahren.

2. Die Formulierung der sich bildenden Subjektivität in der frühen Romantik

> »Eine Stunde später ist
> unendlich viel später.«
> Friedrich Schlegel, *Lucinde*

Wir wollen die in der psychoanalytischen Theorie[38] angelegte Orientierung an der realitätsgerechten Aktivität nicht unbefragt übernehmen, sondern vom utopischsten Versuch der Bestimmung weiblichen Protests ausgehen: von der frühen Romantik.

Wenn im folgenden von der Romantik gesprochen wird, beziehen wir uns hierauf unter dem Aspekt der Untersuchung der Dialektik von Illusion und Wirklichkeit. Der Kern der romantischen Einstellung zur Wirklichkeit ist das Bewußtsein des Konflikts zwischen Subjekt und Objekt – und der Versuch, eine utopische Lösung zu finden. Das romantische Bewußtsein ist nicht schlicht mit romantischem Illusionismus gleichzusetzen, der die Abkehr von der Wirklichkeit mit der Hinwendung zu konservativen Zielvorstellungen verknüpft.[39] Der romantische Protest steht zur »Frauenfrage« in vielfältiger Beziehung: zunächst und offensichtlich sind die radikalsten Angriffe gegen die bürgerlichen Institutionen, die das Leben der Frauen bestimmen – die Familie, die monogame und unauflösliche Ehe, die natürliche Rolle der Frau als Mutter und Erzieherin – aus dem romantischen Lager hervorgegangen. George Sand und Mary Wollestonecraft, die als erste im modernen Sinn feministische Positionen vertreten haben, sind von der romantischen Schule geprägt. Es wäre möglich, den Einfluß und die Veränderung dieses romantischen Protests im Zusammenhang der bürgerlichen und der proletarischen Frauenbewegung zu verfolgen. Wir wollen jedoch unsere Aufmerksamkeit auf einen anderen Aspekt konzentrieren: Die romantischen Forderungen repräsentieren einen moralisch-politischen Impuls, den Versuch, das Subjekt und seine Empfindungen zum Maß aller Dinge zu machen: »Alle Zufälle unseres Lebens sind Materialien, aus denen wir machen können, was wir wollen«[40] – dieser Ausspruch von Novalis bringt eine Sehnsucht nach Allmacht und Einheit mit der Welt zum Ausdruck, die nach unserer Auffassung nicht nur für die Entwicklung der feministischen Richtungen der Frauenbewegung bestimmend gewesen ist und heute noch bestimmend ist, sondern auch Ausdruck des widersprüchlichen und widersprechenden Elements im »weiblichen Sozialcharakter«. Die romantische Schule ist charakterisiert durch die Begriffe des Subjektivismus, der Sensibilität, der Rezeptivität, durch die Ablehnung der Polarität der Geschlechter, durch Einfühlung und spontane Reizbarkeit, durch die Verachtung der bürgerlichen Seßhaftigkeit und der Ordnung des privaten Lebens. Die Romantik ist Revolte gegen den bürgerlichen Beruf, gegen Karriere, »Fachmenschentum«, geregelte Produktion.

2.1. Protest gegen Leistungsprinzip und traditionelle Rollentrennung

Seinen ersten Ausdruck hat der Konflikt zwischen Illusion und Wirklichkeit im provokativen Protest der Romantik gefunden: in der Kritik an der arbeitsteiligen Aufspaltung der Person und an der Fetischisierung ökonomischer Produktivität:

»In der Tat sollte man das Studium des Müßigganges nicht so sträflich vernachlässigen, sondern es zur Kunst und Wissenschaft, ja zur Religion bilden! Um alles in eins zu fassen: je göttlicher ein Mensch oder ein Werk des Menschen ist, je ähnlicher werden sie der Pflanze; diese ist unter allen Formen der Natur die Sittlichste und die schönste. Und also wäre ja das höchste, vollendetste Leben nichts als ein *reines Vegetieren*.«[41] Und: »Durch die schweren, lauten Anstalten zum Leben wird das zarte Götterkind Leben selbst verdrängt und jämmerlich erstickt in der Umarmung der nach Affenart liebenden Sorge.«[42]

. . . ebenso in der Kritik an der »weiblichen Rolle« in Ehe und Familie:

»[. . .] Das gelob ich Dir, daß ich mich nicht will zügeln lassen, ich will auf das etwas vertrauen, was so jubelt in mir, denn am End ist's nichts anderes als das Gefühl der Eigenmacht, man nennt das eine schlechte Seite, die Eigenmacht. Es ist aber auch Eigenmacht, daß man lebt. [. . .] Es ist aber doch ebenso dumm, irgendeine Macht anzuerkennen über uns als nur das Leben selbst, [. . .] ich kann nur sagen, was auch in der Welt für Polizei der Seele herrscht, ich folg' ihr nicht, ich stürze mich als brausender Lebensstrom in die Tiefe, wohin es mich lockt! Ich! Ich! Ich!

[. . .] Ich rufe an alles, was meine Tätigkeit reizt, ich sage mir, du wirst alles, was aus der Natur des Menschen entspringt mutig ertragen, [. . .] Gott ist die Zukunft! wen diese nicht göttlich an sich reißt, daß er sich von den Ketten befreie aller Vergangenheit und in der Zukunft ganz aufgehe, den führt's nicht zu Gott. [. . .] Aber Sittlichkeit und Anstand sind zwei dumme Wächter, die dem menschlichen Sein und Willen den Weg verwehren. [. . .] Ich weiß, was ich bedarf! Ich bedarf, daß ich meine Freiheit behalte, [. . .] daß ich das ausrichte und vollende, was eine innere Stimme mir aufgibt zu tun.«[43] Und: »Ich wollte dir nur sagen, ›erwiderte sie‹, daß ich gar nicht, niemals heiraten will und werde. ›[. . .]‹ Was nützen uns Bücher, der Umgang mit verständigen Männern, die Kenntnis der Vorzeit, wenn das alles nur wie an Klötzen und Steinen vorübergeht und nicht zu unserem Geiste sagt: stehe auf, die Morgenstunde ist da, rufe aus allen Kammern des Herzens und Gehirns die Diener, daß sie an die Arbeit gehn, daß in den Wellen des Blutes Entschlüsse und Kräfte erwachen, die das Geistige, Unsichtbare in Tat und Wahrheit verwandeln! Ja Mutter, und so bin ich geworden, bin so geschaffen, daß ich ein Grauen vor allen Männern empfinde, wenn ich den Gedanken fasse, daß ich ihnen angehören, daß ich ihnen mit meinem ganzen Wesen mich aufopfern soll. [. . .] Und diesen Herzlosen, Gelangweilten, Geldgierigen, nach Ehrenstellen, und Lob der Großen Durstenden soll ich das Kleinod meines Leibes hingeben [. . .], wie man sich Tisch, Gefäß, Buch oder sonst ein Totes aneignet?«[44]

In ihrer Auseinandersetzung mit der Aufklärung und den Erfahrungen der beginnenden Industrialisierung, der sich differenzierenden gesellschaftlichen Arbeitsteilung, stellt die deutsche Frühromantik Gewinnstreben und ökonomisch orientierte Produktivität in Frage. Die romantische Literatur kommt zugleich zum Angriff auf die Ehe als Institution, da sie der lebendigen Liebe eine äußerliche, fremde Form, der zerstörten Beziehung eine unwürdige Fessel (vor allem für die Frau) sei. Selbst wenn es sich um eine »unpolitische« Bewegung an Kunst und Wissenschaft orientierter bürgerlicher Frauen und Männer handelte, so artikuliert ihre radikale Betonung lebendiger menschlicher Beziehungen – die Kritik an der Aufspaltung des alltäglichen Lebenszusammenhangs in institutionell verfestigte Verhältnisse, im Bereich von Leistung und Konkurrenz ebenso wie in der Familie – doch das Interesse an der »Entfesselung« menschlicher Produktivkräfte. Allerdings: man kümmert sich nicht um die rechtlich-institutionelle Ebene, sondern bleibt auf der persönlichen – auch dann, wenn zum Beispiel von Schlegel und Schleiermacher eine für beide Geschlechter gleiche Bildung gefordert wird. Warum die Frau strukturell unterdrückt ist, wird nicht analysiert.

Die Frauen und die Männer der romantischen Zirkel hatten den Mut, sich über die Konventionen ihrer Zeit öffentlich hinwegzusetzen[45] – aber sie waren nicht politisch. Sie richteten Idealbilder auf: Das Vorbild der romantischen Literatur ist die heroische Hetäre, die die bürgerlichen Gesetze der weiblichen Wohlanständigkeit verachtet und ein stolzes einsames Leben in Verachtung, Schönheit und Leiden führt und deren Liebe aus Freiheit hervorgeht, weder von Konvention noch von ökonomischen Interessen bestimmt ist (Idealbilder, die heute noch – selbst wenn sie eine Illusion sind – im »Muster der romantischen Liebe«[46] wirksam sind).

Die deutsche Romantik ist eine Bewegung des späten 18. Jahrhunderts. Die Argumentationen, auf die wir uns im folgenden beziehen, wurden vor allem von den Romantikern des »Jenaer Kreises« vertreten, einer Freundesgruppe junger Romantiker, die um 1796 in Jena zusammenarbeiteten. Die bekanntesten von ihnen sind die Brüder August W. Schlegel und Friedrich Schlegel, Friedrich von Hardenberg (Novalis), Clemens Brentano, Ludwig Tieck, Karoline Michaelis, Henriette Herz, Dorothea, die Tochter Mendelssohns und spätere Frau Friedrich Schlegels, und später die in Berlin lebende Rahel Varnhagen.[47] Das Wichtige an den Schriften der frühen deutschen Romantik ist die Kritik der entfremdeten menschlichen Beziehungen und der Unterwerfung der Frau in der Familie wie in der bürgerlichen Gesellschaft. Die deutsche Romantik hat das reale Elend der Individualität in Familie und Ehe formuliert (das bei Hegel als unbedeutendes Opfer erscheint): Tieck: *Vittoria Accorombona,* Schlegel: *Lucinde,* in verschlüsselter Form: E. T. A. Hoffmann: *Nachtstücke;* Schleiermacher: *Katechismus für edle Frauen* u. a. Ihre Arbeiten spielten (zusammen mit denen von George Sand und Mary Wollstonecraft) eine bedeutende Rolle bei der Verbreitung der Ideen der Gleichberechtigung der Frau.[48]

2.2. Qualitativ bestimmte Forderung nach Aufhebung der Geschlechtsrollen

In der Analyse der »Frauenfrage« kommt die Romantik zu einer dialektischen Position: Sie negiert die starre, traditionelle

Geschlechtsrolle, die die wechselseitige Beziehung, die Übereinstimmung in der Verschiedenheit zerstört, da sie ein Unter-
ordnungsverhältnis begründet. Unterordnung, ein Verhältnis
der Ungleichheit, stellt ihrem inneren Wesen nach eine Hemmung, Erstarrung der Bewegung zur wechselseitigen Anerkennung der Individualitäten dar. Zugleich kritisiert die Romantik das abstrakte Aufklärungsideal der »Gleichheit« – wie
es etwa in Deutschland von Theodor Gottlieb von Hippel[49]
verfochten wurde –, nach welchem die Gleichheit der Frau vor
allem darin begründet ist, daß sie ebenso schwer arbeiten und
ebenso viel leisten kann wie der Mann. Gleichheit der Menschen, von Männern wie von Frauen, ist in der Frühromantik
gleichbedeutend mit der »Darstellung der Menschheit in den
Geschlechtern«. Der Inhalt der Menschlichkeit ist die Entwicklung des »totalen Menschen«. Diese Entwicklung beschreibt Schlegel als Bildungsprozeß:

»Nichts widerspricht dem Charakter und selbst dem Begriffe des Menschen so sehr, als die Idee einer völlig isolierten Kraft, welche durch sich
und in sich allein wirken könnte. Niemand wird wohl leugnen, daß
derjenige Mensch wenigstens, den wir kennen, nur in einer Welt existieren könnte.«[50] »Es ist schon oft bemerkt worden: die Menschheit sei eine
zwitterhafte Spielart. [. . .] Der Mensch ist eine aus einem reinen Selbst
und einem fremdartigen Wesen gemischte Natur. [. . .] Nur das Gemüt,
welches von dem Schicksal hinlänglich durchgearbeitet worden ist, erreicht das seltne Glück, selbständig sein zu können. [. . .] Ohne alle
Freiheit wäre es keine Tat: ohne alle fremde Hilfe keine menschliche.«[51]

Freiheit wird gelernt; und sie besteht in der Selbstreflexion
des naturhaften Charakters des Menschen. Das ist das Zentrum der »romantischen Ironie«. In der romantischen Ironie
wird die Geschlechtsrolle zum »Rollenspiel«. In dem Kapitel
Dithyrambische Fantasie über die schönste Situation – dem
Teil in *Lucinde,* der Schlegel die empörtesten Kritiken ein-
brachte – heißt es:

»[. . .] die witzigste unter den Gestalten der Freude [. . .] und die
schönste: wenn wir die Rollen vertauschen und mit kindischer Lust
wetteifern, wer den andern täuschender nachäffen kann, ob dir die
schonende Heftigkeit des Mannes besser gelingt, oder mir die anziehende
Hingebung des Weibes. [. . .] Ich sehe hier eine wunderbare sinnreich
bedeutende Allegorie auf die Vollendung des Männlichen und Weiblichen
zur vollen, ganzen Menschheit. Es liegt viel darin, und was darin liegt,
steht gewiß nicht so schnell auf wie ich, wenn ich dir unterliege.«[52]

Schlegel will die Geschlechtsrolle nicht abschaffen. Sie soll als Teil der menschlichen Freiheit angeeignet werden; es muß erlaubt bleiben, mit ihr zu spielen:

»O! es ist wahr, der Mensch ist von Natur eine ernsthafte Bestie. Man muß diesem schändlichen und leidigen Hange aus allen Kräften und von allen Seiten entgegenarbeiten. [. . .] Es wäre ja grob mit einem reizenden Mädchen so zu reden, als ob sie ein geschlechtsloses Amphibion wäre. Es ist Pflicht und Schuldigkeit immer auf das anzuspielen, was sie ist und sein wird; und so unzart, steif und schuldig, wie die Gesellschaft einmal besteht, ist es wirklich eine komische Sache, ein unschuldiges Mädchen zu sein.«[53]

Entsprechend meint der Begriff der »Natürlichkeit«, wie ihn Schlegel verwendet, einen synthetischen, »künstlichen«, reflektierten Zustand. Ganz gegen den Rousseausschen Begriff von »weiblicher Natur« heißt es bei Schlegel:

»Ob eine gebildete Frau, bei der von Sittlichkeit die Frage sein kann, verderbt oder rein sei, läßt sich vielleicht sehr bestimmt entscheiden. Folgt sie der allgemeinen Tendenz, ist Energie des Geistes und des Charakters, die äußre Erscheinung derselben und was eben durch sie gilt, ihr Ein und Alles, so ist sie verderbt. Kennt sie etwas Größeres als die Größe, kann sie über ihre natürliche Neigung zur Energie lächeln, ist sie, mit einem Worte, des Enthusiasmus fähig, so ist sie unschuldig im sittlichen Sinne. In dieser Rücksicht kann man sagen, alle Tugend des Weibes sei Religion. Aber daß die Frauen gleichsam mehr an Gott oder an Christus glauben müßten als die Männer, daß irgendeine gute und schöne Freigeisterei ihnen weniger zieme als den Männern, ist wohl nur eine von den unendlich vielen gemeingeltenden Plattheiten, die Rousseau in ein ordentliches System der Weiblichkeitslehre verbunden hat, in welchem der Unsinn so ins reine gebracht und ausgebildet war, daß es durchaus allgemeinen Beifall finden mußte.«[54]

Auf dieses Thema der »Rolle« und der »Rollendistanz« kommt Schlegel immer wieder zurück: Die Verhärtung gegen die eigenen Bedürfnisse, die Unterwerfung unter eine repressive Moral führen zu einem Reagieren, das selbst der Reflexion entzogen ist: es ist »unnatürlich«, da dies dem allen Menschen angeborenen Bedürfnis nach wechselseitigem Verstehen und Befriedigen von Bedürfnissen entspricht; die Fähigkeit, die dazu erforderlich ist, ist ein Zulassen der Wahrnehmung von Bedürfnissen – die Definition der Liebe bei Schlegel überhaupt:

»Es ist Elektrizität des Gefühls, dabei aber im Innern ein stilles leises Lauschen, im Äußern eine gewisse klare Durchsichtigkeit.«[55]

Diese Fähigkeit vermutet Schlegel eher bei den Frauen »als angeboren«, d. h. als dem weiblichen Sozialcharakter entsprechend; die Männer müssen sie erst lernen.

2.3. Imaginäre »Verzauberung«

Was ist die »Methode« der Selbstreflexion und des »Rollenspiels«? Sie macht zugleich den eigenartigen Charakter der literarischen Romantik bei Novalis, Tieck, Hoffmann, Eichendorff, Baudelaire oder Poe aus: Es ist die »Verzauberung« der alltäglichen Dinge, sei es, daß die Alltäglichkeit aufgelöst wird in die Bereiche des Rauschs, der Exzentrität, der Übersteigerung des Luxus; sei es die Entlarvung der Verzauberung wie in den ersten Detektivgeschichten bei Poe, die Spuren der Untat mühsam verhüllend, mit rissiger Oberfläche; sei es, daß, wie bei E. T. A. Hoffmann, kein alltägliches Ding ist, was es ist. Die romantische Welt, an der Freud exemplarisch den Begriff des »Unheimlichen« analysierte, ist unheimlich, weil Menschen und Dinge sich dem »normalen« Gebrauch verweigern.

Die rationalistische Trennung von Denken und Gegenstand beantwortet die Romantik mit der Auflösung aller Gegenstände als Objekte in die Einheit wechselseitiger Aneignung von Individualitäten.[56] »Nun versteht die Seele die Klage der Nachtigall und das Lächeln des Neugebornen, und was auf Blumen wie an Sternen sich in geheimer Bilderschrift bedeutsam offenbart, versteht sie. [. . .] Alle Dinge reden zu ihr und überall sieht sie den lieblichen Geist durch die zarte Hülle.«[57] Die Bewegung zum Mystizismus ist in der Romantik bewußter Verzicht auf technische Effizienz, auf instrumentelle Vernunft und strategisches Handeln. Auf die einfachste Formel gebracht, ist nach Novalis die Poesie »Darstellung des Gemüts«.[58] Darstellung des Gemüts im Gegenstand bedeutet in diesem Zusammenhang: »Verwandlung des Gegenstands in Subjektivität, Verwandlung aller von den Wissenschaften vorgestellten gegenständlichen Beziehungen in personale Begegnisse und geheimnisvolle Verwandtschaften von Geistigem und Natürlichem [. . .] eine Verwandlung, durch welche die

Natur erst in ihrem wahren Sein erscheint.«[59] Eine Aufzeich-
nung von Novalis aus dem Jahr 1798 beschreibt den Doppel-
prozeß des »Romantisierens«:

»Die Welt muß romantisiert werden. So findet man den ursprünglichen
Sinn wieder. Romantisieren ist nichts als eine qualitative Potenzierung.
Das niedre Selbst wird mit einem bessern Selbst in dieser Operation
identifiziert. So wie wir selbst eine solche qualitative Potenzreihe sind.
Diese Operation ist noch ganz unbekannt. Indem ich dem Gemeinen
einen hohen Sinn, dem Gewöhnlichen ein geheimnisvolles Ansehn, dem
Bekannten die Würde des Unbekannten, dem Endlichen einen unendlichen Schein gebe, so romantisiere ich es – Umgekehrt ist die Operation
für das Höhere, Unbekannte, Mystische, Unendliche – dies wird durch
diese Verknüpfung logarithmisiert – Es bekommt einen geläufigen Ausdruck. Romantische Philosophie. Lingua romana. Wechselerhöhung und
Erniedrigung.«[60]

»Poesie ist die eigentümliche Handlungsweise des menschlichen Geistes«, heißt es bei Novalis. Gegenstand der Kunst ist
in der Romantik die Bildung des Menschen, nicht die Bildung
von Kunstwerken; Lukács bemerkt dazu: »Es ist kein l'art
pour l'art, sondern ein Panpoetismus.« »Sie wollten eine
Kultur schaffen, die Kunst erlernbar machen und die Geniali-
tät organisieren.«[61]

Frei schaffende Wirksamkeit der Phantasie und Negation
aller Bindung und Beschränkung durch eine etablierte, Dichten und Denken begrenzende Gesetzeswelt: die romantische
Phantasie sprengt die Grenzen der konventionellen Ordnung,
sie ist daher chaotisch für das herrschende Bewußtsein.

»Chaos und Eros sind die beste Erklärung des Romantischen. Schlegel
hat diesen Gedanken verschiedentlich variiert: ›[. . .] alle romantische
Poesie im engeren Sinn chaotisch.‹ Und Novalis: ›ich möchte fast sagen,
das Chaos muß in jeder Dichtung durchschimmern.‹ An anderer Stelle bei
Schlegel: ›Nur diejenige Verworrenheit ist ein Chaos, aus der eine Welt
entspringen kann.‹«[62]

Gefordert wird nicht natürliche Ordnung, sondern künst-
liche Verwirrung, nicht Illusion der Notwendigkeit, sondern
Schein der Zufälligkeit, nicht Stimmigkeit, sondern Brüche,
nicht Geschlossenheit, sondern Fragment.

Die Negation aller Bindung und Konvention hat ein gesellschaftliches Interesse: »Sie hofften: gerade die heftigste Entfaltung der Persönlichkeit werde letzten Endes die Menschen

einander wirklich nahe bringen; sie selbst suchten ja darin die
Rettung aus der Einsamkeit und aus dem Chaos.«[63] »Philoso-
phieren«, sagt Schlegel, »heißt die Allwissenheit gemeinschaft-
lich suchen.« »Wir sind nur ein Stück von uns selbst.« Geister
sollen sich verbinden, die eigentlich zusammengehören wie
getrennte Hälften. Es entstand die romantische »Akademie«,
ein Kollektiv, in dem nicht nur das »Symexistieren« und
»Symfaulenzen«, sondern auch die Produktion gemeinsam
waren – das Athenäum.[64]

2.4. »Künstlichkeit« als Mittel der Reflexion des Warenfetischs und die Ästhetisierung des Protests

Das zentrale Problem der Romantik, ihr Rückzug in die
Innerlichkeit, hängt zusammen mit der politisch-ökonomischen Situation Deutschlands: der Kleinstaaterei, der kleinli-
chen politischen Hierarchie und der zurückgebliebenen Entwicklung der industriellen Produktion. Gesellschaftlicher Zusammenhang, in Frankreich begriffen als politisch (staatlich)
vermittelt, in England als durch die Gesetzmäßigkeiten des
Warentauschs hergestellt – in beiden Gesellschaftskonstruk-
tionen mit einem Element der moralischen Legitimation verknüpft –, scheint in Deutschland von der Willkür der Klein-
fürsten abhängig. Öffentlichkeit ist in diesem Kontext immer
nur die geballte öffentliche Meinung der Sittenwächter,
nicht die Öffentlichkeit von Produzenten, wie sie etwa in
Frankreich die Basis der Öffentlichkeit direkter Demokratie,
in England als Öffentlichkeit der Selbstverwaltung der Privat-
eigentümer sich entwickelt hatte.[65]

»[. . .] aber plötzlich sprang ein häßliches Untier mitten unter den
Blumen hervor. Es schien geschwollen von Gift, die durchsichtige Haut
spielte in allen Farben. [. . .] Es war groß genug, um Furcht einzuflößen.
[. . .]: bald hüpfte es wie ein Frosch, dann kroch es wieder mit ekelhafter
Beweglichkeit auf einer unzähligen Menge kleiner Füße. Mit Entsetzen
wandte ich mich weg: da es mich aber verfolgen wollte, faßte ich Mut,
warf es mit einem kräftigen Stoß auf den Rücken und sogleich schien es
mir nichts als ein gemeiner Frosch. Ich erstaunte nicht wenig. [. . .] da
plötzlich jemand ganz dicht hinter mir sagte: Das ist die öffentliche
Meinung.«[66]

Entscheidend ist die bereits in der Form der Allegorie zum Ausdruck gebrachte Ablehnung der politischen Analyse. An anderer Stelle schreibt Schlegel: »Die französische Revolution, Fichtes Wissenschaftslehre und Goethe's Meister sind die größten Tendenzen des Zeitalters.«[67] Lukács bemerkt dazu: »Für Deutschland gab es nur einen Weg zur Kultur: den inneren, den der Revolution des Geistes; an eine wirkliche Revolution konnte niemand ernsthaft denken. [...] Diese Feststellung Schlegels ist also, wenn man Zeit und Umstände richtig wertet, überraschend gerecht und objektiv.«[68] Der Öffentlichkeit stellt die Romantik die wechselseitige Aneignung von Individualitäten im Medium der Reflexion entgegen, und zwar unter dem Titel der »Natur«, der »Natürlichkeit«. Natur heißt hier Befreiung von Konvention, vom Zwang der Rolle. Aber was soll an deren Stelle treten?

Die Theorie der Romantik verbleibt auf der Ebene des Individuellen, ohne zur Psychologie vorzustoßen. Sie anerkennt einerseits die naturhafte Bedingtheit des menschlichen Wesens, mag aber andererseits nicht auf den freien Willen verzichten. Es bleibt bei einer abstrakten Entgegensetzung. Dadurch entsteht eine Entsinnlichung, eine absolute Künstlichkeit aller Figuren. Trotz aller Problematisierung von Beziehungen bleibt die »Schönheit« der Darstellung, verstanden als Erhabenheit des Dargestellten, oberstes Prinzip. Die Romantik reflektiert die Entwicklung der Warenproduktion in der totalen Künstlichkeit der dargestellten Verhältnisse und der Darstellung selbst: Es gibt nichts »Natürliches«. Die Auflösung der Geschlechterrollen, wie sie die Romantik vorantreibt und ausdrückt, erhält dadurch etwas Zweideutiges. Die Romantik entdeckt den Warencharakter der Frau und die Frau als Ware; das richtige Interesse an der Reflexion des Rollenhaften in den Geschlechterbeziehungen verfängt sich jedoch in der Fetischisierung der Vollkommenheit, die die »ideale« Frau symbolisiert. »Die Kunstform der Allegorie und die Warenform des Produkts korrespondieren einander. [...] Die Romantik ist geblendet vom Rätsel des Geldfetischs – die totale Verrätselung der Welt.«[69]

Im Charakter der Lisette in *Lucinde* stellt Schlegel – ein Thema, das in der Romantik immer wiederkehrt – die Dirne dar, nicht unter dem Aspekt der bürgerlichen Ehemoral bzw. ihrer christlichen – viktorianisch Mitleid heuchelnden – Variante, sondern als Verkörperung des Protests und der Verdinglichung zugleich. Die Entfremdung des Menschen in der Arbeitsteilung findet ihren schärfsten Ausdruck im Verkauf des weiblichen Körpers, einem Verkauf, der in der romantischen Fiktion von einem starken Ich, einer stolzen Frau, im Zorn als radikale Durchführung des alle menschlichen Beziehungen beherrschenden Tauschprinzips in skandalöser, da öffentlicher Weise, als protestierende Aktion verstanden wird. Die Charakteristik der widersprüchlichsten Eigenschaften, die Schlegel als Rätsel an den Anfang seiner Schilderung setzt, werden im Vollzug der Verbindung des Julius mit der seltsamen Lisette sinnhaft verständlich:

»Was sie ihm so interessant machte, war nicht allein das, weshalb sie allgemein gesucht und gleichsam berühmt war, ihre seltne Gewandtheit und unerschöpfliche Mannigfaltigkeit in allen verführerischen Künsten der Sinnlichkeit. Ihr naiver Witz überraschte ihn mehr und reizte ihn am meisten, wie die hellen Funken von rohem tüchtigen Verstand, vorzüglich aber ihre entschiedene Manier und ihr konsequentes Betragen. [...] Nächst der Unabhängigkeit liebte sie nichts so unmäßig wie das Geld, aber wie wußte es zu brauchen. Dabei war sie billig gegen jeden, der nicht sehr reich war und selbst gegen die andern treuherzig in ihrer Habsucht und ohne Ränke. Sie schien ganz sorgenlos nur in der Gegenwart zu leben und war doch immer auf die Zukunft bedacht. Sie sparte im Kleinen, um nach ihrer Art im großen zu verschwenden und im Überflüssigen das Beste zu haben.«[50]

In der Hure Lisette schildert Schlegel die Frau als Ware und ihre Einsamkeit. Er beschreibt ihr Boudoir, auch »ihr heiligstes Kabinett« genannt, den intimen Raum, in den sie nur die Männer führte, die ihr wirklich gefielen. Dieses Privatissimum könnte man den »Raum der Verdopplung« nennen; er ist angefüllt mit Abbildern des Lebens: »schöne Originale von frischen, vollen Blumen- und Fruchtstücken, [...] die lebendigsten und fröhlichsten Darstellungen [...] aus Gips nach der Antike«; die große Kunst, die mehr ist als ein gefälliges Bild, die eine andere Beziehung zum Leben hat, erscheint in »einigen guten Kopien von den wollüstigsten Gemälden des Correggio und Tizian«. Daneben »von allen Seiten große kostbare Spiegel«. »Statt der Stühle echte orientalische Teppiche und einige Gruppen aus Marmor in halber Lebensgröße« – den Objektcharakter der Weiblichkeit darstellend – »ein gieriger Faun, der eine Nymphe, die im Fliehen schon gefallen ist, eben völlig überwinden wird; eine Venus, die mit aufgehobenem Gewande lächelnd über den wollüstigen Rücken auf die Hüften schaut und andere ähnliche Darstellungen«. In diesem Raum der Objekte und des einsamen Narzißmus saß Lisette »oft auf türkische Sitte tagelang allein und die Hände müßig im Schoß, denn sie verabscheute alle weiblichen Arbeiten.«

»Sie war einmal Schauspielerin gewesen, aber nur kurze Zeit und sie machte sich gern lustig über ihr Ungeschick dazu und über die Langeweile, die sie dabei ausgestanden. Es war eine von ihren vielen Eigenheiten, daß sie bei solchen Gelegenheiten in der dritten Person von sich sprach. Auch wenn sie erzählte, nannte sie sich nur Lisette, und sagte oft, wenn sie schreiben könnte, wollte sie ihre eigne Geschichte schreiben, aber so als ob es ein andrer wäre.«[71]

Lisette, in diesem Raum, ist reines Bild, reine Erscheinung, reine Passivität – aber eine fremdartige, nicht die der demütigen Weiblichkeit. Auch Ingres, Delacroix, Verlaine (später Baudelaire) haben jenes Bild der Frau als reines Versprechen, als reine Form im Bild des türkischen Bades, des Harems gefunden. Die Frau ist reines Objekt, vollkommene, ebenmäßige Schönheit, absolute Passivität, reiner Ausschluß von Produktion, reiner Konsum, reine Ware, reine Oberfläche, absolut unzugänglich, da in sich geschlossen. Diese Weiblichkeit ist dem Manne zwar dienstbar, aber nicht erreichbar. Die totale Entfremdung der Frau von sich selbst und vom Mann in der Bildhaftigkeit des abgeschlossenen Raumes verweigert sich den beruhigenden Kompromißformeln der bürgerlichen Frauenrolle: der »weiblichen Tätigkeit«, die (wie das Sticken) dem Betrachter die Beruhigung erlaubt, das im Schutze des Hauses geborgene Weib ruhe glückhaft in sich, ja es arbeite sogar ...

Die weiblichen Charaktere in der romantischen Kunst sind Allegorien, Personifikationen realer Verhältnisse. Die Frühromantik wollte die freie Menschlichkeit, die Auflösung der Geschlechterrollen und die Aufhebung der Unterdrückung der Frau. Für sie gab es nur eine Antwort: individuellen Mut, Bildung. Die Befreiung ist individuelle Entscheidung der Ein-

zelnen gegen den Druck der »öffentlichen Meinung«. Darin
ist die Frühromantik noch ganz Erbe der Aufklärung: die
gesellschaftlichen Institutionen sind für sie nur Worte, »Pfaf-
fentrug«; sie sind nicht »notwendig falsches Bewußtsein«. Der
romantische Protest kommt aber nicht zur Konkretion der
Darstellung, da das alltägliche, das wirkliche Leben gerade
ausgeschlossen bleibt und nur überhöht, in stilisierten Kom-
munikationsfiguren zugelassen wird. Der Protest selbst er-
starrt schon zur Form. Schon die frühe Romantik hat –
zumindest auf der literarischen Ebene[72] – eine Tendenz zum
Konsumfetischismus, zur klischierten Summierung von Zeichen (Jugendlichkeit, Schönheit, Luxus), die alles Lebendige
zum Material heruntersetzt, das keinen Widerstand leistet.
Schließlich geht die Romantik theoretisch im Mystizismus,
praktisch im Kolportageroman unter. Sie hat eine Affinität zur
weiblichen Imagination auch in ihrem negativen Aspekt.

3. Romantischer Individualismus, Arbeit und öffentliche Industrie: Grundlagen verselbständigter Strategie bei Hegel, Marx, Engels

> »Der Philosoph versucht, sich in seiner Spekulation einzuschließen, und es gelingt ihm nicht. Der Alltagsmensch schließt sich in seinen Eigentümern und seinen Gütern ein, und manchmal bedauert er es. Er ist oder scheint der Natur näher zu sein als das Subjekt der Reflexion oder der Kultur. Und noch mehr die Alltagsfrau: eher fähig zur Wut, zur Freude, zur Leidenschaft und zur Handlung, den Stürmen, der Sinnlichkeit, den Bändern zwischen Leben und Tod, den elementaren und spontanen Reichtümern näher. Aber ist das wahr oder falsch? offensichtlich oder wirklich? oberflächlich oder tief?«
>
> Henri Lefebvre[73]

Es kommt nicht darauf an, das Bewußtsein und das Verhalten der Frauen von einem verselbständigten Leitbild der Gleichheit her moralisierend zu betrachten. Eine soziologisch orientierte Theorie der Frauen muß die Reaktionen, die im weiblichen Lebenszusammenhang entstehen, auf ihre Ambivalenzen und Widersprüche hin untersuchen. Sie kann die Frauen nicht einfach als unterdrückt und manipuliert auffassen; sie muß erkennen, daß in der Tatsache, daß die Frauen sich größtenteils auf den Lebenszusammenhang von Haushalt, Familie und Geselligkeit konzentrieren (daß sie also z. B. Berufstätigkeit nur als notwendiges Übel und als sekundären Bereich betrachten), Momente legitimen Protests, wie immer verzerrt und realitätsuntüchtig, zu sehen sind.

Die häufig vorgenommene Entgegensetzung von Beruf und Familie und die moralisierende Kritik der Familienorientierung, Modeorientierung etc. der Frauen konstruieren einen falschen Gegensatz. Eine emanzipatorisch orientierte Soziologie der Frau muß am weiblichen Lebenszusammenhang zwei Grundstrukturen untersuchen, aus deren Verständnis heraus das Verhalten und das Bewußtsein der Frauen erst erklärbar werden und emanzipatorische Forderungen erst zu erheben wären. Notwendig ist 1. eine Bestimmung und Analyse der im weiblichen Lebenszusammenhang vorherrschenden Produktion und der darin bestehenden Produktivkräfte und Produktionsverhältnisse, 2. eine Analyse der Ambivalenzen im weiblichen Bewußtsein, das sich im weiblichen Lebenszusammenhang und aus den Widersprüchen der darin bestehenden Produktion bildet. Erst hierdurch gelangt man zu einer Betrachtungsweise, die über die übliche Konfrontation »schlechter«, empirisch gegebener Merkmale (z. B. Ichschwäche) und »guter«, idealer (Leistungs- und Konkurrenzorientierung) hinausgeht.

In Teil II haben wir einige Elemente des weiblichen Lebenszusammenhangs charakterisiert und hierbei verschiedene Widersprüche und Ambivalenzen untersucht. Verhalten und Bewußtsein der Frauen enthalten *zugleich* Produktivkräfte und Produktionsverhältnisse. Wir haben dies in Fortführung der Kritik an den »verselbständigten Strategien« zu analysieren versucht, deren Forderungen meist auf der Ebene der weiblichen Produktionsverhältnisse (der Gleichstellung im Beruf oder der Vergesellschaftung der Haushaltsarbeit) verbleiben und gerade den Aspekt der Produktivkräfte ignorieren. Als Produktivkraft im weiblichen Lebenszusammenhang wären bestimmte Arten und Weisen der Bedürfnisorientierung, bestimmte Fähigkeiten der Kommunikation und bestimmte Formen der Imagination zu bezeichnen. Jedoch wäre es falsch, die faktischen Verhaltensweisen und das faktische Bewußtsein der Frauen zu idealisieren; die im weiblichen Lebenszusammenhang bestehenden Produktivkräfte sind durch die Produktionsverhältnisse, durch die Unentwickeltheit der bestehenden Produktion, vor allem die Isolierung in Kindererziehung, Haushalt und persönlichen Beziehungen beschränkt. Anhand neuerer empirischer Untersuchungen haben wir dieses Problem im Ansatz untersucht.

Es bedarf anderer, weniger stereotyper Kriterien der Analyse und Bewertung der Probleme der Frauen, als sie die verselbständigten Strategien entwickeln. Im Lebenszusammenhang, in den die Frauen eingegliedert sind, in der darin bestehenden Produktion, die »positive« wie »negative« Elemente hat, entsteht (durch alle Schichten und sonstigen strukturellen Unterschiede hindurch) ein bestimmter Sozialcharakter, der gegenüber Leistungsprinzip, traditioneller Rollentrennung, technisch-rationalem Denken (bürokratischem Denken überhaupt) ein Widerstandspotential, aber auch Realitätsuntüchtigkeit enthält. Will man den weiblichen Sozialcharakter nicht einfach als »defizitär« bezeichnen, will man andererseits auch nicht die empirischen Eigenschaften des weiblichen Sozialcharakters idealisieren (»Sensibilität«, »Zärtlichkeit«), dann ist eine Analyse erforderlich, die die produktive und *zugleich* regressive Grundstruktur im weiblichen Sozialcharakter, die heroischen Momente romantisierender Illusion und die spezifische Verbohrtheit und »weibliche Dummheit« erfaßt. Die psychoanalytische Theorie entwirft eine konsistente Erklärung des weiblichen Narzißmus und der Ich-Schwäche; die Romantik artikuliert den utopischen Aspekt der weiblichen Bedürfnisse. Die Romantik versucht, die Differenzen zwischen Ich und Welt, Subjekt und Objekt zu überspringen, und zwar in einer Weise, die die Psychoanalyse als Fortbestehen von Allmachtsvorstellungen des Individuums, als narzißtische Objektbeziehung charakterisiert. In beiden »Ansätzen« geht es um die Auseinandersetzung der gesellschaftlichen Subjekte mit den Verhältnissen, die sie vorfinden, mit den vorgegebenen Normen, die diese Verhältnisse regeln.

Die verselbständigten Strategien haben diese Aspekte zugunsten einer ganz formalen ökonomistischen Bestimmung ignoriert. Das von uns als verselbständigt kritisierte Interesse sieht in den bestehenden Formen der Bedürfnisorientierung und der Imagination der Frauen lediglich »traditionalistische Ideologie«. Da sich dieses Interesse in der gegenwärtigen soziologischen Literatur mehr oder weniger durchgesetzt hat und sich nur noch zu Legitimationszwecken auf die Arbeiten von Marx, Engels (und Bebel) beruft, geriet auch in Vergessenheit, daß gerade Marx und Engels (nicht nur in bezug auf die Probleme der Frau) sich mit der romantisch-utopischen Vorstellung von der Entfaltung der Individualität auseinandergesetzt, daß sie gleichsam als Modell die Frage »durchgespielt« haben, ob auf der Basis der von der Romantik artikulierten Produktivkräfte ein gesellschaftlicher Zusammenhang möglich ist.

Ihr Interesse könnte man »sozialstrukturell« nennen: es ist nicht auf die subjektiven Vorstellungen, deren Auseinandersetzung mit den Normen und gesellschaftlichen Verhältnissen konzentriert; ihnen geht es um die Genese von Normen, von institutionellen Regelungen, die das alltägliche Handeln bestimmen, und um die materiellen Bedingungen, unter denen jene notwendig falsifiziert werden – was mit dem Interesse an der Art und Weise, wie die Individuen sich arrangieren, welche privaten Illusionen sie sich machen, zunächst nicht zusammenfällt. Vom sozialstrukturellen Interesse her erscheint der Bereich der Reproduktion irrelevant, da abhängig von Entwicklungen, die nicht hier, sondern im Bereich der »öffentlichen Industrie« bestimmt werden. Die weiblichen Produktion und deren Dialektik bleiben daher aus dem gesellschaftstheoretischen Interesse ausgeblendet.

Ausgangspunkt der »strukturellen« Betrachtung der Frauenfrage ist Hegels Kritik des romantischen Individualismus; in der Tradition dieser Auseinandersetzung erfolgte schließlich die Reduktion der Frauenfrage auf die Gleichberechtigung der Frau als Lohnarbeiterin durch Engels.[74]

3.1. Hegel: Öffentlichkeit und Privatheit; der Ausschluß der Frau von Individualität

A. Liebe und lebendige menschliche Verhältnisse.
Der frühe Hegel

Wie die Romantik sucht auch Hegel in seinen frühen Schriften das Konstitutionsprinzip nicht-entfremdeter Institutionen, Institutionen, in denen die Trennung von privatem Interesse und öffentlichem Leben aufgehoben ist. Das zentrale Thema der Jugendschriften (1790-1800) ist die Frage, was die wahre Beziehung zwischen dem Individuum und einem Staate sei, der seinem eigentlichen Charakter nicht mehr entspricht, sondern zu einer »entfremdeten« Institution geworden ist, aus der alles aktive politische Interesse der Bürger geschwunden ist.[75] Wie die Frühromantik sieht der junge Hegel das Vorbild nicht-entfremdeter Institutionen im Modell der Liebe als einem kommunikativen Verhältnis. So interpretiert er im Begriff der christlichen Liebe jenes freie Fließen der gesellschaftlichen Bedürfnisse und Interessen, das aufgrund spontaner Übereinstimmung keiner reglementierenden Rechtsinstitutionen bedarf. Hegel beschreibt die Liebe als Prinzip, das die Schranken aufhebt und lebendige Beziehungen zwischen den

Menschen schafft und dadurch den Menschen für sich selbst auch wirklich lebendig macht.

»Wahre Vereinigung, eigentliche Liebe findet nur unter Lebendigen statt, die an Macht sich gleich und also durchaus füreinander Lebendige, von keiner Seite gegeneinander Tote sind. [...] In der Liebe ist das Getrennte noch, aber nicht mehr als Getrenntes (sondern) als Einiges und das Lebendige fühlt das Lebendige.«[76]

Liebe ist Ausdruck für die bürgerlich-revolutionäre Vorstellung vom universal entwickelten Menschen und für die Beziehungen, die er eingeht.[77]

Dies ist noch die Thematik des romantischen Protests: Liebe, als Versöhnung in der dialogischen Anerkennung des Anderen, in dem ich mich wiedererkenne, ist noch nicht auf die Familie beschränkt. In seiner Auslegung der Bergpredigt kritisiert Hegel die Entzweiung der bürgerlichen Gesellschaft, die sich in der Kantschen Trennung von Moral und Neigung ausdrückt. Die »pathologische Neigung«, wie er die Liebe bezeichnet, erreicht spontan die Erfüllung der Gesetze, die Herstellung gesellschaftlicher Ordnung. Die Formalisierung des totalen kommunikativen Verhältnisses der Liebenden zueinander in einer Rechtsinstitution, die Rechte und Pflichten regelt, lehnt der junge Hegel (in heftiger Polemik gegen Kant) ab:

»[...] und zwischen dem tungusischen Schamanen mit dem Kirche und Staat regierenden europäischen Prälaten oder dem Mogulitzen mit dem Puritaner und dem seinem Pflichtgebot gehorchenden ist nicht der Unterschied, daß jene sich zu Knechten machten, dieser frei wäre; sondern daß jener den Herren außer sich, dieser aber den Herrn in sich trägt, zugleich aber sein eigener Knecht ist; für das Besondere, Triebe, Neigungen, pathologische Liebe, Sinnlichkeit, oder wie man es nennt, ist das Allgemeine notwendig und ewig ein Fremdes, ein Objektives. [...] Wehe den menschlichen Beziehungen, die nicht gerade im Begriff der Pflicht sich finden, der [...] alle anderen Beziehungen ausschließt oder beherrscht.«[78]

Hegel bezeichnet hier die Unterjochung der Wünsche und Begierden unter die verinnerlichten Moralgesetze, d. h. die Selbstbeherrschung, sowie unter die äußerlichen Gesetze des bürgerlichen Rechts als Ausdruck der nicht erreichten Versöhnung.[79] Die Liebe ist der staatlichen Ordnung gegenüber gleichgültig. Sie hat kein Bewußtsein von Rechten und Pflichten als äußeren, auferlegten.[80] Versöhnung, wie sie in *Geist des*

Christentums ausgesprochen wird, ist »Ausfüllung des Mangelhaften der Gesetze«; Versöhnung ist dasjenige, »was sie erfüllt, aber als Gesetze aufhebt und also etwas höheres ist als der Gehorsam gegen dieselben und sie entbehrlich macht.«[81]

Die Grundlage der Hegelschen Vorstellung von den Voraussetzungen der Republik, in der alle Institutionen fortwährend das Produkt der eigenen Tätigkeit der Menschen (selbstgeschaffene Gesetze, selbstgewählte Obrigkeit) sind (und die der politische Ausdruck der in der Liebe dargestellten Beziehungen ist), ist der rousseauisch-jakobinische Gedanke von der verhältnismäßigen Gleichheit der Vermögen. Freiheit und Selbständigkeit des Volkes bringen den nicht fetischisierten, nicht »institutionellen«, objektivierten Charakter der antiken Institutionen hervor: Es gibt zwar auch hier Objektivationen und Objektivität der Gefühle und Gedanken; aber es gibt keine »Institutionalisierung«, kein endgültig Objektives, keine fixierte, für immer festgelegte Objektivität. Die privaten Gedanken, Gefühle und Leidenschaften fixieren sich also nicht; sie münden immer wieder reibungslos ins öffentliche Leben ein.[82] Das Zentrum des Lebens des Citoyen (der von Hegel in die antike Republik projiziert wird) ist die Öffentlichkeit; zugleich jedoch sind die Menschen freie und selbständige Individuen mit eigenen Schicksalen. Es gibt einen »Gang in die Richtung zum Objektiven und von dort wieder zurück in die geänderte, geläuterte Subjektivität«.[83] In der antiken Republik, wie sie der junge Hegel in seinen frühen Schriften idealisierend darstellt, besteht eine lebensnotwendige Harmonie zwischen individuellem und allgemeinem Interesse. Konflikte können in der lebendigen Einheit des nach dem Vorbild der *volonté générale* vorgestellten Volksgeistes aufgehoben werden.

B. Arbeit und Eigentum als Identität konstituierende Elemente

Schon der frühe Hegel steht also, von der Position der jakobinischen staatsbürgerlichen Tugend her, dem Bereich des Privaten kritisch gegenüber. In republikanischem Asketismus lehnt er die Kultur der Gefühle, der bloß individuellen Liebe, die bloß privaten Interessen ab. Im Bereich des Privaten gibt es keinen Heroismus; Gegenstand heroischer Taten sind Vaterland und Freiheit.[84] »Liebe« ist für Hegel also stets (unentfaltetes) Vorbild der verwirklichten *Allgemeinheit*.[85]

Hat Hegels Kritik an der Diskrepanz von Freiheit und Pflicht hier noch einen Zusammenhang mit der romantischen Position, so erkennt er bald[86] das gesellschaftlich Resignative, Illusionäre der romantischen Kritik. Je präziser Hegel sich der Realität der bürgerlichen Gesellschaft zuwendet, desto stärker betont er die Notwendigkeit der institutionellen Ordnung. Er erkennt das System der Arbeit, die sozialen Klassen, die Notwendigkeit des Staates als zwingende Voraussetzungen der Entwicklung der bürgerlichen Gesellschaft an. Freiheit ist für ihn dann nicht mehr Freiheit der Individualität in ihren selbstgeschaffenen Institutionen; Individualität kann ihre Freiheit nur mehr im freien Bejahen der gesellschaftlichen Institutionen finden. Mit der Anerkennung von Arbeit, Kampf und Eigentum als den für Individualität und Gesellschaft konstitutiven Elementen beschränkt Hegel den Bereich, in dem die Individualitäten »sich um ihrer selbst wertvoll sind«[87], in seinen späteren Schriften auf die Familie. Er trennt nun diesen Bereich der Sittlichkeit von der Öffentlichkeit der Gesellschaft und des Staates, obwohl die konkrete, persönliche Anerkennung des Einzelnen für diesen Glück bedeutet: »Der Einzelne, die Lust des Genusses seiner Einzelheit suchend, findet sie in der Familie, und die Notwendigkeit, worin die Lust vergeht, ist sein eigenes Selbstbewußtsein als Bürger seines Volkes«.[88] Hegel spaltet das lebendige Interesse der Menschen nach Anerkennung in zwei konfligierende Bereiche auf: den der Öffentlichkeit, des Kampfes, der Tugend, des in der Gesellschaft und im Staate geltenden Gesetzes, nach dem die Menschen als »sich isolierende Systeme« miteinander konkurrieren, und in den der Liebe, des Anerkennens ohne Gegensatz des Willens: die Familie.[89]

In ihrer Abgespaltenheit von der Allgemeinheit, dem öffentlichen Interesse, zentriert um den Familienbesitz, bleibt aber die wechselseitige Anerkennung der Individualitäten in der Familie zugleich beschränkt. Zwar ist der der Familie eigentümliche positive Zweck der Einzelne als solcher[90]; aber: »Weil er nur als Bürger wirklich und substantiell ist, so ist der

Einzelne, wie er nicht Bürger ist, und der Familie angehört, nur der *unwirkliche* marklose Schatten.«[91]

In der Familie ist der Einzelne unmittelbar. »Er ist unmittelbares Anerkanntsein; [. . .] Diese Verbindung ist eine Totalität vieler Beziehungen, die natürliche Zeugung, gemeinsames Zusammenleben, Sorgfalt, Erwerb, Erziehung; der Einzelne ist in diesem Ganzen absorbiert.«[92]

Er gilt nicht als *Person:* dies hat er erst zu werden, und dies kann er nur außerhalb der Familie und gegen sie werden. Die Anerkennung als Person, von der Hegel spricht, ist über die Dinge vermittelt, die der Verfügung des Individuums unterstehen, über den durch Arbeit erzeugten und durch Tausch erworbenen Besitz. Anerkennung als Person bezieht sich also nicht unmittelbar auf die Identität des Anderen, sondern auf ihn als Mitglied der Öffentlichkeit von Eigentümern.

C. Die Frau als Repräsentantin der natürlichen Sittlichkeit, ausgeschlossen von Individualität

Den Frauen nun, als den Nicht-Eigentümern, kann Hegel keine Subjektivität im strengen Sinne als Person zuerkennen. (Die Frage, warum die Frauen aus dem System des Tauschverkehrs ausgeschlossen sind, stellt Hegel nicht.) Grundlegend für seine Vorstellung von der Situation der Frau ist die Ablehnung eines Lebens, das sich auf die kleine untertänige Welt des Eigentums beschränkt, in der bloße Dinge zum Absoluten werden – die Welt des Spießbürgers und der Waren und der dazugehörige »Geist geistloser Zustände«.[93]

Zwar stellt die Familie, die Versorgung von Frau und Kindern, die Voraussetzung der Versittlichung der Begierde, der Akkumulation des Eigentums in der bürgerlichen Gesellschaft dar.[94] Repräsentantin der abgespaltenen natürlichen Sittlichkeit in der bürgerlichen Gesellschaft ist die Frau. Die Frau vertritt das »göttliche Gesetz«, die erhöhte ewige Natur, sie repräsentiert das Haus, und sie ist dem Bereich der an Besitz und Kampf um Anerkennung gebundenen bürgerlichen Tausch- und Rechtssphäre ebenso fern wie dem im Staat institutionalisierten allgemeinen Interesse.

Ausgeschlossen von diesen Bereichen, kann die Frau nicht selbstbewußte und anerkannte bürgerliche Individualität sein:

Da der institutionelle Aspekt, der Besitz, das Wesen der Familie (und zugleich die bürgerliche Identität des Mannes) ausmacht, ist die Anerkennung in der Liebe ein sekundäres Element.

»Was will der Mann, das Mädchen? dieses einen Mann – jener eine Frau. – Sie liebt ihn, warum? weil er ihr Mann werden, sie zur Frau machen soll; – sie von ihm als Mann ihre Würde, Wert, Freude, Glück als *Ehefrau* erhalten soll – und diese ist, daß sie Frau wird. – Liebe, – sie erkennt dieses Interesse für sie in dem Mann – dies vornehmlich *die Empfindung des Mädchens.* Mann wegen größrer Eigenwilligkeit, Selbständigkeit außer der Ehe **a)** teils noch gleichgültiger für ihn, wie die Frau beschaffen, – **b)** teils – im Gegenteil – ebenso eigensinniger, wählender – [. . .].

Dies *Besondere* macht das besondere Verliebtsein aus – In der Ehe findet sich allgemein Mann und Frau.«[95]

Die Ehe, dem Interesse der Familie untergeordnet, ist eine Beziehung, in der sich die Liebe, die unmittelbare Anerkennung zwischen den Subjekten realisieren *kann.* Ob sich die Liebe, die Kommunikation zwischen Menschen, in diesem Verhältnis realisiert, ist für das Urteil über die Institutionen jedoch nicht entscheidend. Hegel selbst geht so weit, die Liebe von der Ehe zu trennen. Den freien Willensentschluß der Eheleute bezeichnet er zwar als objektiven Ausgangspunkt der Ehe; aber es ist nicht relevant, ob dieser freie Entschluß auf Liebe beruht. Für den Entschluß zur Eheschließung mögen verschiedene Gründe maßgebend sein – die sinnliche Leidenschaft zählt nicht als Grund: »denn die Liebe, welche Empfindung ist, läßt die Zufälligkeit in jeder Rücksicht zu, eine Gestalt, welche das Sittliche nicht haben darf.«[96] In der *Rechtsphilosophie* argumentiert Hegel gegen Schlegels *Lucinde:*

»Daß die Zeremonie der Schließung der Ehe überflüssig und eine Formalität sei, die weggelassen werden könnte, weil die Liebe das Substantielle ist und sogar durch diese Feierlichkeit an Wert verliert, ist von *Friedrich Schlegel* in der *Lucinde* [. . .] aufgestellt worden.«[97] »Solche Meinung, indem sie den höchsten Begriff von der Freiheit, Innigkeit und Vollendung der Liebe zu geben die Prätention hat, leugnet vielmehr das Sittliche in der Liebe, die höhere Hemmung und Zurücksetzung des bloßen Naturtriebs. [. . .] Näher ist durch jene Ansicht die sittliche Bestimmung verworfen, die darin besteht, daß das Bewußtsein sich aus seiner Natürlichkeit und Subjektivität zum Gedanken des Substantiellen sammelt, statt sich das Zufällige und die Willkür der sinnlichen Neigung immer noch vorzubehalten, die Verbindung dieser Willkür entnimmt [. . .] und das sinnliche Moment zu einem von [. . .] der Anerkennung der Verbindung als einer sittlichen nur *bedingten* herabsetzt.«[98]

Was Hegel von der Romantik trennt, ist, daß er das »Zufällige« des individuellen Triebes, des individuellen Wollens betont. Die Sinnlichkeit selbst ist nur Natur, bringt aus sich also keine Sprache (keine Form), keine Öffentlichkeit, keine Verbindlichkeit hervor.

Die Frau, bei Hegel die Repräsentantin des konkreten, einzelnen Lebens in der Familie und der hier entwickelten Form der Anerkennung, befindet sich in einem natürlichen Gegensatz zum Gemeinwesen, dem Allgemeinen des Staates. »[. . .] das obere und offenbar an der Sonne geltende Gesetz hat seine wirkliche Lebendigkeit in der *Regierung*. [. . .]«[99] In der *Rechtsphilosophie* wird dieser Gedanke präzisiert: »Stehen Frauen an der Spitze der Regierung, so ist der Staat in Gefahr, denn sie handeln nicht nach den Anforderungen der Allgemeinheit, sondern nach zufälliger Neigung und Meinung. Die Bildung der Frauen geschieht, man weiß nicht wie, [. . .] mehr durch das Leben als durch das Erwerben von Kenntnissen, während der Mann seine Stellung nur durch die Errungenschaft des Gedankens und durch viele technische Bemühungen erlangt.«[100] Die Einzelheit: die Lust, der Genuß, die wirkliche Tätigkeit, die Jugend und die Frauen bilden für Hegel eine Einheit. Sie stehen gegen »die ernsthafte Weisheit des reifen Alters, das der Einzelheit, – der Lust und dem Genusse, sowie der wirklichen Tätigkeit – abgestorben, nur das Allgemeine denkt und besorgt«.[101]

3.2. *Marx und Engels: Aneignung der gesellschaftlichen Natur des Menschen, Befreiung der Frau in der »öffentlichen Industrie«*

A. Öffentliche Emanzipation und wirkliche Subjekte

Marx faßt den Menschen als Naturwesen, das sich *im Prozeß der Produktion* zu sich selbst verhalten lernt.[102] Bestimmend bleibt die Vorstellung von der Auflösung aller naturhaften, geschichtlich gewordenen Schranken der Subjektivität, wobei Marx diesen Reflexionsprozeß als einen wirklichen, geschichtlich bestimmten Prozeß präzisiert. Wirkliche, nicht nur phantasierte Autonomie der Individualität besteht in der Kontrolle und bewußten Veränderung der eigenen Lebensverhältnisse. Die Individuen bleiben in jeder Gesellschaft an die naturhaften Bedingungen aller Produktion, an den Zwang zur Arbeit gebunden.[103] Autonome und universelle Entfaltung der Individualität kann immer nur bedeuten: bewußte Kontrolle der eigenen Voraussetzungen, der Produktion, die materielles und geistiges Leben gleichermaßen bestimmt. Nur in der kooperativen Kontrolle und Veränderung der gesellschaftlichen Natur läßt sich Individualität inhaltlich bestimmen, als wirklicher Reichtum von Beziehungen und praktischer Verwirklichung, wie sie angesichts des gesellschaftlichen Reichtums einer historischen Epoche möglich ist. Individualität ist hier nicht durch Abgrenzung der Individuen voneinander, sondern durch Kooperation bestimmt. Die anderen und deren Bedürfnisse sind dem Einzelnen nicht äußerlich durch moralische Pflicht verbunden, sondern aufgrund des durch die Kooperation gegebenen gemeinsamen Interesses. Ort dieser Kooperation ist die »öffentliche Industrie«.[104]

In der Marxschen Auffassung von gesellschaftlicher Praxis ist durchaus auch das Moment enthalten, das die Frühromantik als Lebensgefühl ausgedrückt hatte: Die gesellschaftlichen Institutionen sind von Menschen gemacht; sie können als Regeln begriffen und verändert werden. Doch will Marx sowohl die *normative* Utopie als auch die deterministische Sicht der Geschichte als naturhafte Folge von Ereignissen vermeiden: Die normative Utopie, die Idee einer Gesellschaftsordnung, wie sie nach den Erfordernissen der Moral sein sollte, wie sie sich für Marx vor allem im linken Flügel der französischen Romantik etwa bei Saint-Simon, Bazard, Enfantin, Fourier darstellt, versteht den historischen Prozeß als Material, das sich nach dem Willen formen läßt; die Alternative der rein deskriptiven Haltung (wie sie zu Marx' Zeit von der historischen Rechtsschule in Deutschland vertreten wurde) liefert die Beschreibung des Geschichtsprozesses als eine Abfolge notwendiger Phasen und sucht vorauszusehen, was unvermeidlich eintreffen wird. Marx kritisiert beide Alternativen als abstrakt: die allzeit mögliche Revolte im Namen der Vernunft ebenso wie die Unterwerfung unter die Fakten im Namen der Vernünftigkeit des Seienden.

Den Prozeß der Selbstreflexion, wie ihn die Romantik formulierte, kritisiert Marx (wie Hegel) als selbstgenügsame Subjektivität, die der Welt nichts außer ohnmächtiger Mißbilligung entgegensetzen kann; denn welche Richtung diese Veränderung praktisch einschlagen müßte, war notwendig ebenso außerhalb des Rahmens der romantischen Diskussion geblieben wie die Bedingungen, die das Fortschreiten der Bildung, das treibende Moment der reflexiven Auseinandersetzung mit den Erscheinungsformen gesellschaftlicher Repression, bestimmen.[105]

Die romantische Reflexion in ihrer eingebildeten Autonomie ist selbst Produkt der Zerrissenheit des gesellschaftlichen Lebens. Der sich allmächtig und autonom vorstellenden Subjektivität steht »das wirkliche Leben« gegenüber, das von Gesetzmäßigkeiten, die außer der Kontrolle des Einzelnen liegen, beherrscht wird. Das Individuum findet diese objektive Wirklichkeit als unveränderbar, als Komplex von starren Dingen vor; es vermag sich nicht praktisch-verändernd auf diese gesellschaftlichen Formen zu beziehen. Es kann sich diese Gesetze zwar nutzbar machen, aber es kann sie nicht verändern.[106] Es kann eine Ethik entwickeln, aber keine Praxis.

Uns interessiert die Frage: Wie kommt es, daß, trotz der Bewahrung des romantischen Interesses, die materialistische Einstellung zur Frauenfrage sich auf eine abstrakte, logisch deduzierte Position reduziert, der zufolge die Befreiung der Frau mit lohnabhängiger Berufstätigkeit zusammenzufallen scheint? Wie kommt es, daß die materialistischen Analysen der technokratischen Verwendung dieser Position durch die verselbständigten Strategien keine qualitativen Bestimmungen entgegenzusetzen vermochten?

Für Marx ist die »zufällige Begierde« ein Gegenstand der Verachtung geblieben, denn »die Wahrheit« fällt nicht mit der persönlichen Nützlichkeit zusammen; sie ist Reflexion auf die eigenen Voraussetzungen als geschichtlichen. Die zahlreichen Marxschen Bemerkungen sind bekannt, die zur Kritik der bürgerlichen Ehe auf die Tatsache des bürgerlichen Ehebruchs verweisen. Den üblichen Ehebruch versteht Marx als Zeichen der Dekadenz, das heißt als strukturell begründete Unfähigkeit, privates Verhalten mit den öffentlichen Institutionen in Übereinstimmung zu bringen – sei es durch Anerkennung der Institution mit der Konsequenz des individuellen Opfers, sei es durch Ablehnung der Institution mit der Konsequenz der öffentlichen Kritik, mit dem Willen der institutionellen Realisierung einer neuen geschichtlichen Wahrheit. Die bürgerliche Gesellschaft kann individuelle Sittlichkeit nicht produzieren. Das kapitalistische Produktionsverhältnis zieht der Entfaltung von Normen eine Grenze durch die Erfordernisse der Interessenwahrnehmung der Herrschenden. Das Bürgertum kann z. B. in der Frage der Ehe seine eigenen Normen nur umgehen, aber sie nicht wirklich ändern. Der Bürger kann die Kritik der Ehe als Institution nicht denken – wenigstens so lange nicht, als die Akkumulation von Kapital unter der Leitung einzelner Individuen geschieht und solange die Familie Träger des Eigentums ist und eine Aufhebung der Familie der Aufhebung der konkurrierenden Entgegensetzung der Eigentümer gleichkäme. Im Zuge der kapitalistischen ökonomischen Entwicklung können Normen zwar »zersetzt« und Institutionen entmystifiziert werden. Es kann aber keine neue Sittlichkeit, es können keine neuen Institutionen begründet werden. »[. . .] Der liederliche Bourgeois umgeht die Ehe und begeht heimlich Ehebruch, [. . .] aber die Ehe bleibt theoretisch unangetastet.«[107] In der Weigerung, eigenes Verhalten überhaupt noch im Zusammenhang der allgemeinen normativen Ordnung zu interpretieren, das pragmatische Arrangement einer privaten Triebbefriedigung ohne den Anspruch der Übereinstimmung mit dem öffentlichen Leben, den allgemeinen Normen noch herstellen zu wollen, sieht Marx mit Hegel den individuellen Ausdruck des Niedergangs einer gesellschaftlichen Klasse. So ist der Ehebruch die praktische, alltägliche Kritik der Eheideologie – aber eine Kritik, die von sich selbst nichts wissen will. Das Bürgertum kann nicht gegen sein Interesse denken; es kann seine eigenen Voraussetzungen nicht negieren.

Im Proletariat dagegen vermuteten Marx und auch Engels den Hegelschen staatsbürgerlichen Heroismus, die empirische Sittlichkeit, die verändernde Kraft. Diese Hoffnung auf das Proletariat wird jedoch vor allem »sozialstrukturell«, das heißt von den allgemeinen politisch-ökonomischen Mechanismen her begründet.

Die Zerstörung aller traditionalen Verhältnisse, aller Illusionen bedeutet für das Proletariat – so Marx – die Befreiung von den traditionalen Fesseln des Denkens, fällt zusammen mit der Freiheit, die neue Ordnung zu denken, die nur vom Standpunkt des Proletariats aus zu denken ist. Kritik der Ehe als Institution ist nur vom proletarischen Standpunkt produktiv möglich, weil nur das Proletariat nicht durch die Schranke der bürgerlichen Eigentumsordnung als struktureller Schranke seiner Vorstellungskraft behindert ist.

Daher sieht Marx auch empirisch (aus strukturellen Gründen) den »moralischen Verfall«, die Reduktion auf Unmenschlichkeit, d. h. auf Privatisierung der Bedürfnisse unterhalb der formell geltenden und formal anerkannten Ordnung, nur im Bürgertum. Der bürgerliche Charakter ist auch subjektiv zerstörte Individualität, er tendiert notwendig zur Doppelmoral. Der proletarische Charakter, der die Beschränktheit der geltenden Institutionen unter dem Horizont einer neuen Ordnung sehen kann, ist dagegen auch individuell als eine qualitativ andere Identität zu bestimmen[108]. Ihm stehen keine strukturellen Gründe entgegen, sich die Welt, seine Bestimmung in ihr, im Denken anzueignen. Diese Möglichkeit: seine eigene Situation denken zu können, auf allen Ebenen, die in einer historischen Situationen möglich sind, bildet die Voraussetzung einer auch individuellen Sittlichkeit. Diese Entfaltung der Individualität ist nur dann möglich, wenn sie zugleich die Wahrheit der Gesellschaft erfassen kann. Alles andere ist »nichtige Illusion«, »kraftlose« Innerlichkeit, die geschichtlich folgenlos bleibt. Sie erkennt sich selbst nicht und die Welt nicht, ist eine beschränkte Reflexion. Spontane Sittlichkeit ist in der kapitalistischen Welt nur im Proletariat strukturell möglich.

Gegenüber dem, was die Romantik formuliert: gegenüber der Trauer und dem Schmerz über die Entfremdung zwischen den Menschen und der daraus resultierenden individualistischen Qualifikation der Wünsche mit der Folge einer Entwertung der wirklichen Welt und der in ihr bestehenden Beziehungen, bleiben Marx' und Engels' Vorstellungen jedoch handwerklich-praktisch. In ihren Vorstellungen vom klassenbewußten Proletarier setzen Marx und Engels ein bestimmtes Proletarierbild voraus: den von seinen Traditionen und seinem Selbstbewußtsein her handwerklich-solide, »mit Lust« arbeitenden, charakterstarken Menschen. Die handwerklich gebildeten Facharbeiter, die auch die ersten Gewerkschaften gründeten, waren ihr empirischer Orientierungspunkt.[109] Deren moralische Kraft aber entsprang nicht den Erfahrungen der Industriearbeit allein; sie entstand aus der Moral und dem Rechtsbewußtsein einer vorindustriellen Produktionsweise[110] – einer Moral, der eben aufgrund der Selbständigkeit in der Produktion des Bauern und Handwerkers die Produktion zentral war und von der aus die Konsumtion eher mit Mißtrauen betrachtet wurde (womit zugleich die Ablehnung der Artikulation individueller Bedürfnisse und Interessen in den frühen Arbeiterorganisationen verbunden war).

Das Proletariat als radikal negatorische Kraft wird in der Kritik der politischen Ökonomie nur objektiv von seiner antagonistischen Interessenlage her bestimmt; nur objektiv kann angegeben werden, welche Bedingungen einer Aufhebung dieses Antagonismus entsprechen. Es bleibt offen, wie die Individuen, die die Gesetzmäßigkeiten der bürgerlichen Gesellschaft internalisiert und hieraus Identität gewonnen haben, zur qualitativen Veränderung befähigt sein sollen.

»Soweit der traditionelle Marxismus die ›naturale‹ Basis des angestrebten Wandels gegenüber seiner technisch-ökonomischen unterschätzt, ja ignoriert, verfällt er auch der Kritik; er betont die Notwendigkeit, die Massen politisch aufzuklären, ohne sich um diejenige Sphäre zu kümmern, worin die Menschen ihre Welt und ihresgleichen am unmittelbarsten erfahren: in ihren Bedürfnis- und Triebstrukturen [. . .]. Anstatt das planmäßige Wachstum der materiellen Ressourcen und Produktivkräfte – so sehr es ihrer bedarf – zu fetischisieren, muß sie den Sozialismus in seinem utopischsten Sinn bestimmen.«[111]

B. Befreiung der Frau in der Lohnarbeit?

Dieser Ausgangspunkt, der die Veränderung des Bewußtseins und des Verhaltens allein von den objektiven Zwängen ökonomischer Interessenrealisierung her bestimmt, ist die Ursache für die dogmatische Verkürzung der Frauenfrage durch

Engels: die objektive Bestimmung wird sehr schnell mechanistisch – bei Engels[112] mehr als bei Marx – mit voraussehbaren Reaktionen verbunden. Entsprechend ist Engels' Position zur Frauenfrage gegenüber dem realen Bewußtsein und Verhalten der Frauen indifferent, strategisch – verselbständigt.

Es ist die Hauptthese Engels', daß

»[. . .] die Befreiung der Frau, ihre Gleichstellung mit dem Mann, eine Unmöglichkeit ist und bleibt, solange die Frau von der gesellschaftlichen produktiven Arbeit ausgeschlossen und auf die häusliche Privatarbeit beschränkt bleibt. Die Befreiung der Frau wird erst möglich, sobald diese auf großem gesellschaftlichem Maßstab an der Produktion sich beteiligen kann, und die häusliche Arbeit sie nur noch in unbedeutendem Maß in Anspruch nimmt. Und dies ist erst möglich geworden durch die moderne große Industrie, die nicht nur Frauenarbeit auf großer Stufenleiter zuläßt, sondern förmlich nach ihr verlangt, und die auch die private Hausarbeit mehr und mehr in eine öffentliche Industrie aufzulösen strebt.«[113]

Die Unterdrückung und Einsperrung der Frauen beginnt – nach Engels' Darstellung – mit dem Entstehen des Privateigentums und dem aus diesem folgenden Erbrecht. Die Entstehung des Privateigentums von Familien begründet das Interesse an der Legitimität der Erben und damit die Durchsetzung der für die Frauen monogamen Ehe. Die bürgerliche Familie ist die gegenwärtige Form dieser Monogamie:

»Der Mann muß heutzutage in der großen Mehrzahl der Fälle der Erwerber, der Ernährer der Familie sein, wenigstens in den besitzenden Klassen, und das gibt ihm eine Herrscherstellung, die keiner juristischen Extrabevorrechtung bedarf. Er ist in der Familie der Bourgeois, die Frau repräsentiert das Proletariat.«[114]

Die Herrschaft des Mannes beruht auf seiner Stellung als Ernährer bzw. als Eigentümer.[115] Wenn die materiellen Ressourcen der Frau denen des Mannes gleich sind, kann es keine patriarchalische Familie und – das ist bei Engels gleichbedeutend – keine Unterdrückung der Frau geben.[116]

Man muß beachten, daß Engels das Elend und die Zersetzung der Familie durch die brutale Eingliederung der Frauen in die Industrie vor Augen hatte, wie er sie in *Die Lage der arbeitenden Klassen in England* schilderte. Die faktische Zerschlagung des familialen Zusammenhangs durch Frauen- und Kinderarbeit sollte durch die Sozialisierung der Industrie zur humanen Eingliederung der Geschlechter und der Kinder in die Industrie (als Ort des Lebens- und Lernprozesses) führen. Die Abspaltung des Lebens und Lernens von der materiellen Produktion wurde als aufhebbar begriffen. Engels nahm an, daß sich die berufstätige Ehefrau in dem Konflikt zwischen Erwerbstätigkeit und Mutter- und Haushaltspflichten unmittelbar für ihre Interessen, die »Umwandlung der privaten Haushalte in eine öffentliche Industrie« entscheiden würde, daß sie, zunächst durch den Zwang der Umstände in die Fabrikarbeit getrieben, hier zu einem für die Frauen neuen gesellschaftlichen Bewußtsein gelangen müsse.

Die Gleichheit der Frau wird zunächst im Rahmen der Gleichheit nichtbesitzender Lohnarbeiter hergestellt. Die lohnabhängigen »Partner« leben recht und schlecht, aber als Individuen, die durch etwas anderes zusammengehalten werden als durch ökonomische Interessen – wobei Engels allerdings aus den *negativ* bestimmten Strukturmomenten der Lohnabhängigen-Ehe – Eigentumslosigkeit, faktische Rechtlosigkeit, Gleichheit der Lohnabhängigkeit – *positive*, qualitative Folgerungen für die alltägliche Realität menschlicher Beziehungen in der proletarischen Ehe zieht:

»Wirkliche Regel im Verhältnis zur Frau wird die Geschlechtsliebe und kann es nur werden unter den unterdrückten Klassen, also heutzutage im Proletariat – ob dies Verhältnis nun ein offiziell konzessioniertes oder nicht. Hier sind aber auch alle Grundlagen der klassischen Monogamie beseitigt. Hier fehlt alles Eigentum, zu dessen Bewahrung und Vererbung ja gerade die Monogamie und die Männerherrschaft geschaffen wurden, und hier fehlt damit auch jeder Antrieb, die Männerherrschaft geltend zu machen. Noch mehr, auch die Mittel fehlen; das bürgerliche Recht, das diese Herrschaft schützt, besteht nur für die Besitzenden und deren Verkehr mit den Proletariern; es kostet Geld und hat deshalb armutshalber keine Geltung für die Stellung des Arbeiters zu seiner Frau. Da entscheiden ganz andere persönliche und gesellschaftliche Verhältnisse. Und vollends seitdem die große Industrie die Frau aus dem Hause auf den Arbeitsmarkt und in die Fabrik versetzt hat und sie oft genug zur Ernährerin der Familie macht, ist dem letzten Rest der Männerherrschaft in der Proletarierwohnung aller Boden entzogen – es sei denn etwa noch ein Stück der seit Einführung der Monogamie eingerissenen Brutalität gegen Frauen. So ist die Familie des Proletariers keine monogamische im strengen Sinn mehr, selbst bei der leidenschaftlichsten Liebe und festesten Treue *beider* und trotz aller etwaigen geistlichen und weltlichen Einsegnung. Daher spielen auch die ewigen Begleiter der Monogamie, Hetärismus und Ehebruch, hier nur eine fast verschwindende Rolle; die Frau hat das Recht der Ehetrennung tatsächlich wieder erhalten, und wenn man sich nicht vertragen kann, geht man lieber auseinander. Kurz, die Proletarierehe ist monogam im etymologischen Sinn des Wortes, aber durchaus nicht in seinem historischen Sinn.«[117]

Allein die Ehe zwischen Lohnabhängigen scheint wirkliche Freiheit der menschlichen Beziehungen zu bieten. Für die proletarische Frau ist ja die Möglichkeit der Ehescheidung nach ihrem eigenen Willen faktisch hergestellt, da sie von ihrer eigenen Arbeit lebt – also ist sie »frei«!

Nach Engels ist also die Befreiung der Frau als Frau in der kapitalistischen Gesellschaft möglich, ihre Befreiung als Arbeiterin dann in der sozialistischen. Die Unterdrückung der Frau als Frau ist Ausschluß von den *bürgerlichen Rechten*. Nach ihrer Gleichstellung sind die Frauen und die Männer auf verschiedene Klassen verteilt und nehmen dort ihre Klasseninteressen wahr: die bürgerliche Frau hat Interessen, die mit denen der proletarischen Frau nichts gemein haben. Leitbild der Entwicklung der Frau ist (jedenfalls zunächst) die Angleichung an den arbeitenden Mann. Engels kann sich mit dieser Auffassung begnügen, da er ein Modell zunehmender Klassenpolarisierung und der fortschreitenden Verelendung stillschweigend zugrundelegt. Da die Frau in dieser Vorstellung faktisch auf das Lohnarbeitsverhältnis reduziert wird, ihr alle Gratifikationen genommen werden, muß sie als Lohnarbeiterin revoltieren; die Kraft zur Revolte bleibt aber als Axiom vorausgesetzt.

Bedeutsam an der »sozialstrukturellen« Kritik ist das Interesse, den Widerspruch zwischen den Individuen und dem fremden Allgemeinen, der öffentlichen Ordnung, zu überwinden. Sie nimmt an, der Mangel an materiellen Ressourcen treibe die lohnarbeitende Frau dahin, sich nicht über Gratifikationen integrieren zu können (was auch für den Lohnarbeiter gilt). Das Problem ist, daß die Realität zwar durch die Ressourcen bestimmt ist, die Wahrnehmung des Mangels, die Phantasie eines anderen Lebens, die Kraft zur Revolte aber aus zusätzlichen Bestimmungen hervorgehen. Die Schrift von Engels hat – trotz allgemein richtiger Aussagen – einen menschenverachtenden, abstrakten Zug. Nimmt man der Frau alle Ressourcen, mit deren Hilfe sie sich als weiblich in traditionaler Weise interpretiert und darstellt – also sowohl die faktischen Tätigkeiten eines Lebens als Hausfrau wie auch die materiellen Mittel für jeden kulturellen Überschuß, der ihr Leben erträglich macht –, so wird sie nach Engels' Auffassung ebenso wie der Lohnarbeiter revoltieren. Das ständig wiederkehrende Auftrumpfen mit dem objektiven Geschichtsverlauf, demgegenüber sich alles individuelle Wollen als nichtig erweist, sofern es mit dem Gang der Geschichte nicht übereinstimmt, verweist auf einen evolutionistischen Fortschrittsoptimismus. Es geht bei Engels immer um das »Klassensubjekt«, eine fingierte Entität, die sich entwickelt und lernt; die wirklichen Individuen sind hier nur ein sterblicher Teil dieser Fiktion. So ist das Interesse an der Berufstätigkeit der Frau vor allem bestimmt durch den objektiven Verlauf des Industrialisierungsprozesses, in den sie einbezogen wird, und durch das Interesse an der Stärkung proletarischer Organisationen. Beides soll die Frau zum Menschen machen – ob sie aktuell und subjektiv in diesem Sinne Mensch sein will, ist eine Frage, die triumphierend als nebensächlich zurückgewiesen werden kann. Durch die Engelssche Analyse zieht sich ein Ton aggressiven »gesunden Menschenverstandes«.

Hier wird nun deutlich, was die Ausklammerung der Probleme des weiblichen Lebenszusammenhangs im Rahmen der Engelsschen Prämissen und Organisationsvorstellungen für die Frauen bedeutet: die Ausklammerung, die Nichtentwicklung jener Komponente der Marxschen Analyse, die auf die Durchdringung des Entfremdungszusammenhangs zielt – also auf die Frage, warum, aus welchen Gründen, das tatsächliche Handeln der Frauen auf der Basis der kollektiven Illusionen trotz aller objektiven Benachteiligungen (und trotz des Wissens davon) so funktioniert, daß die Systeme der Interpretation praktisch nicht falsifiziert werden. Die Integration der Menschen in die bestehende Ordnung beruht offenbar auf einer bindenden und – nach ihrer gesellschaftlichen Institutionalisierung durch äußere Gewalt – mit *innerem* Zwang aufrechterhaltenen Interpretation ihrer selbst in der Welt, in der sie leben. Die Verinnerlichung der gesellschaftlichen Machtstruktur stellt zugleich die Aneignung des Menschseins dar. Diese Interpretation ist im Prozeß der frühkindlichen Sozialisation zunächst gestisch, dann sprachlich vermittelt. Ein wesentliches Element der Interpretation des Selbst in der Welt betrifft das Geschlecht. Die Verknüpfung von Menschwerden und Anerkennung bestimmter gesellschaftlicher Faktizitäten, nämlich als Regelung und Strukturierung der Selbstwahrnehmung und Außenwahrnehmung, transponiert die gesellschaftlichen Widersprüche in die Psyche. Wenn menschliche Praxis in Abhängigkeit von Produktionsprozessen verstanden werden soll, reicht die Analyse ökonomischer Prozesse nicht aus, vor allem praktisch nicht, wenn richtige Strategien gemeinsamen Handelns sich auf die bestehenden Deformationen des Bewußtseins beziehen müssen. Die Produktionsweise im weiblichen Lebenszusammenhang enthält Elemente der Bedürfnisorientierung, sie bietet unmittelbare Vorteile und Gratifikationen, aber sie ist zugleich unterentwickelt. In dieser objektiv freieren, aber unterentwickelten Produktionsweise verschanzen sich die Frauen – selbst wenn sie berufstätig sind – gegenüber den offiziellen Deklamationen von Glück, Aufopferung, Energie, dem offiziellen Optimismus.

4. Flauberts Analyse der Bewahrung romantischer Illusion als ambivalenter Grundstruktur des weiblichen Sozialcharakters

Flaubert ist der erste, der die in der Alltäglichkeit bestehenden Widersprüche und Ambivalenzen nicht moralisierend behandelt, sondern sich der heroischen, utopischen *und* der zeichenhaft erstarrten, abstrakten Elemente des romantischen Ideals und der Personen, die jenes realisieren, bewußt ist. In seinen Romanen und Novellen[118] werden die in ihrer gesellschaftlich vermittelten Imagination mit einem Überschuß an Bedürfnissen, Wünschen und Phantasien lebenden Individuen mit der Realität der gesellschaftlichen Verhältnisse konfrontiert. Desillusion bezeichnet den Prozeß fortschreitender Einschränkung der aktiven, praktischen Individualität[119], die die Welt nach ihrem inneren Bild zu formen suchte. Selbsttäuschung über reale Ohnmacht durch sprachliche Fiktion ist das eigentliche literarische (und gesellschaftliche) Objekt Flauberts.

4.1. Die Konfrontation von romantisierender Illusion und alltäglicher Wirklichkeit im weiblichen Sozialcharakter

Madame Bovary ist der erste Roman, der den Lebenszusammenhang einer »Frau der breiten Mittelschicht« (wie es heute zu bezeichnen wäre) charakterisiert. Die soziologische Aktualität dieser Analyse besteht in der Konfrontation romantischer Illusion, der ästhetischen oder ästhetisierenden Innerlichkeit, mit der »natürlichen« Wirklichkeit. Gustave Flaubert – der einmal bemerkte, ein Schriftsteller habe zu 70 Prozent Soziologe zu sein[120] – analysiert die besonderen Ideologien und Selbsttäuschungen des weiblichen Sozialcharakters[121] in einer Schicht, die zumindest nicht so arm ist, die Frau im realen Leben nur als Arbeitskraft zu verschleißen, aber auch nicht so reich, um die Erfahrung des Luxus zu machen, d. h. um den Traum von Reichtum, der das Glück ist, zu entkräften.

Gesellschaftliche Macht, öffentliches Leben sind von den Provinzgemeinden Tostes und Yonville ebenso entfernt wie das große Geschäft und der große Reichtum. Es ist ein Leben in der Mittelmäßigkeit.

»Aber in diesem Augenblick erhob sich die Stimme des Regierungsrats zu besonderem Schwung. Er deklamierte: Die Zeiten sind vorbei, meine Herren, da bürgerliche Zwietracht unsere öffentlichen Plätze mit Blut befleckte, da der Grundbesitzer, der Kaufmann und sogar der Arbeiter, wenn er abends zu redlichem Schlummer sich niederlegte, davor erzitterte, durch das Stürmen der Brandglocke jäh erweckt zu werden, da die umstürzlerischsten Maximen kühn die Grundfesten des Baus der Gesellschaft unterminierten, da alle Handelsbeziehungen gehemmt, unsere Werkstätten geschlossen, unsere Gewissen alarmiert, unsere Besitztümer bedroht waren, und da, kurzum, der Landwirt (Sie wissen es, meine Herren!), da der Landwirt manchmal große Mühe hatte, trotz allen vergossenen Schweißes, dem Grundeigentümer seine Pacht zu zahlen, der seinerseits unter dieser Verzögerung zu leiden hatte. [. . .] ›Aber meine Herren‹, fuhr der Regierungsrat fort, ›wenn ich diese düsteren Bilder aus meiner Erinnerung auslösche und meine Blicke auf den gegenwärtigen Zustand unseres schönen Vaterlands richte, was sehe ich dann? Überall herrschen Frieden und Überfluß; überall blühen Handel und Künste; überall stellen neue Verkehrswege, wie neue Arterien im Staatskörper, neue Beziehungen her; unsere großen Industriebezirke haben ihre Tätigkeit voll wiederaufgenommen; die Religion, gefestigter denn je, lächelt allen Herzen; unsere Häfen sind voll, das Vertrauen ist wiedererstanden, endlich atmet Frankreich wieder auf!‹«[122]

Während der Feier des Mittelstands von Yonville, während der Landwirtschaftsausstellung, Symbol des sozialen Fortschritts, inmitten der Bewohner des Ortes und der Bauern, der Hirten und Knechte, die »mit gierigen, verblüfften Augen auf die Häuser, die Damenkleider, die Fahnen, die Estrade, auf so viel zur Schau gestellten Reichtum«[123] blickten, bemerkt Mme Bovary zu ihrem Begleiter und zukünftigen Liebhaber Rodolphe:

»›Denn schließlich [. . .], wenn es um die Existenz von euch Männern schlecht bestellt ist, dann könnt ihr euch eine andere suchen; ihr habt die Jagd, Pferde, ihr könnt reisen, ihr habt die Freiheit, was weiß ich? Schlechthin alles. Aber wir armen Frauen sind sogar der lauten Zerstreuungen beraubt, die doch so tröstlich sein müssen! Und wir müssen ständig schweigend in unserer Einsamkeit bleiben.‹

›Klagen Sie nicht darüber!‹ entgegnete Rodolphe. ›Das kommt der Entwicklung des Herzens zugute.‹

›Aber ich klage ja gar nicht‹, sagte sie. ›O mein Gott, nein! Ich mache mir nur sehr wenig aus Welt und Gesellschaft; und schon als ich noch ganz klein war, empfand ich einen solchen Ekel davor, daß ich oft entwischt und ganz allein in den Wald gelaufen bin. Da haben sie mich eines Abends gefunden, als ich im Mondschein Blumen pflückte.‹

›Ach, das glaube ich Ihnen!‹ sagte Rodolphe. ›Mich überkommt oft das Verlangen, Türke zu werden und in der Wüste zu wohnen.‹«[124]

In diesen Worten ist Emma Bovarys Unglück, sind ihre Illusionen beschlossen: Ihre Aussagen über das Unglück der Frauen sind immer zugleich Rationalisierungen ihrer eigenen Passivität und Untätigkeit.

In Flauberts Analyse der Geschichte der Emma Bovary, ihrer Jugend, Ehe, Mutterschaft, ihres Ehebruchs, ihres Selbstmords, werden bestimmte Bedürfnisse, die im Leben der »durchschnittlichen« Frau nur halb bewußt werden bzw. der Verdrängung unterliegen, in Aktion übersetzt. Mme Bovary handelt, sie träumt nicht nur (was von Flaubert nicht heroisiert wird; die Übersetzung von Bedeutungen in Handlung ist bei ihm ein literarisches Mittel der Darstellung und Analyse). Es sind ihre Träume und ihr Wille, jene zu leben, die Mme Bovary zur Unversöhnlichkeit mit der sie umgebenden Gesellschaft zwingen. Sie hat ein anderes Ideal entwickelt. Sie orientiert sich an Frauen, die in Luxus und reiner Passivität großartige Schicksale erleben. Mme Bovary träumt von Luxus und Leidenschaft, von Abenteuern und schicksalhaften Ereignissen. Das Bild dieses Glücks ist Romantik in trivialer Form – d. h. das Abschütteln und die Abkehr von jeder alltäglichen Tätigkeit, von der Arbeit und zugleich von der Körperlichkeit, soweit sie nicht hoch stilisiert ist. Emma Bovarys Träume orientieren sich an Paris, dem Zentrum des Luxus, der Leidenschaften, der großen Schicksale. Ihre Vorstellungen von der Metropole sind infantil, grotesk; aber da sie niemals Gelegenheit hat, diese Träume zu praktizieren, bleiben sie in mythischer Ferne und zerstören ihr Verhältnis zur Wirklichkeit.

Die Illusion hat zwei Aspekte: Sie ist »überspannt« und irreal, aber zugleich erscheint vor ihrem Hintergrund die Wirklichkeit als Kontrast, als Abgrund oder mögliche Erfüllung. Der Wunsch strukturiert die Erfahrung dieser Wirklichkeit: Die Wünsche der Mme Bovary enthalten alles das, was das zentrale Thema der kulturindustriellen Produktion bis heute bildet:

»Man setzt sich unter blühende Orangenbäume. Man ergeht sich am Strand der Meeresbuchten, die lauer Schaum säumt. [. . .] Warum konnte sie sich nicht auf die Holzveranden eines Schweizerhauses stützen, [. . .]

mit einem Gatten, dessen blondes Haar ihm über den Samtkragen seines Fracks fiel, und mit rosa gekleideten Kindern, die Milch aus Tassen tranken.«[125]

So befindet sie sich zwar in einer naturwüchsigen Feindschaft zu dem sie umgebenden arbeitsamen Streben nach Ordnung und Besitzvermehrung (sie ersehnt den Luxus). Da dies untrennbar mit den produktiven Leistungen verbunden ist, haßt sie jedoch auch die Arbeit. Damit haßt sie zugleich das Wirkliche und schneidet sich den Weg zur Selbständigkeit ebenso ab wie die Möglichkeit der Rückkehr in die Zufriedenheit des bescheidenen Kleinbürgerdaseins. Nicht durch Tätigkeit und Erfahrung kontrolliert, bleiben ihre Träume Klischees. Mme Bovary täuscht sich bis zum Tod. Sie begreift nichts, weil sie in den Träumen der weiblichen Rolle lebt.

Die Illusion der Mme Bovary entspringt vor allem ihrer Passivität: Sie knüpft die Vorstellung der Veränderung und des Glücks an eine äußere Veränderung ihrer Situation, die durch den Reichtum oder die Arbeit anderer zustande kommen soll. Eine solche Veränderung erwartet sie zunächst von der Ehe. Flaubert verweist darauf, daß Mme Bovary verschiedene Illusionen durchläuft; aber zunächst gilt: praktische Erfahrung belehrt sie.

> »Die realistische Seite ihres Geistes, die sich in ihrer Kindheit gegen die Märchen aufgelehnt, die später vor dem naiven Mystizismus innegehalten, hatte das Lügenhafte der Morallehren [der religiösen Erziehung, U. P.] bei deren praktischer Anwendung erkannt.«[126]

Bleibt dies noch im Rahmen der gesellschaftlich institutionalisierten, »normalen« weiblichen Entwicklung, so wiegt bereits die nächste Illusion – die Eheschließung – weit schwerer. Sie heiratet den gutmütigen Bovary, um nach kurzer Zeit festzustellen:

> »Vor der Hochzeit hatte sie geglaubt, sie liebe ihn von Herzen und da diese Liebe ihre glückliche Lösung durch die Heirat gefunden hatte, und da das erstaunliche Glück, das sich daraus ergeben mußte ausgeblieben war, mußte sie sich doch wohl getäuscht haben, und es war nicht Liebe gewesen! Warum hatte sie dann eigentlich geheiratet?«[127]

»Die Ehe«[128] bestimmt den sozialen Kreis und damit die Lebenschancen der Mme Bovary, die sich schmerzlich bewußt wird, daß ihre Wünsche und Träume mit dieser Identität nicht übereinstimmen. Mit der Eheschließung vollzieht sich in ihrer Situation eine qualitative Veränderung: Die Auflösung der Illusion, daß die Ehe die Erfüllung ihrer Wünsche sei, steht nun in Gegensatz zu dem, was ihre Umwelt als normal ansieht. Ihre Phantasien beziehen sich nun nicht mehr auf eine Zukunft, sondern auf ein Verlorenes. Sofern sich Mme Bovary als Ehefrau begreift, ist sie zu lebenslangem Unglück verurteilt.

Gegenüber der Reinheit der geträumten Illusion, die aus Tableaus besteht, ist das Leben im Haushalt Auseinandersetzung mit Natur und Verfall, Umgang mit dem Immergleichen: mit der gleichen Umgebung, den gleichen Menschen, den gleichen Möbeln. Dinge und Menschen ihrer Umwelt haben für Mme Bovary nur den negativen Sinn, daß sie ihr eine Identität zuweisen, die sie nicht will. Das Alltägliche erscheint in seiner unendlichen Langeweile, geschichtslose Zeit:

»Nun begann abermals die Reihe der immergleichen Tage. Sie sollten einander jetzt also folgen wie im Gänsemarsch, langsam, stets einer wie der andere, unzählig, und nichts mit sich bringend. Und es lagen hunderte, tausende vor ihr, zehn Jahre lang, zwanzig Jahre lang! Es würde nicht enden und bis zu ihren Tod weitergehen. [. . .] Sie gab das Musizieren auf. Wer würde ihr denn zuhören? Auch auf das Stricken verzichtete sie. [. . .] ihre Zeichenblöcke ließ sie im Schrank liegen, da sie nicht wußte, was sie zeichnen sollte. [. . .] Nähen langweilte sie. [. . .] Sogar sämtliche Bücher langweilten sie.«[129]

Mme Bovary ist in zweierlei Hinsicht »lernunfähig«: sie kann ihr erträumtes Leben nicht durch Praxis bearbeiten; sie kann es aber auch nicht aufgeben; sie hat nicht die Energie, ein neues Ideal, sei es der Anpassung, sei es der Revolte, zu entwickeln. Zugleich verweigert sie sich dem traditionellen Ausweg: Sie ist nicht in der Lage, ihr Leben in das anderer zu verlagern, ihr Glück in der Hilfe für die Tätigkeit ihres Mannes zu finden, ihre Wünsche und ihre Zukunft in der Planung des Lebens und Heiratsschicksals ihrer Tochter zu besiegeln. Ihre Tochter ist ihr gleichgültig, ein Objekt ihrer Launen, die Mutterschaft berührt sie nicht, der Schmutz des Kindes erfüllt sie mit Schauder und Fremdheit. Ihr Unglück, ihre Ablehnung der Welt, die sie als die ihre akzeptieren soll, findet seinen Ausdruck in Ungerechtigkeit, Grausamkeit, Destruktivität. Mme Bovary quält ihren Ehemann, sie haßt und verleumdet ihre Nachbarn, sie läßt ihre Launen aus. Sie ist ohne Mitleid und ohne Solidarität. Insofern ist sie »unmoralisch«, wie die französische Zensur zu Recht befand. Ihre Grausamkeit ist empörend.[130]

Das Schicksal der Mme Bovary ist nicht tragisch und nicht komisch – die Entscheidung hierüber fällt schwer, ebenso schwer wie eine parteiliche Charakterisierung: Mme Bovary ist lächerlich, geschmacklos, naiv, unerträglich, gemein, und sie ist stolz, großartig, unbändig.

4.2. Utopie und Fixierung auf Zeichen: die Ambivalenz der weiblichen Rolle

»Es gab für sie drei Aspekte von Paris, drei Stockwerke des Lebens. Im ersten, in den großen Wohnungen, um lange, ovale [. . .] Tische, [. . .] die Welt der Gesandten und Diplomaten. [. . .] Dann kam die Welt der Reichen, die der hübschen Frauen und der Salonlöwen, [. . .] Opernbälle, [. . .] Extrazimmer der Boulevard-Restaurants [. . .], Literaten und Schauspieler, [. . .] venezianische Feste, [. . .] Ganz unten schließlich, [. . .] in seinem schwarzen Loch verbleibend, hielt sich das Volk auf, [. . .] zerlumpt, [. . .] sammelte Abfälle in den Rinnsteinen, verkaufte seine Töchter, mordete sein Weib [. . .]. Alles, was sie unmittelbar umgab, was ihr diente, Landschaft, Bauern, Kleinbürger, vulgäre Lebensgewohnheiten dünkte sie eine Ausnahme in der Welt. Diese Mittelmäßigkeit des Lebens hatte ihre Daseinsberechtigung nur darin, sie leiden zu lassen.«[131]

Das Imaginäre, das Flaubert hier beschreibt, bildet das geheime Zentrum von Emma Bovarys Leben und Identität. Das Imaginäre ist mehr als Innerlichkeit: es hat eine Sprache. Mme Bovary will, daß die Wirklichkeit ihren Phantasien entspreche; das kann nur auf der Ebene von Zeichen – als begrenzte Fiktion – geschehen.

Emma Bovary lebt als Frau innerhalb der Welt der kulturellen Symbole, während die industrielle Arbeit und Reproduktion von anderen geleistet wird. Das hat zur Folge, daß sie ihre Allmachtsphantasien nicht aufgeben kann; in ihrer Schönheit stehen ihr vielfältige Möglichkeiten des Schmeichelns, Flehens, Betörens etc. als »Ressourcen« zur Verfügung, also immer wieder Möglichkeiten, die ihr ihre Macht über die Wirklichkeit, Männer, Kinder und »die Gesellschaft«, widerspiegeln. Zur Realität der Gesetzmäßigkeit von Natur und Gesellschaft hat sie kein Verhältnis. Gerade wenn sie als Frau ihre Vorteile wahrt und nutzt, gerät sie in die spezifische Dialektik von emanzipativen und regressiven Strukturen des weiblichen Sozialcharakters: Mme Bovary, zu deren Identität als Frau es gehört, daß sie ernährt wird, die nichts lernte als »Spielerei«, will erlöst werden, in andere Situationen versetzt werden, und dies ohne Unannehmlichkeiten, ohne den Widerstand des Wirklichen, ohne Arbeit. Ausgeschlossen von der gesellschaftlichen Arbeit, weigert sie sich, auch psychisch zu arbeiten, also in Auseinandersetzung mit der Wirklichkeit Modifikationen ihrer psychischen Struktur zu erarbeiten. Damit gerät sie zur Wirklichkeit in ein eigenartiges Verhältnis: Sie kann ihre Träume nicht aufgeben, sich anpassen und in Bescheidenheit und Alltäglichkeit integrieren, aber sie kann auch nicht handeln, ihre Träume entmystifizieren und die Wirklichkeit verändern.

Von der jungverheirateten Mme Bovary sagt Flaubert:

»Sie hätte nichts besseres verlangt als alle diese Dinge jemandem sagen zu können. [...] Aber wie hätte sie es anfangen sollen, bis in die Einzelheiten hinein die verworrene Qual darzulegen, die irgendwo hockt, die ihre Form ändert, einen Wunsch, der sein Ziel ändert, eine Sehnsucht nach etwas, das man nicht gehabt hat? Das ist das gleiche, wie eine vorüberziehende Wolke, einen fliehenden Gedanken festhalten zu wollen. Ihr fehlten die Worte, die Gelegenheit, die Entschlußkraft.«[132]

Mme Bovary kann sich nicht artikulieren, weil das Imaginäre, an das sie fixiert ist, irreal, unbescheiden und utopisch ist. Sie würde Hohn oder Mitleid ernten, auf jeden Fall die Aufforderung, von unfruchtbaren Träumen zu lassen, sich zu beschäftigen, mehr zu arbeiten. Wie soll sie also erklären, was ihr zu wünschen gar nicht zusteht, was sie gar nicht vernünftig formulieren kann? Weil das tiefste Wünschen nicht verbalisierbar ist, weil die vernünftige, d. h. schichtspezifische Antwort institutionell schon bereitliegt, bleibt es geheim; die Produktion der Wünsche und der aus ihnen hervorgehenden Handlungen bleibt anarchisch verschlossen. Emma Bovarys »Dummheit«, der Wille einer Lernunfähigen, die Realität möge ihren Wünschen gehorchen, sucht sich ihre Befriedigung in der symbolischen Bestätigung ihrer aller Veränderung entzogenen Wünsche. »Um befriedigt zu sein, mußte sie aus den Dingen einen gewissen persönlichen Nutzen ziehen können; und instinktiv verwarf sie alles als unnütz, was nicht auf der Stelle zur Labsal ihres Herzens beitrug.«[133]

Emma Bovary strukturiert sich nach ihren Phantasien, d. h. sie verschafft sich die Zeichen dieses anderen Lebens – aber eben bloß deren Zeichen, wobei sie diese nicht aneignen, bearbeiten kann, weder in der Realität noch in wissenschaftlicher oder künstlerischer Sublimation. Flaubert beschreibt die Accessoires der Weiblichkeit deutlich in diesem Sinn. Emma Bovary konsumiert ruhelos alle Accessoires dieses anderen Lebens, deren sie habhaft werden kann: »eine Schreibmappe, ein Petschaft, einen Federhalter aus Jade, eine Gürtelschnur mit langen Quasten«; sie erfindet ausgefallene Namen für einfache Gerichte, studiert Gesellschaftsjournale[134]; den Hintergrund dieser Sammlung von Zeichen bildet die quälende Unzufriedenheit, eine unendliche Langeweile, da die mit Imaginärem beladenen Dinge niemals einen angemessenen Gebrauch finden. Die alltägliche Wirklichkeit eines kleinbürgerlichen Lebens in der Provinz, die soziale Definition der Mme Bovary, bleibt unverändert bestehen. Die Objekte ihres Konsums sind daher kein Gegenstand der Befriedigung, sondern sie steigern die Leiden und die Einsamkeit, sie erneuern stets nur die Wünsche und bezeichnen den Kontrast zwischen den Träumen und den wirklichen Lebensverhältnissen. Mme Bovary unterwirft sich der Mode. Die Mode als gesellschaftlich geregeltes und anerkanntes Zeichensystem verleiht dem erträumten Sein der Mme Bovary eine begrenzte Wirklichkeit, denn sie verändert sich nicht nur in der Phantasie. Die Mode läßt ihren Sehnsüchten eine gesellschaftliche Form: ihr »abweichendes Verhalten« hat die Erscheinung der Eleganz, der Raffinesse, der besonderen, kostbaren Schönheit. Obwohl sie sich von ihrer provinziellen Umgebung unterscheidet, bleibt sie im Rahmen tolerierter weiblicher Überspanntheit.

Für Charles, den bäuerlichen Ehemann Emma Bovarys, den Naiven, bestehen die Objekte, mit denen sie sich umgibt, aus einer Welt fremdartiger, erstaunlicher Dinge. Charles versteht die Warensprache nicht; er bewundert unschuldig; er versteht die Bedeutung dieser Ästhetik nicht einmal so weit, wie der erste Liebhaber, der Gutsbesitzer Rodolphe, der bei Mme Bovarys Anblick ihr Wesen sofort unter strategischem Gesichtspunkt erfaßt:

»[. . .] eine Haltung wie eine Pariserin. [. . .] Wo mag er sie aufgabelt haben, dieser plumpe Bursche. [. . .] Arme kleine Frau! [. . .] Sie muß schon einiges durchgemacht haben! So was hat kein Geld und viele Wünsche, so was möchte in der Stadt wohnen und Abend für Abend Polka tanzen! So was schnappt nach Liebe wie der Karpfen auf dem Küchentisch nach Wasser. [. . .] ›Die bekomme ich‹, rief er und zerschlug mit einem Hieb seines Spazierstockes eine vor ihm liegende Erdscholle.«[135]

Hinter den Wortwolken, den Liebessprüchen, hinter dem Gerede und den Illusionen erscheint die Gesetzlichkeit der Gesellschaft als Naturzusammenhang, als gesetzmäßige Produktion und Distribution, in der nur zahlungsfähige Bedürfnisse Berücksichtigung finden. Flaubert beschreibt die Erfahrung der Mme Bovary, die sich bewußt werden muß, daß ihre Liebhaber keine finanzielle Unbequemlichkeit und kein Risiko auf sich nehmen, um sie vor der Schande einer Pfändung zu bewahren:

»Dann verfiel sie in eine große Stumpfheit und war ihrer selbst nur durch das Pulsen ihrer Arterien bewußt, von dem sie glaubte, es gehe von ihrem Kopf aus wie eine betäubende, das Land durchhallende Musik. Die Ackerfurchen dünkten sie ungeheuer schwarze Wellen, die rings um sie her brandeten. Die Erde unter ihren Füßen war weicher als Wasserflut und beim Gehen wunderte es sie, daß sie nicht hineinsank, während sie immer weiterschritt, wie vom Wind getrieben, leicht wie dieser, schwerelos, körperlos, seelenlos, aufgelöst, ausgelöscht. Alles, was an Erinnerungen, Wunschbildern, Gedankenverknüpfungen in ihr war, zerstob gleichzeitig, mit einem Schlage, wie tausend Leuchtfunken eines Feuerwerks. Klar und in losgelösten Bildern sah sie ihren Vater, Leon, das Arbeitsgelaß Lheureux', ihr eigenes Schlafzimmer dort drüben, eine andere Landschaft, unbekannte Gesichter vor sich. Wahnsinn packte sie, sie bekam es mit der Angst, und jäh riß sie sich zusammen und es gelang ihr, wieder zu sich zu kommen. Aber der Ursache ihres Zustands, der Geldfrage mithin erinnerte sie sich nicht. Einzig an ihrer Liebe litt sie, die durch eine furchtbare Ungerechtigkeit zermalmt worden war; kraftlos, haßlos, erschöpft wie sie war, spürte sie verworren, daß durch diese Erinnerung ihre Seele sie verließ, wie Verwundete, die im Sterben liegen, fühlen, wie das Dasein zusammen mit ihrem strömenden Blut von ihnen weicht.«[136]

Mme Bovary – und das ist der Grund, weshalb Baudelaire sie als Heroine bezeichnet – verweigert sich der Umstrukturierung. (Bei Flaubert, dem »Materialisten der Seele«, heißt dies, daß sie dazu unfähig ist.) Mme Bovary stirbt an dem Punkt, an dem sie sich hätte abfinden müssen – an dem Punkt, an dem das Vergessen und das Leben in der Erinnerung begonnen hätten.

Die Figur der Emma Bovary verkörpert den Versuch, die Widersprüche und die Ambivalenzen der Weiblichkeit zu »leben«. Sie träumt von dauerhaftem Glück, unauslöschlicher Leidenschaft, konsistenter Jugendlichkeit – Wünsche, in deren Unerfüllbarkeit Freud den Beweis dafür sieht, daß der Mensch nicht zum Glück geschaffen ist. Auf jede Illusion folgt eine neue. Dieses Leben im Schein steht quer zur Wirklichkeit, zur Natur ebenso wie zur Gesellschaft. Mme Bovary täuscht sich über beides: die »mythologische« Betrachtung der Männer ruiniert sie, die klischeehafte Betrachtung der Natur bringt sie schließlich um. Sie stirbt, ihr Mann geht am Schmerz darüber zugrunde – die formalen Elemente eines romantischen Lebens stimmen, doch die Wirklichkeit des gelebten Lebens geht nicht in die romantische Abstraktion ein; doch gerade das Moment des nicht überhöhten Lebens ist es, was schließlich bleibt: Ihr Kind wird Fabrikarbeiterin.

Was zeigt Flaubert, das in die soziologischen Studien[137] nicht eingeht?

Die Lebensgeschichte der Mme Bovary ist die Rekonstruktion einiger relevanter, mit der weiblichen Rolle verbundener Selbsttäuschungen. Die beschränkten gesellschaftlichen und psychischen Ressourcen der Frau gestatten keine angemessene befreiende Verarbeitung ihrer phantastischen Wünsche. Der institutionelle Rahmen der etablierten Gesellschaft bildet in diesem Roman eine unverrückbare Realität. Die Wünsche, die mit dieser Realität konfligieren, bleiben unerfüllbar und unartikulierbar. Das Subjekt muß sie abwehren oder am Konflikt mit der äußeren Realität zugrunde gehen.

4.3. Institutionalisierte Zeichen:
der falsche gesellschaftliche Zusammenhang

Flaubert ergreift, bei aller Kritik an der Realitätsuntüchtigkeit der romantischen Illusion, nicht Partei für die gesellschaftlichen Institutionen.[138]

Jenes »normale« Erstarren der seelischen Struktur, das Flaubert im sozialen Zusammenhang darstellt, das er in Zusammenhang mit dem Erlöschen der Hoffnung auf glückbringende Veränderung der Realität bringt, erscheint in der Beschreibung des Romans als Prozeß der Vergesellschaftung der Subjekte und zugleich als Teil der gesellschaftlichen Totalität. Die Darstellung der Identitätskrise zeigt die Einschränkung der Individualität: realitätsgerechte Anpassung und Bewußtsein als Fortschritt von Erfahrung sind auseinandergerissen. Anpassung ist gleichbedeutend mit einem Vergessen der vergangenen Wünsche und ist Verlust eines Teils der eigenen Geschichte. Flauberts Beobachtung verweist auf die Fragwürdigkeit des »Normalen«: Der Begriff der Normalität ist zweifelhaft, wenn der institutionelle Rahmen einer Gesellschaft, das Kriterium individueller Normalität, selbst pathologischen Charakter aufweist.

Das zentrale Interesse Flauberts ist die Analyse der »Verhärtung« der gesellschaftlichen Beziehungen und der Psyche: des Erstarrens menschlicher Beziehungen zur Interaktion über zur Konvention gewordene Symbole; das Ende aller individuellen Entwicklung.

Flaubert widersetzt sich der Idealisierung der faktischen Geschlechtsrollenmerkmale ganz entschieden. In seinen Analysen erweist sich die von der Strategie der Gleichheit der Geschlechtsrollen geforderte Übernahme männlicher Eigenschaften in die weibliche und weiblicher Eigenschaften in die männliche Rolle als illusionär, denn beide Rollen stellen Abstraktionen dar: die männliche Rolle den Gebrauch der Welt als Objekt mit Gewaltausübung mit dem Ziel der Unterwerfung, der Bereicherung und des Ehrgeizes; die weibliche Rolle die Verdrängung der Welt als Naturzusammenhang, die Distanzierung, den Ekel, die Ästhetisierung, die sentimentale Ausbeutung der Welt. In beiden Geschlechtsrollen dominiert die institutionalisierte, gegenüber den lebendigen Bedürfnissen und Erfahrungen verselbständigte, durch Zeichen repräsentierte gesellschaftliche Funktion, aufrechterhalten durch die Institutionalisierung des komplementären Mißverständnisses »symbolischer Interaktion«.

Die männliche Rolle ist zentriert um die Elemente der Gewalt und des Kampfes. In der Gestalt des Julian in der *Legende von Sankt Julian dem Gastfreien* charakterisiert Flaubert die »Zeichenproduktion« der männlichen Rolle.

Die Legende spielt im Mittelalter, doch meint sie die bürgerliche Familie, die bürgerliche Gesellschaft.

Die Familie Julians, in ihrer geordneten Burg, scheint von aller Gewalt ganz frei. Sie ist durch einen Interessenzusammenhang geprägt, der dem wirklichen, geheimen Leben ihrer Mitglieder äußerlich ist. Ihr Zusammenhang ist durch Arbeitsteilung bestimmt. Das System des familialen Zusammenhangs bleibt naturwüchsig – es gibt kein Gegenüber, keine Auseinandersetzung.

Der Vater: »Er ging in seinem Hause umher, wobei er stets einen Fuchspelz trug, sprach seinen Vasallen Recht und schlichtete die Händel seiner Nachbarn.« Die Mutter: »Ihr Hauswesen war geregelt wie das eines Klosters; allmorgendlich teilte sie ihren Mägden die Arbeit zu; sie überwachte das Eingemachte und die Spezereien, spann am Rocken oder stickte Altardecken.«

Alle Leidenschaften wurden außerhalb des familialen Systems befriedigt. »Nach mancherlei Abenteuern hatte er ein Fräulein edelster Abkunft geehelicht« und »kraft ihrer Gebete zu Gott gebar sie einen Sohn«.[139] Die Leiden der Natur scheinen in der Gewaltfreiheit der Familie überwunden: die Zähne wuchsen dem kleinen Julian, »ohne daß er ein einziges Mal geweint hätte.«

In dieser Arbeitsteilung, die gesellschaftlich vorgegeben ist, gibt es keine Kommunikation. Der Arbeitsteilung entspricht das große Schweigen, das stumme Verfolgen der geheimen Wünsche, deren Objekt das Kind ist. Dem glühenden Ehrgeiz der Eltern entspricht die Institution der Kindererziehung nur äußerlich. In ihrem geordneten, zweckvollen Ablauf verhüllt sich die erträumte Verlängerung und Erfüllung des eigenen Lebens von Vater und Mutter.

Julian, ein Kind der zivilisatorischen Ordnung, wird zum

furchtbaren Krieger. Seine Mutter träumte insgeheim, Julian
möge ein Heiliger werden. Der Vater hoffte auf die zukünftigen Eroberungen eines mächtigen Kriegers. Alle diese geheimen Hoffnungen bleiben unausgesprochen. »Die Gatten ver-
bargen einander ihr Geheimnis.«[140] Die Wünsche verändern
sich daher auch nicht. Sie bleiben der Bearbeitung in der
sprachlichen Auseinandersetzung entzogen. Das »Heilige«
bleibt für Julians Mutter eine ebenso von Leidenschaft ent-
leerte, formale Verhaltensweise wie dem Vater das »Eroberer-
Sein«. Er betrachtet die Rolle des Eroberers als so natürlich
wie jede andere berufliche Karriere. Man wird von seinem
Sohn sagen, er habe ein Kaisergeschlecht begründet. Die
Produktion, die Taten, die diesen Ruhm begründen, werden
zur Vorgeschichte. Das Interesse der Eltern konzentriert sich
nicht auf die Taten, sondern auf die zivilisatorischen Symbole
des Erfolgs.

»Abends jedoch, nach dem Angelus, wenn er an den sich verneigenden
Bettlern vorüberschritt, griff er mit solcher Demut und solch edler Geste
in seine Geldtasche, daß es für seine Mutter feststand, sie werde ihn später
als Erzbischof sehen.«[141]

In dieser Welt der leidenschaftslosen institutionellen Form
und des brennenden, verzehrenden, geheimen Wunsches suchen die Eltern Anzeichen für dessen Wirklichwerden im
äußeren Verhalten des Kindes, das ihnen so fremd bleibt wie
sie einander. Ebenso bleibt ihnen die Wirklichkeit fremd.
»Heiliger« und »Eroberer« sind ihnen formal, d. h. ohne
Auseinandersetzung mit der Natur bestimmt, nicht als die
wirkliche Untat, sondern als das gesellschaftliche Zeichen, als
Ausdruck der gesellschaftlichen Würde, in den Attributen der
Rolle. Sie deuten das geordnete Verwaltungs- und Interpreta-
tionsnetz der gesellschaftlichen Bestimmungen als die Sache
selbst.
Darum sagt Flaubert von diesem System, daß selbst die
Blumen einer Rabatte »[. . .] so gepflanzt waren, daß sie
Schriftzeichen bildeten. [. . .] ferner eine Weinlaube mit Bo-
gengängen zum Lustwandeln. [. . .] Ringsumher grünten
Grasweiden, die wiederum von einer dichten Dornenhecke
eingezäunt waren.« Es ist eine zweckvolle Ordnung der Natur
für die menschlichen Bedürfnisse – allerdings eine Ordnung,

die Natur zum reinen Material herabsetzt, sie nur als solches weiß –, damit eine Ordnung, die selbst naturhaft ist.

Hierdurch wird das Verhängnis bestimmt: Damit Julian zum Eroberer wird, muß er die Leidenschaft des Schlächters entwickeln. Emotionale Bedingung für die Betrachtung der Welt als Zeichen ist der Haß auf alles kreatürliche, sinnlose Existieren. Dessen Anblick reizt den Knaben zu rasender Wut. Er tötet eine große Taube, »die sich in der Sonne brüstet«.

»Die Taube zuckte mit zerschmetterten Flügeln im Geäst eines Ligusterbusches. Das Beharren ihres Lebens reizte den Knaben. Er begann sie zu erdrosseln; und die Zuckungen des Vogels machten sein Herz klopfen und erfüllten es mit wilder, rasender Lust. Beim letzten Würgegriff fühlte er seine Sinne schwinden.«[142]

Flaubert macht hier ganz deutlich, was Julian zum Morden treibt: Es ist der verbotene mimetische Impuls, die verdrängte Sehnsucht, diesem sinnlosen, ohnmächtigen, aber existierenden, sinnlichen Leben anzugehören. Julian imitiert das Tier, das er tötet, er macht sich ihm gleich bis zum eigenen Scheintod.[143]

Der Zwang zum Totschlag, den Julian im geheimen verspürte und dem er insgeheim nachging, bleibt nicht ohne gesellschaftliche Entsprechung. Ihm entspricht die Institution der Jagd als wesentlicher Bestandteil der männlichen Erziehung. Was Julian noch ganz unkultiviert betrieb, ist hier zur stilisierten gesellschaftlichen Form erhoben. Als Julian alles auswendig herzusagen vermochte, was es über die Jagd zu wissen gab, als er gelernt hatte, »Hunde abzurichten, Falken zu zähmen, Fallen zu stellen, den Hirsch an seiner Losung, den Fuchs an seiner Fährte und den Wolf an seinen Scharrspuren zu erkennen, das sicherste Mittel ihren Wechsel zu erkunden, wie sie gehetzt werden, wo sie ihre Schlupfwinkel anzulegen pflegen, [...] stellte sein Vater ihm eine Meute zusammen.«[144] Die kostbare Meute ist ein Symbol gesellschaftlicher Macht und zugleich Ausdruck listiger Beherrschung der Natur durch die instrumentelle Vernunft, die die Naturkraft selbst sich dienstbar macht. In diesem Bildungsprozeß wird Julian zum Mann. Er verachtet das Rezeptive, Weiche, die Zärtlichkeit.

»Er zog aus bei Sonnenglut, Regen und Sturm, [...] um Mitternacht kehrte er heim, blut- und schmutzbedeckt, Dornen im Haar, den Geruch der wilden Tiere ausströmend. Er wurde wie sie. Wenn seine Mutter ihn küßte, litt er frostig ihre Umarmung und schien dabei über tiefe Dinge nachzusinnen.«[145]

Bei Flaubert gibt es keinen Ausweg aus dem System der gesellschaftlich vermittelten Illusionen. Nur das Ende der Abgrenzungen des Ichs von der Welt, die Erfahrung seiner selbst als Natur unter naturhaften Dingen und die Aufgabe des Interesses der individuellen Selbsterhaltung – nicht verbal, sondern emotional – bedeuten die Wiedergewinnung der Unschuld. Diese Unschuld ist »spontan«. Sie ist nicht legitimiert. Sie hat keinen Grund. »Er übte die Tugend aus, ohne daran zu glauben, ganz schlicht und einfach, wie ein Vogel singt und wie ein Rosenstrauch Blüten trägt«: so charakterisiert Flaubert die einzige durchweg positive Figur in *Madame Bovary*, den Arzt Larivière.[146]

Beide Geschlechter, Männer und Frauen, sind von dieser menschlichen Kraft der spontanen Güte, d. h. der Fähigkeit zur Identifikation ohne strategische Interessen, entfremdet.

Das Erstarren des fließenden freien Lebens, die »Institutionalisierung«, ist der Punkt, an dem keine neuen Bedeutungen mehr produziert werden, an dem die Arbeit an den Bedeutungen aufhört, also keine wirklichen neuen Erfahrungen mehr stattfinden. Am prägnantesten faßt Flaubert den Prozeß der gesellschaftlichen und psychischen Erstarrung in *Lehrjahre des Gefühls*.[147] Dort zeigt er, wie mit dem Verlust aller wirklichen Beziehungen die Bedeutung der Zeichen dieser vergangenen und verlorenen Beziehungen unentwegt zunimmt, bis diese eine neue Welt bilden, eine Welt der Bedeutungen, die sich nicht mehr verändern, da die wirklichen Beziehungen vergangen sind. Je mehr die wirklichen menschlichen Verhältnisse erstarren, desto bedeutender wird das Leben dieser Zeichen, die für vergangenes Leben stehen.

Das ist der Beginn des »Vergessens« und des »Verzeihens«. In *Lehrjahre des Gefühls* erinnern sich die Freunde an der Schwelle des Alterns:

»Das hätten wir uns einst nicht gedacht, in Sens, als du eine kritische Geschichte der Philosophie schreiben wolltest und ich einen großen mittelalterlichen Roman über Nogent. [. . .] Erinnerst du dich? Und sie gruben ihre Jugend aus und schlossen jeden Satz: ›Erinnerst du dich‹?

[. . .] Schwatzhaft erzählten sie jetzt davon, und jeder ergänzte das, was der andere wußte.«[148]

Doch in diese beschworene Erinnerung geht von der wirklichen Geschichte nichts mehr ein. Mit der Hoffnung auf Zukunft und Praxis ist auch die Vergangenheit verloren gegangen. Das »schönste Erlebnis« der beiden Freunde ist ein mißglückter Bordellbesuch in ihren Schülerjahren.

Das Ende der Jugend, der »éducation sentimentale«, ist für Flaubert der Beginn eines Lebens, das ganz innerlich im Betrachten von Gegenständen endet, in der Fixierung auf sie und zugleich in einem unendlichen Grübeln und Betrachten der Objekte, die konstant sind, Beweise dafür, daß das Vergangene wirklich war, obwohl es verschwunden ist und die Erinnerung selbst sich auflöst.[149]

Die Menschen haben eine bestimmte Ausstattung an Fähigkeit zur Leidenschaft: Sowohl gesellschaftlich wie individuell stehen nur bestimmte Ressourcen der Entfaltung, der Erfahrung, der Identität zur Verfügung. Wenn sie aufgezehrt sind, ist das Individuum endgültig das geworden, was es ist. Es gibt keine über die bestehende Situation hinausführenden Träume, keine Imagination mehr; es gibt kein »Anderes«, kein »Draußen« mehr, das zu erobern, zu untersuchen, zu leben wäre; dieser Zeitpunkt ist der des »Erwachsenseins«; die Charaktermaske ist fertig; das Leben ist nur noch ein Reproduzieren, kein Produzieren mehr. Der Zeitpunkt, an dem es nichts Neues mehr gibt, ist nicht nur individuell, sondern gesellschaftlich bestimmt.

Flaubert bearbeitet in seinen Romanen und Novellen das entscheidende gesellschaftliche Problem, das im nachrevolutionären Frankreich deutlicher hervortrat als im übrigen Europa: Die Menschen machen ihre Geschichte, sie machen sie ohne Bewußtsein – aber wie sollen sie, die wirklichen Subjekte, Bewußtsein erlangen? Er stellt eine Gesellschaft dar, in der das Bedürfnis nach herrschaftsfreier, kooperativer Reflexion und Arbeit, das Bedürfnis nach freier Assoziation empirisch nicht mehr vorausgesetzt werden kann. Die Trennung von Allgemeinem und Besonderem, von öffentlicher Macht und privatem Leben ist gesellschaftliche Realität – das Allgemeine erscheint für die Individuen nurmehr als das Offizielle. Auf allen Ebenen (der persönlichen, der wissenschaftlichen, der politischen) verselbständigen sich Systeme von Zeichen, Interpretationen und Rationalisierungen realer Machtverhältnisse.[150] (Der gesellschaftliche Träger des »Offiziellen« ist für Flaubert die nachrevolutionäre Bourgeoisie, die das siegreiche »Allgemeine«, den Profit, repräsentiert und die dieses Allgemeine sprachlich überhöht, obwohl es doch nichts anderes bedeutet als das naturhafte Funktionieren des gesellschaftlichen Zusammenhangs über die egoistischen, bornierten Interessen der einzelnen.) Flaubert zeigt auf der Ebene der wirklichen Menschen die praktizierte und immer wieder erneuerte Illusion, die aber in extremer Weise »privat«, nicht mitteilbar ist.[151] Er weigert sich also, das Individuum oder die Klasse zum prädestinierten Träger von Autonomie und Handlungsfähigkeit zu erheben.

Nachwort

> »Die Aufhebung der Bürokratie kann nur sein, daß das
> allgemeine Interesse *wirklich* und nicht [. . .] bloß in
> Gedanken in der *Abstraktion* zum besonderen Interesse
> wird, was nur dadurch möglich ist, daß das besondere
> Interesse wirklich zum *allgemeinen* wird.«
>
> Karl Marx[1]

Mit der Entfaltung der Warenproduktion zur beherrschenden
Produktionsweise verändern sich alle gesellschaftlichen Beziehungen, Glaubensvorstellungen, Werte. »Die Bourgeoisie, wo
sie zur Herrschaft gekommen, [. . .] hat kein anderes Band
zwischen Mensch und Mensch übriggelassen als das nackte
Interesse, als die gefühllose ›bare Zahlung‹. [. . .] Sie hat die
persönliche Würde in den Tauschwert aufgelöst. [. . .] Sie hat
mit einem Wort, an die Stelle der mit religiösen und politischen Illusionen verhüllten Ausbeutung die offene, unver-
schämte, direkte, dürre Ausbeutung gesetzt.«[2] Die Warenproduktion, als revolutionäres Prinzip gegenüber der feudalen
Herrschaft, setzt auf der Ebene des Rechts die freie und
gleiche Rechtsperson entsprechend der Struktur abstrakt-all-
gemeiner Arbeit. Damit sind alle Beziehungen außer jenen des
Tauschs zum Unwesentlichen herabgesetzt. Vorkapitalistische
Strukturen wie die der Familie verlieren ihre Bedeutung als
Gesellschaft konstituierende Einheit. Sie bleiben bestehen als
tradierte Lebensformen, die nur pragmatisch begründet werden. So bedeutet die kapitalistische Auflösung der alten Vorstellungen und Illusionen, ihre offenbare Reduktion auf
»Geldverhältnisse« und »Interessen«, nicht, daß die Illusionen
und alten Legitimationen vergehen; aber sie werden zur Pri-
vatreligion. Sie können sich im Alltagsleben erhalten, wo man
ihrer bedarf, wo sie individuell psychologische Bedeutung
haben. Das gilt auch für die gesellschaftliche Bedeutung der
traditionellen Norm des »Weiblichen«. Mit der Integration
der Frauen in den außerfamilialen Arbeitsprozeß werden notwendig die traditionalen Elemente ihrer Rolle dem normativ-
juristischen Kern der bürgerlichen Ordnung angepaßt – der
freien und gleichen Rechtsperson, die ihre Haut zu Markte
trägt wie alle anderen auch.

Das kulturelle Idealbild der Frau gleicht sich dem des Mannes an, allerdings nicht als Bild des Gewährens und der Fülle, sondern des Leistungsbewußtseins und der kühlen Rechenhaftigkeit. Das Bedrohliche und zugleich Phantastische, das sie einmal im allgemeinen Bewußtsein repräsentierte, soll in der Partnerschaft auf allen Gebieten als gleichwertige Leistungsfähigkeit aller Beteiligten assimiliert werden.

Eine unbewußte Entwertung der Frau verträgt sich durchaus mit der bewußten Betonung partnerschaftlicher Beziehungen.

Charakteristisch für die Beziehungen junger Ehepaare der Mittelschicht ist die zunehmende Klage über mangelnde Aktivität, Kooperation, Initiative der Frauen. Geachtet wird die »starke Frau«, die Perfekte, die Erfolgreiche, die eigentlich niemanden braucht und dieses Moment auch zum Ausdruck zu bringen weiß. Den Repräsentantinnen dieses perfekten Frauentyps gegenüber besteht häufig eine masochistisch-erotische Einstellung. Ihnen gilt die neue Idealisierung der Weiblichkeit.

Angesichts der beiden isolierten Aspekte von Frauenemanzipation – des reformistischen Versuchs, der allein die Integration der Frauen in die bestehenden Strukturen von Arbeit, Arbeitsteilung und seelischer Anpassung sucht, und des rhetorischen Ansatzes, der in autoritärer Weise Bedürfnisse und Arragements der Frauen verurteilt, als seien damit Probleme gelöst – scheint es mir notwendig, die Unangemessenheit, den Überschuß an Bedürfnissen hervorzuheben, die sich zu einem großen Teil für politische Strategien überhaupt als unbrauchbar erweisen. Das Bedürfnis der Frauen nach Glück ohne Arbeit, nach dem, was allen gleichermaßen als parasitär erscheint, der Macht, selbst Allmacht ohne Leistung, der narzißtischen Lust an körperlicher Schönheit, nach Verwandlung, die Gier nach Bewunderung lassen sich nicht einfach als Deformation der »eigentlichen Frau« beschreiben, die aus mangelnder beruflicher Autonomie oder männlicher Herrschaft resultiert. Frauen artikulieren ein gesellschaftliches Bedürfnis: nach Schicksal, nach Schönheit, nach Stil, nach Ironie, Bedürfnisse, die im alltäglichen Leben nicht befriedigt, die aber auch nicht aufgegeben werden können.[3]

Die Antwort auf den realen Mangel ist der Erwerb von Zeichen: Zeichen der Jugend, der erfolgreichen Feminität, der

Macht und des Reichtums. Der Erwerb eines Kleides, einer »Einrichtung« ist die Antwort auf die Wünsche nach Weiblichkeit und Modernität. Die Waren werden von den Frauen mit ihren Träumen ausgestattet. Der Gebrauch dieser Zeichen besteht im Gesehenwerden, in der Konstruktion einer Person in den Augen der anderen. Die weibliche Imagination ist in ihrer utopischen und zugleich regressiven Form kulturindustriell kanalisierbar; sie bleibt in ihrem Kontrast zur Realität und den beschränkten Ressourcen untüchtig und unentwickelt. Das weibliche Bewußtsein bleibt regressiv auf die romantische Illusion fixiert.

»Zurschaustellung und halluzinatorische Wunscherfüllung« – die verselbständigten Strategien kennen nur die Kritik an den »kleinen Ausschmückungen«, den mehr oder weniger hilflosen Versuchen, Sinn und Bedeutsamkeit zu produzieren und darzustellen. Aber nicht nur schminken sich die Frauen, sie erliegen auch weiterhin den Versuchungen der Mode und, im Bereich der Kulturindustrie, der Personalisierung, den Ideologien der Liebe und dem Terror der Schlankheit; ihr Interesse gilt Amouren und Königshäusern. Dieses Verhalten hat einen negativen Aspekt (Konformismus) und einen positiven (Phantasie, Fähigkeit zur ästhetischen Anordnung). Bedürfnisorientierung und Ichschwäche; Unbehagen, Protest, vegetative Störungen, Angst vor Erfolg und imaginative Besetzung des Alltagslebens; Bedürfnisse nach Kommunikation und Öffentlichkeit, nach Selbstdarstellung, die sich in Mode kanalisieren; Aufrechterhaltung romantischer Illusion mit allen Schwächen des Selbstbetrugs und der Fixierung auf die Zeichen des Konsums und des Luxus sind widersprüchliche Kennzeichen – es sind die ambivalenten Reaktionen der Frauen (die sich je nach Ressourcen schichtspezifisch ausprägen). Diese Bewußtseinsformen und Reaktionen sind zum Sozialcharakter verfestigt. Produktivkräfte, die aus der weiblichen Produktionsweise hervorgehen, haben ein Eigengewicht auch unter heutigen Bedingungen, auch wenn sie abgespalten sind von den fortgeschrittensten technischen Mitteln und arbeitsteiligen Formen der Kooperation – ohne daß sich dieses Moment in seiner Isolation entwickeln könnte. Bedürfnisdispositionen, die romantisch-utopisch-privatistisch formuliert werden, haben selten die Chance, sich mit praktischen Erfor-

dernissen zu verbinden und aus ihrer Abgespaltenheit herauszukommen. »Die Tatsache, daß diese Interessen sich als gesellschaftliche nur durch das Nadelöhr der Verwertung der
Ware Arbeitskraft realisieren können, macht sie zunächst zu
bloßen Objekten anderer Interessen. [...] In dieser Eigen-
schaft, als außerökonomische Interessen, sind sie gerade in
den verbotenen Zonen der Phantasie, unterhalb der Tabus, als
Stereotypen [...] nicht assimilierbar. Sie haben in dieser Hinsicht zwei Eigenschaften: sie sind in ihrer defensiven Einstellung gegenüber der Gesellschaft, in ihrem Konservativismus
und in ihrer subkulturellen Ausprägung wiederum bloße Objekte, gleichzeitig aber der Block des wirklichen Lebens, das
gegen das Verwertungsinteresse steht.«[4]

Das bedürfnisorientierte Denken und Handeln der Frauen
muß angesichts seiner objektiven Schwächen sowohl gegenüber der entwickelteren Welt der Wertabstraktion (Beruf,
Warenwelt) als auch gegenüber den weiblichen Produktionsverhältnissen (Familienstruktur, Mangel an Ressourcen) Mechanismen der Verteidigung entwickeln, die der Abwehr von
Angst dienen: die Betonung der Symbole konkretistischen
Denkens und Handelns, die Beschäftigung mit Unbegriffli-
chem, Wirklichem, die Suche nach dem »Leben«, den Versuch, die Furcht vor der Welt der Erfolgreichen im Bescheidenen, Soliden, Zuverlässigen zu vergessen; oder die Überkom-
pensation, das Übertönen der Angst durch demonstrative
Weiblichkeit, den unruhigen Verbrauch von Beziehungen und
Accessoires aller Art; eine andere Möglichkeit ist schließlich
die Aufgabe alles konkretistisch-bedürfnisorientierten Denkens und Handelns, die Unterdrückung aller dieser Verhaltensmuster und die Unterwerfung unter die traditionell als
»männlich« definierten Modelle strategischen Denkens und
Handelns, die Anpassung an zwanghaftes Rivalisieren.

Was zeigt sich? Der Mangel, der im Alltagsleben herrscht,
kann nicht einfach in sozialtechnische Entwürfe kanalisiert
werden. Der Alltag ist die Sphäre der Relativierungen und
Kompromisse, der »Natur« des Menschen, ist die Sphäre, in
der das Unvereinbare ineinander übergeht, das Bewußtsein
der Widersprüche verschwindet. »Das Verflachende des Alltags in diesem eigentlichsten Sinne des Wortes besteht ja
gerade darin: daß der in ihm dahinlebende Mensch sich dieser

teils psychologisch, teils pragmatisch bedingten Vermengung todfeindlicher Werte nicht bewußt wird und vor allem: auch gar nicht bewußt werden *will,* daß er sich vielmehr der Wahl zwischen ›Gott‹ und ›Teufel‹ und der eigenen letzten Entscheidung darüber: welcher der kollidierenden Werte von dem einen und welcher von dem anderen regiert werde, entzieht.«[5] Eben die Inkonsistenz dieses Bewußtseins – das Schwanken zwischen verschiedenen Vorstellungen von dem, was man will, die chaotische Struktur der Präferenzen – ist es, die den Moralisten zur Verzweiflung treibt und zur Erfindung klar strukturierender Einteilungen und entsprechender Organisationsformen veranlaßt. – Aber die klaren Einteilungen, die eindeutigen Kritiken, treffen immer nur den einen Aspekt des Lebens der Frauen. Die Frauen erscheinen nur als Objekt, nur durch Zwänge bestimmt, nur als »Rollenbündel«.

Anmerkungen

Anmerkungen zu Teil I, Die verselbständigten Strategien

1 Henri Lefebvre, *Das Alltagsleben in der modernen Welt*, S. 84.

2 Vgl. Max Weber, *Wirtschaft und Gesellschaft*. Studienausgabe Bd. I, S. 160 f., Bd. II, S. 703 f.; Amitai Etzioni, *Soziologie der Organisationen;* Niklas Luhman, *Zweck, Herrschaft, System. Grundbegriffe und Prämissen Max Webers;* Herbert Marcuse, *Industrialisierung und Kapitalismus im Werk Max Webers.*

3 Zum Begriff der Strategie vgl. Henri Lefebvre, *Die Zukunft des Kapitalismus*, S. 155: *Das Paradox der Strategie;* Henri Lefebvre, *Critique de la vie quotidienne*, Bd. II, S. 110 f., S. 138 f.

4 Maurice Duverger, *The Political Role of Women;* für die Entwicklung bis 1900 vgl. Marianne Weber, *Ehefrau und Mutter in der Rechtsauffassung.*

5 Susan R. Orden und Norman N. Bradburn, *Working Wives and Marriage Happines*, S. 392.

6 1911 stellten die Frauen in England 30% der Arbeitskräfte, 1964 nicht mehr als 34%. (Juliett Mitchell, *Women: The Longest Revolution.*)

7 »Von 1950-1961 nahm die Zahl der weiblichen Beschäftigten um 25% zu, während mit Beginn der sechziger Jahre die Zahl der erwerbstätigen Frauen zunächst geringer, dann stärker abgenommen hat. Diese Abnahme ist vor allem darauf zurückzuführen, daß die durch die Kriegsereignisse zwangsweise im Erwerbsleben stehenden Frauen ins Rentenalter vorrückten, und daß sich die Ausbildungszeiten verlängert haben. Mit einer leichten Zunahme um 5% wird nach Vorausschätzungen des Instituts für Arbeitsmarkt- und Berufsforschung für 1980 zu rechnen sein. Diese Entwicklungstendenz wird mit den beobachteten Veränderungen in der Sozialstruktur der weiblichen Arbeitnehmer begründet. Zum einen werden mehr verheiratete Frauen ins Erwerbsleben einbezogen werden, zum anderen wird sich das Erwerbsverhalten der Frauen ändern, indem sie länger im Berufsleben bleiben. In fast allen Altersgruppen zeigt sich gegenüber 1950 eine Zunahme der Berufstätigkeit der Verheirateten.« (Hannes Friedrich et al., *Frauenarbeit und technischer Wandel*, S. 6/7.)

8 Helge Pross, *Gleichberechtigung im Beruf?*, S. 82; Ravenna Helson, *The Changing Image of Career Woman*, S. 34 ff. Helson resümiert die akademische Diskussion hierzu seit dem Zweiten Weltkrieg. Vgl. zur Entwicklung in den USA auch Edwin C. Lewis, *Developing Women's Potential; Chapter Six: Women in the Labor Force*, S. 95 ff.

9 Der Inhalt der Emanzipation der Frau wäre dann lediglich Ausdruck der reellen Subsumtion der weiblichen Arbeitskraft unter den Prozeß der Kapitalverwertung. Vgl. zur besonderen Bestimmung der Auseinandersetzungen um diesen Inhalt Teil III.

10 Ernst Bloch, *Kampf ums neue Weib*, S. 50.

11 Ernst Bloch, a.a.O., S. 53.

12 Vgl. Kapitel III.1.

13 Ausgeklammert wird hier die Kritik der ungleichen Chancen der Frauen, zu wählen und sich am politischen Leben zu beteiligen. (Vgl. hierzu Lakshmi N. Mennon, *From Constitutional Recognition to Public Office*, S. 34 ff.; für die BRD: Margarete Heinz, *Politisches Bewußtsein der Frauen;* Infas-Report, *Frau und Öffentlichkeit*, S. 12 f.) Ebenso wird hier von den Fragen der privatrechtlichen Gleich-

stellung der Frau abgesehen. (Vgl. Inger Margrete Pedersen, *Status of Women in Private Law*, S. 44 ff.; für die BRD: Bundesministerium für Arbeit und Sozialordnung [Hrsg.], *Frauenenquete*.)

14 Vgl. Helge Pross, *Perspektiven für die Zukunft – Maßnahmen und Untersuchungen im Anschluß an die Frauenenquete.*

15 Hermann Schubnell, *Die Erwerbstätigkeit von Frauen und Müttern und die Betreuung ihrer Kinder;* Helgard Ulshoefer, *Mütter im Beruf. Die Situation in neun Industrieländern;* Betty Frantzen, *Influence du travail professionnel de la femme sur la famille*, S. 241 ff.; E. Pfeil, *Berufstätigkeit von Müttern*, S. 297 ff.

16 Vgl. Kapitel II.1.

17 Ingrid Langer-El Sayed, *Frau und Illustrierte im Kapitalismus*, S. 261 f.

18 Sylvia McMillan, *Aspirations of Low-Income Mothers*, S. 282. Die Ergebnisse dieser Studie werden auch durch die Studien von Rainwater, Komarovsky, Chombart de Lauwe, Pross etc. bestätigt. Vgl. Kapitel II.3.2.

19 Sylvia McMillan, a.a.O., S. 284.

20 Sylvia McMillan, a.a.O., S. 286.

21 ›Brigitte‹ (Hrsg.), *Hausfrauen heute*, S. 154.

22 Helge Pross, *Gleichberechtigung im Beruf?* S. 115 ff.

23 Henri Lefebvre, *Das Alltagsleben in der modernen Welt*, S. 95.

24 Vgl. Kapitel II.1.

25 Niedriges Heiratsalter, Erwerbstätigkeit der Frau, geringere Kinderzahl, Bedeutungsverlust der Verwandtschaftsbeziehungen und die Beschränkung auf die Kleinfamilie, veränderte Anforderungen im Haushalt, gestiegene Lebenserwartung, rechtliche und soziale Erleichterung der Ehescheidung etc.

26 Vgl. zu diesen Fragen die Auseinandersetzungen im Rahmen der bürgerlichen Frauenbewegung in der Zeitschrift *Neue Ethik* (1905-1910; Hrsg.: Helene Stöcker); vgl. außerdem Gertrud Bäumer, *Die Frau in der Krisis der Kultur.* Zur proletarischen Frauenbewegung vgl. Alexandra Kollontai, *Die neue Moral und die Arbeiterklasse;* Clara Zetkin, *Erinnerungen an Lenin.*

27 Es handelt sich hierbei weniger um eine politische als vielmehr um eine wissenschaftliche Strategie.

28 Gunter Schmidt, Volkmar Sigusch, *Arbeiter-Sexualität.*

29 Vgl. Gunter Schmidt, Volkmar Sigusch, a.a.O., S. 101. Vgl. auch Gertraud Reitz, *Die Rolle der Frau und die Lebensplanung der Mädchen*, S. 109 ff.

30 Gunter Schmidt, Volkmar Sigusch, a.a.O., S. 115 u. S. 141.

31 Gunter Schmidt, Volkmar Sigusch, a.a.O., S. 142.

32 Vgl. Kapitel III.2.

33 Gunter Schmidt, Volkmar Sigusch, a.a.O., S. 116.

34 Vgl. den Report *Ehen in Deutschland*, in: Der Stern Nr. 26-33, 1970.

35 Zum Begriff des autonomen Subjekts vgl. Helmut Dahmer, *Libido und Gesellschaft;* Helmut Dahmer et al., *Das Elend der Psychoanalyse-Kritik. Beispiel Kursbuch 29; Subjektverleugnung als politische Magie;* Klaus Horn (Hrsg.), *Gruppendynamik und der ›subjektive Faktor‹.*

36 Betty Frantzen, *Influence du travail professionnel de la femme sur la famille*, S. 250 ff.; Anne-Marie Rocheblave-Spenlé, *Los rôles masculins et féminins*, S. 99 ff.

37 Alice Rossi, *Equality between the Sexes*, hier zit. nach *Daedalus* 93 (1964), S. 608.

38 Die Familie ist in ihrem Selbstverständnis nicht primär volkswirtschaftliche Einheit. Tatsächlich versteht sich die Familie – und das ist auch das Produktive an ihr – wesentlich als Sympathiesystem, als Produktion von sozialen Beziehungen.

Deshalb erhalten Argumente für die »Gleichheit« leicht etwas Absurdes, wenn sie nicht klarmachen, welch beschränktes Moment innerhalb der familialen Beziehungen sie treffen. Sie bezeichnen natürlich ein Element (nämlich die Verteilung der Arbeitszeit auf die Geschlechter), sie treffen aber nicht die Dominanzrelation zwischen Mann und Frau in der Familie. Es ist durchaus eine gleiche Verteilung von Arbeitszeit bei fortgeführter terroristischer Dominanzrelation denkbar.

39 Harriet Holter, *Sex Roles and Social Structure;* vgl. auch Inge K. Broverman et al., *Sex-Role Stereotypes: A Current Appraisal*, S. 61; Rosemarie Nave-Herz, *Das Dilemma der Frau in unserer Gesellschaft. Eine empirische Untersuchung der Geschlechtsrollenstereotypen;* Anne-Marie Rocheblave-Spenlé, *Les rôles masculins et féminins*, insbes. S. 17 ff.

40 Vgl. Inge Broverman et al., *Sex-Role Stereotypes*, S. 65.

41 Elina Haavio-Mannila, *Sex-Rolle Attitudes in Finnland, 1966-1970.*

42 Etwa in der Chronik *Le Sexisme Ordinaire*, in: *Les Temps Modernes* No. 336, Juli 1974, S. 2467 ff.

43 Ingrid Langer-El Sayed, *Frau und Illustrierte im Kapitalismus*, S. 80; vgl. auch Betty Friedan, *Der Weiblichkeitswahn*, S. 29 ff.; Suzanne Keller, *The Future Role of Women*, S. 5 f.

44 Ingrid Langer-El Sayed, a.a.O., S. 60.

45 Ingrid Langer-El Sayed, a.a.O., S. 59.

46 Ingrid Langer-El Sayed, a.a.O., S. 266 f.

47 Vgl. die »Frauen-Typologie« in Kapitel II.3.2.

48 Die bürokratisch-effektiven Strategien werden in der Literatur zur Frauenfrage im allgemeinen als »bürgerlich« bezeichnet, weil sie zahlreiche Forderungen der bürgerlichen Frauenbewegung übernehmen, wie sie in der Zeit vor dem Zweiten Weltkrieg von den bürgerlichen Frauenverbänden etwa in Deutschland vertreten wurden. Die Bezeichnung »bürgerliche Strategie« ist richtig, sofern die bürgerlichen Frauenverbände auf Reform im Rahmen der gegebenen gesellschaftlichen Ordnung drängten: Reform des Vermögensrechts, des Ehe- und Scheidungsrechts, des Fürsorgewesens, Zugang zu traditionell männlichen Berufslaufbahnen etc. Irreführend ist diese Bezeichnung jedoch, wenn sie die proletarische Frauenbewegung als diesen Forderungen prinzipiell entgegengesetzt auffaßt. Es genügt dann die verbale Betonung des sozialistischen Fernziels und das Bekenntnis, daß die Unterdrückung der Frau im Ökonomischen wurzele, um zu einer entschiedenen Abgrenzung von den »bürgerlichen« Gruppen zu kommen. Vergleicht man aber die inhaltlichen Forderungen beider Gruppen, so erscheint der Unterschied weniger gravierend. – Die inhaltliche Erweiterung besteht zunächst in der Erweiterung der Gleichheit der Lohnarbeiterin mit dem Lohnarbeiter, also ebenfalls in einem bürgerlichen Prinzip. Die weitergehenden Forderungen wie die nach Sozialisierung und Kommerzialisierung der Haushaltproduktion stehen ebenfalls im Rahmen bürgerlicher Vorstellungen. Die Behauptung, eine solche Umorganisation der Haushaltproduktion sei aufgrund der kostenintensiven Arbeit, die damit verbunden sei, nur im Rahmen einer sozialistischen Planung möglich, ist unzureichend. Sie ist abhängig von der Größe des Sozialprodukts einerseits und dem Interesse an der Einbeziehung weiblicher Arbeitskräfte in den Produktionsprozeß andererseits. Eine Auflösung traditioneller Haushaltproduktion wäre auch unter kapitalistischen Bedingungen vorstellbar. Das Lippenbekenntnis zum Sozialismus verträgt sich ausgezeichnet mit bürgerlich-reformistischer Praxis. *Diese* Unterscheidung von »bürgerlich« und »sozialistisch« ist eine bloß rhetorische.

49 Jürgen Ritsert, *Probleme politisch-ökonomischer Theoriebildung*, S. 71.

50 Das Verhältnis von revolutionärer politischer Organisation und feministischen Vorstellungen von der Veränderung der sozialen Beziehungen war auch vor dem Zweiten Weltkrieg und dem Übergang zum organisierten Kapitalismus Gegenstand von Fraktionskämpfen: innerhalb der bürgerlichen Frauenbewegung ging es vor allem um die Einstellung zur Ehe, zur unehelichen Mutterschaft, d. h. überhaupt zum Bereich der Sexualität; im Rahmen der proletarischen Frauenbewegung um die Frage der Organisation. (Stellen die Frauen eine Gruppe mit besonderen Problemen dar oder gehören sie mit ihren Problemen zu den Lohnabhängigen?) Auch für diese Phase gilt, daß gerade die Gruppen, die sich als organisatorisch lebensfähig und durchsetzungsfähig erwiesen, verkürzte Positionen vertraten. Von beiden Organisationen wurde sowohl die Sexualreform als auch das Problem der Organisationsstruktur ausgeklammert. Vor allem jene Gruppen, die einen radikalen Feminismus vertreten haben, die sich auf die Frage der freien Liebe und der familialen Autorität konzentrierten, wurden sowohl in der bürgerlichen wie in der proletarischen Frauenbewegung ausgeschlossen und bekämpft, weil sie einen romantischen und im Rahmen der bürokratisch-bürgerlichen bzw. kleinbürgerlich-proletarischen Gruppen nicht verwertbaren Standpunkt vertraten. Aber angesichts von Massenelend und institutionalisierter patriarchalischer Struktur sowohl auf der rechtlichen als auf der sozialen Ebene stellten die Forderungen nach Mitarbeit in den Arbeiterorganisationen und nach antipatriarchalischer Strukturierung der Familie für die Probleme der großen Mehrheit der Frauen bis zum Zweiten Weltkrieg einen allgemeinen Nenner dar – ein verallgemeinerbares und verständliches Interpretationsmodell und eine Strategie im alltäglichen Leben. Das gilt bis zum Ende des Zweiten Weltkriegs, während heute die Umstrukturierung der Familie durch die Berufstätigkeit der Frau wie durch den Machtverlust des Mannes auch in den bürgerlichen und kleinbürgerlichen Schichten praktisch realisiert und die Sexualreform mit Hilfe der Kulturindustrie als »repressive Entsublimierung« ebenfalls vollzogen wird. Zu den Auseinandersetzungen im Deutschland der 20er Jahre vgl. Agnes von Zahn-Harnack, *Die Frauenbewegung;* Helene Lange, *Die Frauenbewegung;* Clara Zetkin, *Die Arbeiter- und Frauenfrage der Gegenwart;* Clara Zetkin, *Die Frauen und die Kommunistische Partei;* Lily Braun, *Die Frauenfrage.*

51 Henri Lefebvre, *Das Alltagsleben in der modernen Welt,* S. 136 f.

52 Die hier knapp dargestellten Auffassungen gehen auf die Position Engels' zur Frauenfrage zurück. Wir diskutieren sie in Kapitel III.3. im theoretischen Zusammenhang, während wir an dieser Stelle nur die spezifische Vernachlässigung des weiblichen Lebenszusammenhangs in den heutigen Beiträgen darstellen wollen.

53 Jutta Menschik, Evelyn Leopold, *Gretchens rote Schwestern,* S. 45 f.

54 Gisela Brandt, Johanna Kootz, Gisela Steppke, *Zur Frauenfrage im Kapitalismus,* S. 104 f.

55 Gisela Brandt et al., a.a.O., S. 185 f. Brandt, Kootz und Steppke kommen zu dem nicht gerade populären Schluß, daß die Frauen für ihre objektiven Interessen Opfer zu bringen hätten. »Das Proletariat selbst kann sein begrenztes Bewußtsein von der Gesetzmäßigkeit des kapitalistischen Systems nur in der Aktion gegen das Kapital überwinden, indem es die herrschende Klasse zwingt, immer offener ihre Interessen gegen die Interessen des Proletariats zu behaupten und den Widerspruch zwischen Lohnarbeit und Kapital zu verschärfen.« (Gisela Brandt et al., a.a.O., S. 103.) Diese Argumentation verkehrt die gesellschaftlichen Prozesse, die ohne Möglichkeit des Eingreifens für die Beteiligten ablaufen, in aktiv zu bejahende Vorgänge. Zugrunde liegt solchen Vorstellungen eine völlige Verkennung des Widerspruchs zwischen dem Individuum, seinem Glücksanspruch und der Gesellschaft, der auch

für die Lohnabhängigen nicht einfach aufzuheben ist. Vgl. auch: »Die Herausnahme der Frauen aus dem Verwertungsprozeß des Kapitals wäre gut, wenn sie nicht verbunden wäre mit der Herausnahme aus der Gesellschaft überhaupt, wie schlecht sie immer sein mag. Es scheint der Weg über den Produktionsprozeß, über den freiwilligen Verkauf der Arbeitskraft an den Kapitalisten zugunsten seiner Bereicherung unumgehbar.« (Frigga Haug, *Die mißverstandene Emanzipation*, S. 685.)

56 Jutta Menschik, *Gleichberechtigung oder Emanzipation*, S. 80.

57 Zur Problematik vgl. Hans Müller, Artur Staffelberg, *Der Klassenkampf und die Sozialdemokratie;* Ossip K. Flechtheim, Einführung in: Rosa Luxemburg, *Politische Schriften I,* S. 5 ff.; Oskar Negt, Alexander Kluge, *Öffentlichkeit und Erfahrung,* S. 427.

58 Gisela Brandt et al., a.a.O., S. 150.

59 Gisela Brandt et al., a.a.O., S. 36. Die weitergehenden politischen Ziele reduzieren sich auf reine Resolutionspolitik und abstrakte Haltungen wie: »Anträge auf Verbot der NPD, Resolution gegen Rüstung, Krieg und Terror, Forderungen nach Kontakten mit dem FDGB, gegen Bodenspekulation usw.« (Gisela Brandt et al., a.a.O., S. 155.)

60 Gisela Brandt et al., a.a.O., S. 93 f. Vgl. auch Jutta Menschik, Evelyn Leopold, *Gretchens rote Schwestern,* S. 32 ff.

61 Arbeitsgemeinschaft »Geschichte des Kampfes der deutschen Arbeiterklasse um die Befreiung der Frau« (Hrsg.), *Um eine ganze Epoche voraus,* Leipzig 1970, S. 188.

62 Arbeitsgemeinschaft, a.a.O., S. 187.

63 Auch hierin generalisiert diese Strategie gerade die theoretischen Schwächen der Engelsschen Analyse. Vgl. Kapitel III.3.

64 Gisela Brandt et al., a.a.O., S. 56.

65 Zum Beispiel: »Nach 1945 sind die Forderungen der bürgerlichen Frauenbewegung weitgehend durchgesetzt worden. Eine willkürliche Aufhebung von Schutzbestimmungen hat nicht stattgefunden. Geblieben sind: die Forderungen nach gleichem Lohn, nach beruflicher Qualifikation und allgemeiner Verbesserung der Bildungsmöglichkeiten, nach Übernahme von Hausarbeit und Erziehungsfunktionen durch gesellschaftliche Institutionen, nach Aufhebung der männlichen Bevormundung in allen Bereichen der Gesellschaft und Wirtschaft.« Und auf sozialpolitischer Ebene: »Abschaffung der ungleichen Entlohnung für gleiche Arbeit, die Beseitigung der untersten Leichtlohngruppen, eine bessere und längere schulische und betriebsunabhängige berufliche Ausbildung für Frauen, Einrichtung von Kinderkrippen, Betriebskindergärten, Ganztagsschulen, Neuregelung der Alters- und Krankenversorgung, Verlängerung der Schutzfrist nach der Entbindung, Beurlaubung für Mütter kranker Kinder, gesetzliche Maßnahmen, die den Gesundheitsschutz und die Sicherheit am Arbeitsplatz garantieren sollen, und Verbesserung der Miet- und Steuergesetzgebung stehen seit 15 Jahren als unerfüllte Forderungen im Programm der Gewerkschaften.« (Gisela Brandt et al., a.a.O., S. 41, 154 f.)

66 Helge Pross, *Gleichberechtigung im Beruf?,* S. 168 f.

67 Vgl. hierzu Kapitel II.2.

68 Vgl. hierzu Kapitel III.1.

69 »In der zum gesonderten Erkenntnisbereich abgespaltenen Naturdialektik entsteht kein *Produktionswissen,* sondern in erster Linie *Legitimationswissen.* Wenn mythische, religiöse und metaphysische Weltbilder in kosmologischen Weltinterpretationen und in der herkömmlichen Naturphilosophie, die nach einigen kritischen Bemerkungen von Engels sämtliche Sowjetmarxisten verwerfen, zentrale

Menschheitsprobleme, Gerechtigkeit, Liebe, Haß u. a. m. zum Ausdruck bringen, so reduziert sich die unter den Bedingungen eines fortgeschrittenen Entwicklungsstandes der Naturwissenschaften konzipierte ›Dialektik der Natur‹ auf ein formales System von ›Grundgesetzen‹, deren logischer Status im Verhältnis zu den wirklichen Naturgesetzen im übrigen ungeklärt bleibt; allenfalls könnten sie als Interpretations- und Darstellungsformen naturwissenschaftlicher Forschungsresultate verstanden werden (Alfred Schmidt). Ihren Sinn als Legitimationskategorien haben die Gesetze der Naturdialektik vor allem darin, daß sie einen weltanschaulich geschlossenen und gegen unreglementierte Erfahrungen abgedichteten Zusammenhang sämtlicher Gegenstands- und Erkenntnisbereiche sichern.« (Oskar Negt, *Marxismus als Legitimationswissenschaft*, S. 33 f.)

70 Karl Kraus, *Beim Wort genommen*, S. 40.

71 Vgl. zur Französischen Revolution Leopold Lacour, *Trois Femmes de la Révolution*; E. Lairtullier, *Les Femmes célèbres de 1789 à 1795*; Jules Michelet, *Die Frauen der Revolution*. – Zur 48er Revolution: Anna Blos, *Frauen der deutschen Revolution 1848*; Elly Key, *Die Frauenbewegung*; Helene Lange, *Die Frauenbewegung*. – Zur proletarischen Frauenbewegung: Lily Braun, *Die Frauenfrage*; Werner Thönessen, *Frauenemanzipation*. – Zur Entwicklung im angelsächsischen Raum: Mildred Adams, *The Right to be People*; Aileen Kraditor, *The Ideas of the Woman Suffrage Movement*; Andrew Sinclair, *The Emancipation of the American Women*.

72 Vgl. hierzu als Beispiele die biographischen Berichte von Adelheid Popp, *Die Jugendgeschichte einer Arbeiterin*; Lily Braun, *Memoiren einer Sozialistin*; Alexandra Kollontai, *Autobiographie einer sexuell emanzipierten Kommunistin*.

73 »Bezeichnet man diejenigen Institutionen als patriarchalisch, in denen eine Hälfte der Bevölkerung, die weibliche, von der anderen Hälfte, der männlichen, beherrscht wird, dann beruht das Patriarchat auf zwei Prinzipien: männlich herrscht über weiblich und der ältere Mann über den jüngeren. Wie in allen menschlichen Institutionen ist jedoch auch hier der Unterschied zwischen Ideal und Wirklichkeit eklatant: es gibt Widersprüche und Ausnahmen. Das Patriarchat ist als Institution eine soziale Konstante, die sich durch alle anderen politischen, sozialen oder wirtschaftlichen Formen hindurchzieht, sei es in Kasten oder Klassen, Feudalherrschaft oder Bürokratie, oder in den großen Religionsgemeinschaften. In historischer und geographischer Hinsicht aber bestehen Unterschiede. [Aber selbst in den modernen] Demokratien zum Beispiel haben Frauen keine führenden Ämter inne, und wo es der Fall ist, nur in so geringer Zahl, daß man nicht einmal von einer Geste des guten Willens sprechen kann.« Und: »Ein Haupttreffer der Klassenstruktur besteht darin, Frauen gegeneinander auszuspielen. Früher bestand eine Feindseligkeit zwischen Hure und Matrone, heute zwischen der berufstätigen Karrierefrau und der Hausfrau. Die eine beneidet die andere um ihre ›Sicherheit‹ und das Prestige, während diese sich über die Grenzen der Respektabilität hinaus nach dem sehnt, was sie bei der anderen für Freiheit, Abenteuer und Kontakt mit der großen Welt hält. Durch die vielfachen Vorteile des doppelten Maßstabs hat der Mann an beiden Welten teil und ist durch seine überlegenen gesellschaftlichen und wirtschaftlichen Mittel in der Lage, die entfremdeten Frauen als Rivalinnen gegeneinander aufzuhetzen.« (Kate Millett, *Sexus und Herrschaft*, S. 31, 48.) Zwar trifft es zu, daß auch heute in den »modernen Demokratien« die Frauen von allen »Leitungseliten« ausgeschlossen sind – nicht durch formelles Verbot, sondern durch »Leistungsdefizite«, die aus der traditionellen Rollentrennung hervorgehen. Zur Charakterisierung dieser Demokratien ist aber die Frage, ob die führenden Positionen von Männern oder von Frauen besetzt sind, unzureichend. Vgl. auch Phyllis Chesler, *Frauen – das*

verrückte Geschlecht?

74 Simone de Beauvoir, *Das andere Geschlecht*, S. 74.

75 Simone de Beauvoir, a.a.O., S. 423.

76 »Nicht nur ihre Geschlechtsrolle war ihr [der Frau, U. P.] vom Mann vorge-prägt und gegeben, auch ihre Berufsrolle ist vom Mann vorgegeben und geprägt. Erfolgreich spielt der Mann den Objektstatus des auch-berufstätigen und mitverdie-nenden Wesens gegen den Objektstatus des brav hausfraulichen und mütterlichen Daseins aus. Selbst also die Zerrissenheit, in die sich die Frau begibt, wenn sie berufstätig ist, ist noch eine Erfindung des Mannes. Und nur der Jahrtausende alte Entfremdungsprozeß von männlicher Herrschaftsrationalität kann der Frau die wahnsinnige Einbildung eingegeben haben, daß sie durch Demonstration ihrer produktiven und organisatorischen Intelligenz bereits dem Manne ihre Menschlich-keit beweisen könne, deren Konsequenz ihre Anerkennung als Individuum sein würde.« (Karin Schrader-Klebert, *Die kulturelle Revolution der Frau,* a.a.O., S. 3.)

77 »Es nützt unserer Gesellschaft sehr, wenn die Menschen, nach physischer und psychischer Entleerung, gereinigt und entspannt an ihren Arbeitsplatz zurückkeh-ren und sich ohne Schwierigkeiten dem Apparat anpassen lassen.« (Karin Schrader-Klebert, a.a.O., S. 35.)

78 Kate Millett, *Sexus und Herrschaft,* S. 42.

79 Karin Schrader-Klebert, a.a.O., S. 35 f. »Die Institution der Ehe stabilisiert: die Atomisierung des Menschen, insofern sie die Fixierung des Menschen auf nur einen anderen Menschen vorschreibt, damit die Beziehung zu allen anderen Men-schen zweitrangig und gegen Gewalt und Grausamkeit gegenüber anderen Men-schen gleichgültig macht. Sie fördert die Destruktion der psychischen Ichkräfte, insofern sie die Ichidentität auf die Erhaltung eines Status quo, der nur die isolierte Privatsphäre einschließt, beschränkt, ihre Weiterentwicklung zu anderen Möglich-keiten und damit ihre Lebendigkeit auslöscht. Sie schafft ein einseitiges Ventil, das die Aggressionen, die aus der gesellschaftlichen Unterdrückung des einzelnen entstehen, konkret immer nur gegen einen anderen einzelnen zu richten gestattet; dadurch wird verhindert, daß die Kräfte gegen eine Gesellschaft konzentriert werden können, die alle Humanität destruiert. Die Zwänge, die man sich selbst antun muß, schlagen zurück auf den anderen, auf den man sich bezieht, wenn die Institution verhindert, daß man gemeinsam gegen diese Zwänge rebelliert. Damit ist die Institution der Ehe ein wichtiges Moment in der Perpetuierung von Grausamkeit und Gewalt im großen Maßstab.« (Karin Schrader-Klebert, a.a.O., S. 260.)

80 Daher auch der Haß – nicht einfach gegen die Überreste des Freudschen Biologismus und seiner Reduktionen der Weiblichkeit, sondern vor allem gegen die symbolischen Vermittlungen, die nicht funktionalen Sinnzusammenhänge, die die psychoanalytische Theorie zur Sprache bringt. Daß seit der ersten berechtigten Kritik der Feministinnen an Freud eben dieser revolutionäre Aspekt der Freudschen Theorie nicht wiedergewonnen worden ist, hängt mit dem technokratischen Ele-ment des Feminismus selbst zusammen. Vgl. hierzu Kapitel III.1.

81 Vgl. zum Beispiel auch Wolfgang Fritz Haug, *Kritik der Warenästhetik,* insbes. Dritter Teil, Kapitel 4: »Modellierung der Käuferwelt; Kleidung als Verpackung; Sprache der Liebe; Kosmetik; Auslöschung und Umfunktionierung des Körperge-ruchs.«

82 Ingrid Langer El-Sayed, *Frau und Illustrierte im Kapitalismus,* S. 141.

83 Germaine Greer, *Der weibliche Eunuch,* S. 53.

84 »Die Stereotype rekrutiert eine Armee von Dienerinnen. Man stattet sie aus mit Kosmetika, Unterwäsche, Korsetts, Strümpfen, Perücken, falschen Locken und

Frisuren wie mit ihrer Oberbekleidung, ihren Juwelen und Pelzen. Das Ziel ist es, sie Schicht um Schicht aufzubauen, und dieses Ziel ist teuer. Der Glanz ist Paßform, Linie und Schnitt gewichen. Der Geist des Wettbewerbs muß wachgehalten werden, wo mehr und mehr Frauen sich an die oberste Schublade herankämpfen, so daß die Modeindustrie sich auf einen expandierenden Markt stützen kann. Ärmere Frauen imitieren, äffen nach, kapieren die Mode eine Saison zu spät, benutzen krude Effekte, setzen anstelle der Linie, des Glanzes und die schönen Scheins einen schreienden Abklatsch des Superartikels.« (Germaine Greer, a.a.O., S. 53) Vgl. auch Claude Javeau, *La sociologie de la femme et la femme de la sociologie*, S. 635.

85 Theodor W. Adorno, *Prismen*, S. 80.

86 So heißt es in einem charakteristischen Protokoll einer Diskussion mehrerer Frauen über ihre Erfahrungen im Zusammenhang der ›Linken‹: »Wir müssen wissen und durchschauen, in welchen Beziehungen wir am wenigsten zerstört werden und am wenigsten von unserer mühsam zusammengeklaubten Identität verlieren. Die große Liebe, die vom Himmel fällt, man weiß nicht wie und woher, plötzlich wacht man auf und stellt fest, man hat sich in einen unterdrückerischen Mann verliebt – das müssen wir abbauen. ›Die große Leidenschaft‹, solange die immer auf unsere Kosten geht, können wir sie leider nicht in unseren Herzen toben lassen. Vielleicht in einer neuen Gesellschaft.« (*Kursbuch* 35, S. 86.)

Anmerkungen zu Teil II, Widersprüche und Ambivalenzen im weiblichen Lebenszusammenhang

1 Kapitel II.1.
2 Kapitel II.2.
3 Kapitel II.3.
4 Helge Pross, *Gleichberechtigung im Beruf?* S. 168.
5 ›Brigitte‹, *Frauen-Typologie*, S. 29 ff.
6 Helge Pross, *Gleichberechtigung im Beruf?* S. 105 ff. Hierbei handelt es sich um eine repräsentative Untersuchung über Arbeits- und Familienverhältnisse der abhängig erwerbstätigen Frauen in den Privatsektoren der nationalen Wirtschaften innerhalb der EWG. Insgesamt wurden während des ersten Halbjahres 1971 fast 7000 Arbeitnehmerinnen und Angestellte interviewt (ausgeschlossen blieben Beschäftigte im öffentlichen Dienst, soweit in Behörden oder der Justiz tätig).
7 Helge Pross, *Gleichberechtigung im Beruf?* S. 114. Die Ergebnisse für die Bundesrepublik haben hier exemplarischen Charakter. Die ausgeprägte Familienorientierung der Arbeitnehmerinnen ist ein international verbreitetes Phänomen. Vgl. hierzu auch: Viola Klein, *Britain's Married Workers*, S. 14 ff.; für die Schweiz und Frankreich: M. I. Cornaz, *Travail professionel de la mère et vie familiale*, S. 41 ff.; für die USA: Rhona und Robert Rapoport, *The Dual Career Family*, S. 18 ff.; F. Ivan Nye and Lois W. Hoffman, *The Employed Mother in America*. Zur Entwicklung in den Ländern des Ostblocks vgl. die Darstellung in A. G. Chartew, S. I. Golog, *Berufstätige Frau und Familie*, insbes. S. 49 ff.
8 Zur Problematik der Familienstruktur vgl. Kapitel II.1.2.
9 Walter Jaide, *Junge Arbeiterinnen*, S. 45. Vgl. auch Josef Dehler, *Jungarbeiterinnen*, S. 62 ff., 88 ff.
10 ›Brigitte‹ (Hrsg.), *Hausfrauen heute*. Es handelt sich um eine repräsentative Untersuchung über verheiratete Hausfrauen in der BRD, die 1973 unter der Leitung von Helge Pross durchgeführt wurde. Vgl. auch Helge Pross, *Die Wirklichkeit der*

Hausfrau.

11 ›Brigitte‹ (Hrsg.), *Hausfrauen heute,* S. 151 f.

12 ›Brigitte‹ (Hrsg.), *Hausfrauen heute,* S. 141.

13 Ebd., S. 16.

14 Ebd., S. 143.

15 Paula H. Hass, *Maternal Role Incompatibility and Fertility in Urban Latin America,* S. 113.

16 Vgl. Inge Broverman et al., *Sex-Role Stereotypes: A Current Appraisal,* S. 72.

17 Eine empirische Untersuchung wird bei Inge Broverman et al., a.a.O., S. 73, beschrieben. Vgl. auch Viola Klein, *Britain's Married Workers,* S. 52 ff.

18 ›Brigitte‹ (Hrsg.), *Hausfrauen heute,* S. 42 f.

19 Ebd., S. 38.

20 Ebd., S. 39. »Aus der Tatsache, daß die nicht-erwerbstätigen Ehefrauen bis auf wenige Ausnahmen Mütter sind, läßt sich freilich nicht folgern, einer Erwerbstätigkeit gingen nur kinderlose Frauen nach. Wie bekannt, führt die Mutterschaft keineswegs in jedem Fall zum Ausscheiden aus dem Erwerb, legt die Familiengründung eine Frau nicht unabhängig von anderen Faktoren ganz auf die häusliche Rolle fest: Unter den 1971 untersuchten Arbeitnehmerinnen befanden sich fast 50 Prozent Mütter. Unbeschadet dieser Verwandtschaft überwiegen jedoch die Differenzen zwischen den beiden Großgruppen. Eine wurde schon genannt: 5 Prozent der nicht-erwerbstätigen Ehefrauen, aber 50 Prozent der Arbeitnehmerinnen sind kinderlos.«

21 Ebd., S. 39.

22 Ebd., S. 40.

23 Ebd., S. 45.

24 Ebd., S. 111. Viele Paare beschäftigen sich auch mit anderen Themen; vor allem die jungen unterhalten sich über Fragen ihrer Beziehungen zueinander und zu Dritten, gemeinsame Zukunftspläne, aber auch über berufliche Probleme des Mannes. An fünfter Stelle der Häufigkeit wird das Geld genannt (ebenda). Abgesehen von der Existenzbewältigung steht im Vordergrund der Themen, über die man sich unterhält, wenn auch nicht mit starker Häufigkeit, die Politik (34% gelegentlich, 28% häufig). Ebenso beliebt sind Unterhaltungen über Bücher, Filme, Musik und »vergangene Zeiten«. Im Hintergrund bleiben dagegen Gespräche über Religion, über den Haushalt und über besondere Zukunftspläne der Frau. Fast gar nicht unterhält man sich angeblich über Geschehnisse in der Nachbarschaft und der sonstigen näheren Umgebung. (Ebd., S. 112.)

25 Vgl. D. V. Tiedemann, *Career Development of Women: Some propositions.*

26 ›Brigitte‹ (Hrsg.), *Hausfrauen heute,* S. 143.

27 Ebd., S. 47.

28 S. Gruenberg und H. Krech, *The many lives of the modern woman;* Ravenna Helson, *The Changing Image of the Career Woman,* S. 37.

29 Vgl. Ravenna Helson, a.a.O., S. 37 (weitere Literatur dort).

30 Vgl. Kapitel II.3.1.

31 Vgl. hierzu auch: Institut für angewandte Sozialwissenschaft, *Meinungen zur beruflichen Tätigkeit von Frauen in Bremen;* Institut für angewandte Sozialwissenschaft, *Spezielle Probleme der Frauenerwerbstätigkeit in Nordrhein-Westfalen. Berufsrückkehr und Motivation.*

32 ›Brigitte‹ (Hrsg.), *Hausfrauen heute,* S. 150.

33 Ebd.

34 Ein weiterer Indikator für das Überwiegen der familialen Orientierung ist die

(im gesamten Bereich der EWG 1971 übereinstimmend festgestellte) Tatsache, daß ein großer Teil der Frauen sich einen Arbeitsplatz im engeren Umkreis der Wohnung wählt. Das gilt besonders für Mütter mit Kindern im eigenen Haushalt: Die Erwerbsarbeit bleibt »Nebenberuf«, auch bei vollem Wochenpensum. Die geringere Konzentration der Frauen auf die berufliche Karriere kommt auch darin zum Ausdruck, daß jene seltener zusätzliche Leistungen erbringen wie Überstunden, Schichtarbeit, Nachtarbeit. (Helge Pross, *Gleichberechtigung im Beruf?* S. 53 f.) Diese Einstellung der Frauen zeigt sich übereinstimmend in allen Industrienationen. Vgl. hierzu die Darstellung der Auffassung sowjetischer Frauen bei A. G. Chartschew, S. I. Golod, *Berufstätige Frau und Familie,* S. 59; für die USA: Edwin C. Lewis, *Developing Women's Potential,* S. 128 ff.

35 Helge Pross, *Gleichberechtigung im Beruf?* S. 20.

36 »Und die berufstätigen Frauen wissen auch, daß ihre Aufstiegschancen schlecht sind, schlechter als die der Männer. Von den Kölner Frauen [repräsentative Frauenbefragung in Köln im Nov. 1963, U. P.] meinte jede zweite, die Männer würden bevorzugt befördert, jede sechste, es käme darauf an. Nur drei von zehn behaupteten, die Chancen seien für Frauen wie Männer gleich. Es ist erstaunlich, daß in diesem Punkt die Ansichten der Angestellten und kleinen Beamtinnen auf der einen und die der Arbeiterinnen und mithelfenden Familienangehörigen auf der anderen Seite nicht auseinandergehen: hinter der Schreibmaschine ergeben sich keine anderen Perspektiven wie hinter der Steppmaschine. Doch noch härter ist das Urteil der Frauen in gehobenen Berufen. Nur noch jede sechste von ihnen meint, Frauen hätten die gleichen Chancen wie Männer. Aufgrund der eigenen täglichen Erfahrungen beurteilen sie ihre Lage nicht optimistischer als sie ist: sie fallen keiner Illusion anheim, ihnen stünde eine besondere Berufskarriere bevor. Die Frauen, die nie in ihrem Leben einem Beruf nachgegangen sind, äußerten sich gemäßigt; sie kennen die Schwierigkeiten nur vom Erzählen. Darum nimmt mehr als ein Drittel von ihnen an, es komme halt darauf an. Und damit verkehren sie das grundsätzliche Problem in ein individuelles, nach dem Motto: Wer will, der kann auch. Doch für diejenigen, die die Berufssphäre kennen, bleibt das fraglich.« (Infas-Report, *Frau und Öffentlichkeit,* S. 31 f.)

37 *Wirtschaft und Statistik,* 11 (1971), S. 679 ff. Bundesministerium für Arbeit und Sozialordnung (Hrsg.), *Frauenenquete,* S. 58; Infas-Report, *Frau und Öffentlichkeit,* S. 29 ff.

38 Helge Pross, *Gleichberechtigung im Beruf?* S. 22.

39 Susan R. Orden und Norman M. Bradburn, *Working Wives and Marriage Happiness,* S. 397.

40 Helge Pross, *Gleichberechtigung im Beruf?* S. 60; vgl. dort die Daten auf S. 58 f.

41 Rhona Rapoport und Robert N. Rapoport, *Early and later experiences as determinants of adult behavior: married women's family and career patterns.*

42 »Ein hoher Grad an Familienspannung zeigt, daß eine relativ hohe Anzahl möglicher Beziehungen des Befragten gespannt sind. Familienspannung steht in, wenn auch nicht sehr enger, Beziehung zum Vorhandensein einer kontinuierlichen Arbeit bei hochqualifizierten verheirateten Frauen mit Kindern; 34% dieser Frauen mit ›gespannten‹ Familienkonstellationen sind kontinuierlich berufstätig, im Vergleich zu 29% jener Frauen aus Familien, in denen – nach eigenen Aussagen – eine ›warme‹ Atmosphäre besteht. Unter den Nicht-Berufstätigen finden sich jedoch zu gleichem Prozentsatz (28%) Personen mit ›gespannter‹ und ›warmer‹ Familienatmosphäre.« (Rhona Rapoport und Robert N. Rapoport, a.a.O., S. 22.)

43 Ebd.

44 Rhona Rapoport und Robert N. Rapoport, a.a.O., S. 26. Vgl. dazu auch: M. I. Cornaz. *Travail professionel de la mère et vie familiale*, S. 68 ff.

45 Vgl. Sandra Schwartz-Tangri, *Determinants of Occupational Role Innovation Among College Women*, S. 180; dort auch Hinweise auf die entsprechenden empirischen Untersuchungen.

46 Janice Porter Gump, *Sex-Role Attitudes and Psychological Well-Being*, S. 90.

47 Sandra Schwartz-Tangri, a.a.O., S. 178.

48 Vgl. hierzu auch Ethel J. Alpenfels, *Women in the Professional World* und Jessie Bernard, *The Status of Woman in Modern Patterns of Culture*.

49 Helge Pross, *Gleichberechtigung im Beruf?* S. 65.

50 Die Frage wurde ohne Vorgaben gestellt. Die Befragten waren völlig frei, Wünschen oder Träumen Ausdruck zu geben.

51 Helge Pross, a.a.O., S. 119.

52 Vgl. René König, *Zwei Grundbegriffe der Familiensoziologie*.

53 1947 stellten Ogburn und Nimkoff aufgrund einer Expertenbefragung eine Liste der wesentlichen Veränderungen der amerikanischen Familie zusammen. Vgl. W. F. Ogburn und M. F. Nimkoff, *Technology and the Changing Family*. Vgl. auch Colin Rosser, Christopher Harris, *The Family and Social Change*, S. 171 ff.

54 Für die USA vgl. die folgenden Studien, die die Ergebnisse der Schweizer Studie größtenteils bestätigen: Robert O. Blood, Jr., Donald M. Wolfe, *Husbands and Wifes*, S. 44 f.; James T. Turk und Norman W. Bell, *Measuring Power in Families;* David H. Olson und Carolyn Rabunsky, *Validity of Four Measures of Family Power;* Jetse Sprey, *Family Power Structure: A Critical Comment;* Stephen J. Bahr, *Comment on »The Study of Family Power Structure: A Review 1960-1969«;* Constantina Safilios-Rothschild, *Answer to Stephen J. Bahr's »Comment on ›The Study of Family Power Structure: A Review 1960-1969‹«.*

55 Thomas Held, René Levy, *Die Stellung der Frau in Familie und Gesellschaft*, S. 330 f. Vgl. auch die Typologie von Elizabeth Bott, *Family and Social Network*, insbes. S. 52 ff. Vgl. außerdem Anne-Marie Rocheblave-Spenlé, *Les rôles masculins et féminins*, S. 178 ff.

56 Daten vgl. Thomas Held, René Levy, a.a.O., S. 344.

57 Thomas Held, René Levy, a.a.O., S. 247.

58 Vgl. die Studie *Ehen in Deutschland* (im Auftrag der Illustrierten *Stern* 1970), die von Helge Pross durchgeführt wurde. Eine nicht-quantitative Auswertung der Ergebnisse gibt Eva Windmöller, *Ehen in Deutschland*. Vgl. auch *Stern* Nr. 26 – Nr. 33, 1970. Lediglich eine Untersuchung über Haushaltsrepräsentanten und über Typen von Haushaltsrepräsentanten zum Thema Umgang mit Geld, Einkaufsverhalten, Freizeitverhalten etc. liegt vor, die jedoch über Familienstrukturen nichts aussagt: ›Stern‹, *Unternehmen Haushalt*.

59 Vgl. Gerhard Wurzbacher, *Leitbilder gegenwärtigen deutschen Familienlebens;* Helmut Schelsky, *Wandlungen der deutschen Familie in der Gegenwart;* Friedhelm Neidhardt, *Die Familie in Deutschland;* Eugen Lupri, *Industrialisierung und Strukturwandlungen in der Familie*.

60 Es ist im Rahmen dieser Arbeit nicht möglich, ausführlich auf diesen Aspekt einzugehen. Exaktes Material hierzu in Thomas Held, René Levy, a.a.O., S. 339 ff. Zum Problem der »Modernisierung« vgl. C. E. Black, *The Dynamics of Modernization;* Wolfgang Zapf (Hrsg.), *Theorien des sozialen Wandels;* Gerhardt Brandt, *Industrialisierung, Modernisierung, gesellschaftliche Entwicklung*.

61 Thomas Held, René Levy, a.a.O., S. 339 ff.

62 Vgl. Jessie Bernard, *The Adjustment of married Mates;* Mirra Komarovsky, *Blue Collar Marriage;* Lee Rainwater, *And the Poor Get Children;* Alan C. Kerckhoff, *Status-Related Value-Patterns Among Married Couples;* Elizabeth Bott, *Family and Social Network,* S. 56 ff., 111 ff.

63 Jessie Bernard, a.a.O., S. 687.

64 Ebd., S. 688.

65 Vgl. Elizabeth Bott, a.a.O., S. 56, 60, 63 ff.

66 Thomas Held, René Levy, a.a.O., S. 213 ff.

67 Lee Rainwater, Richard Coleman, Gerald Handel, *Workingman's Wife,* S. 80 f.

68 Lee Rainwater et al., a.a.O., S. 81.

69 Lee Rainwater et al., a.a.O., S. 85. Vgl. dazu auch die übereinstimmenden Ergebnisse bei Paul-Henry Chombart de Lauwe, Marie-José Huguet et al., *La femme dans la société,* S. 61 ff.

70 ›Brigitte‹ (Hrsg.), *Hausfrauen heute,* S. 84 f.

71 Vgl. Teil I.

72 Die meisten psychologischen Untersuchungen zur »Persönlichkeit der Frau« beschränken sich darauf, jene in bestimmte Geschlechtsrollen-Merkmale aufzustük-keln (z. B. Reaktion der Angst; Aggression und Dominanz; Introversion-Extraversion; Selbstvertrauen; Maskulinität-Feminität etc.) und hiernach Mann und Frau nach Häufigkeit des Vorkommens der Merkmale zu vergleichen, ohne eine stringente Theorie der Zwänge und Potentiale des weiblichen Sozialcharakters zu entwik-keln. Vgl. als Beispiel für dieses Vorgehen: Edwin C. Lewis, *Developing Women's Potential.* Andere Untersuchungen suchen die entsprechend isoliert rezipierten Merkmale (z. B. Abhängigkeit, Passivität, Aggression, Identifikation, Selbstwertgefühl, Ichstärke, Leistungsmotivation) in biologistischer Reduktion aus physischen Funktionen des weiblichen Körpers zu erklären. Vgl. als Beispiel: Judith M. Bardwick, *Psychology of Women.*

73 Vgl. Kapitel I.2.1.

74 Claude Javeau, *La sociologie de la femme et la femme de la sociologie,* S. 630.

75 Henri Lefebvre, *Das Alltagsleben in der modernen Welt,* S. 48 f. Um einem auf den Prozeß der materiellen Gütererzeugung verengten Produktionsbegriff zu entgehen, unterscheidet Lefebvre drei Ebenen der Praxis: »die Ebene der Wiederholung, die der Erneuerung und zwischen diesen beiden die mimetische Ebene. In der wiederholenden Praxis werden dieselbe Gesten, dieselben Handlungen in bestimmten Intervallen immer wieder ausgeführt. Die Praxis auf der mimetischen Ebene folgt Modellen; hin und wieder ist sie schöpferisch, indem sie imitiert –, also ohne zu wissen wie und warum –, doch häufiger imitiert sie ohne schöpferisch zu sein. Auf der Ebene der Erfindung und Schöpfung erreicht die Praxis ihre höchste Stufe in der revolutionären Tätigkeit. Diese Tätigkeit kann sowohl im Bereich des Wissens und der Kultur (Ideologie) als auch im politischen Sektor ausgeübt werden.« (Henri Lefebvre, *Soziologie nach Marx,* S. 46.)

76 Hans-Jürgen Krahl, *Konstitution und Klassenkampf,* S. 392.

77 Die materiellen Produktivkräfte bilden zusammen mit den Produktionsverhältnissen das reale Ganze der materiellen Produktion. Produktivkraft ist die Arbeitskraft der Menschen, die Kraft, unter Benutzung materieller Produktionsmittel und in einer dadurch bedingten Art des Zusammenwirkens die Mittel zur Befriedigung gesellschaftlicher Lebensbedürfnisse herzustellen. Zu den materiellen Produktivkräften gehören Natur, Technik, Wissenschaft, vor allem auch die gesellschaftliche Organisation selbst sowie die durch Kooperation und gesellschaftliche Arbeitsteilung geschaffenen von Anfang an gesellschaftlichen Kräfte. Vgl. Karl

Marx, Friedrich Engels, *Die deutsche Ideologie, MEW* Bd. 3, S. 29 f.; Karl Korsch, *Karl Marx*, S. 167-181; vgl. auch Karl Marx, *Grundrisse der Kritik der Politischen Ökonomie*, S. 599.

78 Talcott Parsons, *The Social System*, S. 49.

79 Oskar Negt, Alexander Kluge, *Öffentlichkeit und Erfahrung*, S. 50.

80 Vgl. Alfred Lorenzer, *Zur Begründung einer materialistischen Sozialisationstheorie*, S. 128 ff.; vgl. zur Gefährdung der Kommunikation zwischen Mutter und Kind: René Spitz, *Der Dialog entgleist*.

81 D. W. Winnicott, *Kind, Familie, Umwelt*.

82 D. W. Winnicott, *Kind, Familie, Umwelt*, S. 19.

83 Vgl. hierzu Kapitel III.1.

84 Vgl. D. W. Winnicott, a.a.O., S. 35, S. 41.

85 Auf der anderen Seite verfängt sich die Fähigkeit zu bedürfnisorientierter Kommunikation leicht in der Zeichenproduktion der Warenangebote und der gesellschaftlichen Rollen. In die institutionalisierte weibliche *Rolle* (in der die im weiblichen Lebenszusammenhang bestehenden Produktionsverhältnisse überwiegen) geht die Fähigkeit bedürfnisorientierter Produktion eben nur rudimentär ein. Weiblichkeit als institutionalisierte Rolle ist eher durch die Unentwickeltheit der Bedürfnisorientierung und durch bestimmte Formen der Reaktionsbildung gegenüber den Bereichen Leistung und Konkurrenz, vor allem aber gegenüber dem Bereich des Konsums charakterisiert. Vgl. hierzu die Kapitel II.2.3., II.3., III.4.

86 V. J. Crandall, *Achievement*; V. C. Crandall, *Achievement behavior in young children*; J. Garai und A. Scheinfeld, *Sex differences in mental and behavioral traits*. Eine Zusammenfassung gibt Lois Wladis Hoffman, *Early Childhood Experiences and Women's Achievement Motives*, S. 135 ff.

87 Lois Wladis Hoffman, a.a.O., S. 130.

88 Vgl. Ralph H. Turner, *Some Aspects of Women's Ambition*, S. 273.

89 Vgl. Ralph H. Turner, a.a.O., S. 271 ff.

90 Ralph H. Turner, a.a.O., S. 272.

91 »Unabhängig von den Schichtunterschieden sind die Interessen der Frauen, wenn sie Sport treiben, generell eher gruppenbezogen. 53% der sportinteressierten Frauen in der BRD lehnen Sportbetrieb mit Wettkämpfen ab. Nur 20% der in Vereinen organisierten Frauen wollen wissen ›wie ich leistungsmäßig dastehe‹. Die organisierte weibliche Sportaktivität konzentriert sich auf die nicht konkurrenz- und leistungsbezogenen Sportarten wie Gymnastik, Turnen, Schwimmen bzw. auf ›Erlebnissportarten‹ wie Wintersport, Reiten etc.« (Ulrike Prokop, *Sport und Emanzipation am Beispiel des Frauensports*, S. 215; zur Problematik des Leistungssports generell vgl. Ulrike Prokop, *Soziologie der Olympischen Spiele*.)

92 Ralph H. Turner, a.a.O., S. 284 f.

93 Der Begriff des »Imaginären« wurde von Sartre entwickelt und bezeichnet »eine abwesende Realität, die sich eben gerade in ihrer Abwesenheit in dem kundtut, was ich ein Analogon genannt habe, das heißt in einem Objekt, das als Analogieträger dient und von einer Intention durchdrungen wird.« (Jean-Paul Sartre, *Das Imaginäre*, S. 25.) Lefebvre spricht vom »gesellschaftlichen Imaginären« und setzt die Projektion von Wünschen auf Objekte, die dem den Wunsch hervorbringenden Zusammenhang äußerlich sind, in Beziehung zu der Beschränkung realer Handlungsmöglichkeiten. Er verwendet die Kategorien Zwang versus Aneigung: »je mehr Zwänge (und organisierte, kodifizierte Zwänge) es gibt, desto weniger Aneignung gibt es. Das ist kein Verhältnis logischer Umkehrung, sondern das eines dialektischen Konflikts. Die Aneignung erfaßt die Zwänge, verändert sie, verwandelt sie in

Werke«. Aneignung ist die aktive Tätigkeit kooperierender Subjekte. Die Konflikte und Probleme der Alltäglichkeit verweisen, auf der Basis gegebener beschränkter Ressourcen, auf fiktive, projektive Lösungen, wenn reale Lösungen unmöglich sind oder unmöglich erscheinen. »So überschreiten die Probleme und die Suche nach einer Lösung die Schwelle der Imaginären.« (Henri Lefebvre, *Das Alltagsleben in der modernen Welt*, S. 126.)

94 Vgl. P. H. Taylor, *Role and Role-Conflict in a Group of Middle-Class Wives and Mothers*, insbes. S. 325 f.

95 Zum politischen Konservatismus: Seymour M. Lipset, *Political Man*, Kap. 5; zu den Glaubens- und Wertvorstellungen: D. Krech, R. S. Crutchfield, *Individual in Society*, Kap. 14. Ein weiterer Aspekt dieses »weiblichen Konformismus« ist das rein quantitativ geringere Ausmaß von abweichendem Verhalten (Kriminalität) im Vergleich zu Männern. (Vgl. Frances Heidensohn, *The Deviance of Women: a Critique and an Enquiry*.)

96 Vgl. E. E. Maccoby, *Sex-differences in intellectual functioning*, S. 26 f.

97 Vgl. Judith M. Bardwick, *Psychology of Women*, S. 114 ff.

98 Janice Porter Gump, *Sex-Role Attitudes and Psychological Well-Being*, S. 88.

99 Janice Porter Gump, a.a.O., S. 89.

100 Janice Porter Gump, a.a.O., S. 89.

101 Vgl. Anne-Marie Rocheblave-Spenlé, *Les rôles masculins et féminins*, S. 52.

102 Zum Begriff vgl. Karl Korsch, a.a.O., S. 177 ff.

103 ›Brigitte‹ (Hrsg.), *Hausfrauen heute*, S. 10. Es ist relevant, daß diese Altersverteilung von der der *berufstätigen* Frauen beträchtlich abweicht: 40% der berufstätigen Frauen sind unter 30 Jahre alt, 60% sind 30 Jahre alt und darüber. Arbeitnehmerinnen überwiegen vor allem im Kreis derer, die noch nicht 25 Jahre alt sind.

104 Ebd., S. 64.

105 Ebd., S. 46.

106 Sämtliche folgenden Angaben ebd.

107 Ebd., S. 65 f.

108 ›Brigitte‹ (Hrsg.), *Hausfrauen heute*, S. 157.

109 Ebd., S. 94.

110 Vgl. Walter Jaide, *Junge Arbeiterinnen*, Teil 2, S. 103 ff. Vgl. auch das folgende Kapitel II.3.

111 Henri Lefebvre, *Das Alltagsleben in der modernen Welt*, S. 31.

112 Ebd., S. 40.

113 Zum Begriff der Ambivalenz vgl. J. Laplanche, J.-B. Pontalis, *Das Vokabular der Psychoanalyse*, Bd. 1, Artikel *Ambivalenz*. Im Rahmen soziologischer Untersuchungen wurde die Tatsache, daß alle grundlegenden Einstellungen ambivalent bleiben, von Ferdynand Zweig in seiner Studie *The Worker in an Affluent Society* betont. Die Einstellungen gegenüber der Arbeit, die Einstellungen der Männer gegenüber der Berufstätigkeit ihrer Frauen, die Einstellungen gegenüber Management und Gewerkschaft, auch die Einstellungen gegenüber der Sicherheit des Arbeitsplatzes, der Religion und der Familie, die Zweig untersuchte, waren stets positiv und negativ zugleich. Zu Recht plädiert Zweig für das Bewußtmachen dieser Ambivalenz. Vgl. Ferdynand Zweig, *The Worker in an Affluent Society*, Kapitel 39: *Ambivalence*, S. 202 ff. Vgl. auch René König, *Kleider und Leute. Zur Soziologie der Mode*, S. 10 f.

114 Vgl. Kapitel II.3.1.

115 Vgl. Kapitel II.3.2.

116 Vgl. Kapitel III.1.

117 Henri Lefebvre, *Das Alltagsleben in der modernen Welt*, S. 131.

118 Die Studie von Thomas Held und René Levy über die schweizer Frauen faßt dies zusammen: »Zwar war von vornherein zu erwarten, daß auch im familiären Rahmen Diskriminationsverhältnisse anzutreffen sein würden, aber es erstaunt doch zu sehen, daß sich familiäre Probleme in einzelnen Gruppen der schweizerischen Gesellschaft so stark häufen und daß Frauenprotest oder Diskriminationsbewußtsein mehr mit diesen familiären Spannungen als mit gesamtgesellschaftlichen (und nur zum Teil selbst erfahrenen) Diskriminationsverhältnissen zusammenzuhängen scheint. – Im Gegensatz zum Beruf ist der familiäre Bereich für beinahe alle Frauen relevant, denn die Ehe und Gründung einer Familie erscheint angesichts der sinkenden Ledigenquote immer mehr als Weg ohne Alternative. Das gesellschaftliche Schicksal der Frau ist deshalb vor allem an die Rollen gebunden, die sie als Mutter, Ehegattin und Hausfrau in der Familie ausübt. Mit einer sehr großen Wahrscheinlichkeit übernehmen Frauen diese Rollen, die zu einem familiären Rollensystem gehören, das durch Rollentrennung und Machtgefälle zwischen Mann und Frau gekennzeichnet ist. Das normative Feld dieser Rollen scheint recht invariant zu sein und die Frau sehr stark in Anspruch zu nehmen. Wenn die verheiratete Frau ihre soziale Partizipation in anderen Bereichen erhöhen will oder muß, dann geschieht dies kaum auf Kosten der Ausübung ihrer familiären Rollen und hat deshalb Überbelastung zur Folge.« (Thomas Held, René Levy, a.a.O., S. 329.)

119 ›Brigitte‹ (Hrsg.), *Hausfrauen heute*, S. 99.

120 Ebd., S. 110.

121 Ebd., S. 161.

122 Horst-E. Richter, *Konflikte und Krankheiten der Frau*, S. 294.

123 Alva Myrdal, Viola Klein, *Die Doppelrolle der Frau in Familie und Beruf*, S. 28. Im Infas-Report werden hierzu Ergebnisse einer für Köln repräsentativen Frauenstudie vom November 1963 referiert: »Die Einstellung der Berufstätigen zu ihrem Beruf ist ambivalent. Gefragt, ob sie, wenn sie es sich erlauben könnten, ihren Beruf gern aufgäben oder lieber berufstätig bleiben wollten, sprach sich mehr als die Hälfte gegen den Beruf aus. Die Unzufriedenheiten der Nichtberufstätigen sind etwas weniger prägnant, aber nicht weniger bemerkenswert. Zwei Fünftel der Hausfrauen wären lieber berufstätig, wenn sie sich von ihren häuslichen Pflichten frei machen könnten. Nimmt man die Wünsche der Berufstätigen und die der Hausfrauen zusammen, so ergibt sich, daß mehr als die Hälfte (55%) am liebsten zu Hause sein möchte und zwei Fünftel am liebsten im Beruf. Letztlich geht also vom Haus immer noch die größere Anziehungskraft aus.« (Infas-Report, *Frau und Öffentlichkeit*, S. 32 f.) Allerdings spielen hierbei Alter und Schulbildung eine wichtige Rolle. – Das Dilemma ist jedenfalls nicht dadurch aus der Welt zu schaffen, daß man – je nachdem, für welchen Bereich man Partei nimmt – die Identität betont, die, je nachdem, in Haushalt oder Beruf zu gewinnen sei. Es wäre konservativ, wollte man das Eingeschlossensein der Frau in den Bereichen Haushalt und Familie mit empirischen Ergebnissen darüber rechtfertigen, wie die Hausfrauen hierin ihre »Identität« gewinnen. Ebenso konservativ ist es, aus empirischen Untersuchungen über die Berufstätigkeit der Frau – in diesem Fall bei 10 französischen Unternehmen – lediglich zu folgern, daß die Berufstätigkeit eine Quelle psychischen Gleichgewichts bildet, daß also die Arbeit, »wenn sie auch manchmal Folge von Schwierigkeiten ist, die sich in der Familie ergeben, doch häufiger eine Quelle des Gleichgewichts ist, denn sie gestattet es, Schwierigkeiten in dem Maß zu lösen, wie sie mit

einer hinreichenden Bedeutung versehen ist«. (M.-C. Levitte, *Famille-travaille -Y a-t-il une opposition?* Zit. bei Betty Frantzen, *Influence du travail professionnel de la femme sur la famille*, S. 254.)

124 Allerdings fiel es den Sozialforschern auf, daß beispielsweise Arbeiterfrauen, wenn über ihre Präferenzen zu Wohnungseinrichtungen befragt, bei aller verbalen Vernünftigkeit doch in »verdächtigem« Ausmaß Plüsch, Quasten und Fransen, heimliche Üppigkeit und Wildheit im Dekor über alles schätzten.

125 Wir betrachten im folgenden nur einige Aspekte dieser kulturellen Muster, die sich auf die Unzufriedenheit und das Unbehagen der Frauen sowie auf deren Imagination beziehen. Die Infas-Studie über Frau und Öffentlichkeit weist darauf hin, daß die alltäglichen Ereignisse im weiblichen Lebenszusammenhang vor allem von religiösen kulturellen Mustern gedeutet wurden und immer noch gedeutet werden: »Im Hause waren es weiterhin religiöse Normen, die Verhalten und Weltsicht beeinflußten, nicht politische Einstellungen. Wie der neue Sektor industriell orientierter Arbeit blieb darum auch Politik Männersache. Im Haus hatte sie nichts verloren, Frauen hatten mit ihr nichts zu schaffen. Politisch relevante Phänomene: anonyme Herrschaft, anonyme Ausbeutung, abhängige, in unzählige Einzelvorgänge zerlegte und auf unzählige einzelne Arbeiter verteilte Arbeit, das kannten sie nicht. Das vergleichsweise enge Verhältnis von Frauen zu ihrem religiösen Glauben rührt noch heute daher, daß die Erscheinungen der häuslichen Sphäre: der tägliche Hunger, die tägliche Müdigkeit, der tägliche Dreck, Ehen, Geburten, Krankheiten, Gebrechen, Todesfälle, nicht von Politik und Arbeitswelt, sondern nur von der Kirche her eine sinnhafte Deutung erfahren. Politik und Religion haben für die meisten Frauen eine ganz ungleiche Bedeutung.« (Infas-Report, *Frau und Öffentlichkeit*, S. 39.) Zur Art und Weise, wie die kulturellen Muster, die die Religion anbietet, die Alltagsprobleme und die daran sich knüpfende Imagination aufgreifen und funktionalisieren vgl. Henri Lefebvre, *Kritik des Alltagslebens*, Bd. 1, S. 203 ff.

126 Zum Problem der alleinlebenden Frau vgl. Regina Bohne, *Das Geschick zweier Millionen. Die alleinlebende Frau in unserer Gesellschaft.*

127 ›Brigitte‹ (Hrsg.), *Hausfrauen heute*, S. 122.

128 ›Brigitte‹ (Hrsg.), *Hausfrauen heute*, S. 120 ff.

129 ›Brigitte‹ (Hrsg.), *Hausfrauen heute*, S. 61.

130 Vgl. Kapitel II. 2.3.

131 ›Brigitte‹ (Hrsg.), *Hausfrauen heute*, S. 89.

132 Ebd., S. 176.

133 Ebd., S. 177. Vgl. auch Inge Bausenwein, Auguste Hoffmann, *Frau und Leibesübungen*, S. 29 ff.

134 Horst-E. Richter, a.a.O., S. 295.

135 Brigitte (Hrsg.), *Hausfrauen heute*, S. 179.

136 Horst-E. Richter, a.a.O., S. 295. In diesem Zusammenhang ist zu beachten, daß die Frauen, obwohl sie ihren Gesundheitszustand und ihr Wohlbefinden insgesamt schlechter einschätzen als die Männer, zugleich faktisch eine höhere Lebenserwartung haben. Richter interpretiert diese statistisch gesicherte Tatsache dahin, daß die Erfordernisse der männlichen Rolle (Selbstbeherrschung, Leistungsfähigkeit, Konkurrenzorientierung) zu Störungen der Selbstwahrnehmung, des Körpergefühls führten: »Der nach dem traditionellen Rollenbild supermännliche Mann voller Kampfgeist, Unbeirrbarkeit und Ungeduld ist offensichtlich genau mit dem Typ der sogenannten koronaren Risikopersönlichkeit identisch, wie sie Rosenmann u. Mitarb., Cady u. Mitarb., Ganelina u. Mitarb. in ihren umfassenden Untersu-

chungen aufgezeigt haben. Somit sprechen jedenfalls sehr gewichtige Anhaltspunkte dafür, daß Männer, auf die Dauer gesehen, im Mittel nicht echt widerstandsfähiger sind gegen psychosoziale Überlastung. Dafür, daß sie selbst unter hohem Streß dank ihrer größeren Verdrängungskunst vorübergehend besser funktionsfähig bleiben, müssen sie offenbar vielfach im nachhinein mit um so gravierenderen psychosomatischen Folgen bezahlen.« (Horst-E. Richter, a.a.O., S. 297.)

137 Vgl. Kapitel II. 2.2.

138 Vgl. Matina S. Horner, *Toward an Understanding of Achievement-Related Conflicts in Women*, S. 158 ff.

139 Der Thematic Apperceptive Test mißt die Phantasieproduktion (soweit nicht vom Interesse der Sozialforscher eingeschränkt) der Versuchspersonen. Die Frauen sollten in dieser Studie die folgende Thematik weiterdenken: »Nach den ersten Prüfungen befindet Anne sich an der Spitze ihrer Medizin-Schulklasse.«

140 Matina S. Horner, a.a.O., S. 162.

141 Vgl. hierzu Matina S. Horner, a.a.O., S. 163 f.

142 Matina S. Horner, a.a.O., S. 171 f.

143 Matina S. Horner, a.a.O., S. 171.

144 Als Indikator für »Frauenprotest«, für »Protesthaltungen« nimmt die schweizer Frauenstudie Statements wie: »[. . .] Tatsache ist jedenfalls, daß die Frauen nach wie vor im öffentlichen Leben und in der Wirtschaft gegenüber den Männern benachteiligt sind . . .« und: »Es genügt nicht, immer wieder von der Benachteiligung der Frau in unserer Gesellschaft zu sprechen. Es wird nur etwas geschehen, wenn sich die Frauen organisieren und selbst etwas unternehmen.« (Thomas Held, René Levy, a.a.O., S. 224 f.) Da derartige Statements – zu denen die Frauen Ablehnung oder Zustimmung äußern sollten, wobei letzteres als »Protesthaltung« definiert wurde – von der Strategie des Abbaus weiblicher Defizite in Beruf und Politik her einseitig sind, erfassen sie das reale Unbehagen der Frauen nur an der Oberfläche. Sie sind aber ausreichend, um ein allgemeines »Problembewußtsein« zu messen. Zur Kritik der Kategorien dieser Studie vgl. auch Emil Walter-Busch, *Frauen im Laufgitter soziologischer Forschung*, in: *Neue Zürcher Zeitung*, 25. 7. 1974.

145 Thomas Held, René Levy, a.a.O., S. 226 ff.

146 Vgl. Helge Pross, *Gleichberechtigung im Beruf?* ›Brigitte‹ (Hrsg.), *Hausfrauen heute*; vgl. auch *Stern* Nr. 26-33, 1970.

147 Thomas Held, René Levy, a.a.O., S. 229.

148 Thomas Held, René Levy, a.a.O., S. 242.

149 Hausfrauen in: Brigitte (Hrsg.), *Hausfrauen heute*, S. 102 f., 118; vgl. auch Barbara Harrell-Bond, *Conjugal Role Behaviour*, S. 82.

150 Brigitte (Hrsg.), *Hausfrauen heute*, S. 101.

151 Ebd., S. 102.

152 Ebd., S. 138 f.

153 Thomas Held, René Levy, a.a.O., S. 230.

154 Thomas Held, René Levy, a.a.O., S. 230 f.

155 A.a.O., S. 232.

156 A.a.O., S. 232 f.

157 Was den Zusammenhang mit »Modernisierung« betrifft, so ist bei den Personen, die in höher entwickelten strukturellen Zusammenhängen leben, weiblicher Protest allgemein häufiger.

158 Thomas Held, René Levy, a.a.O., S. 342.

159 Thomas Held, René Levy, a.a.O., S. 341.

160 A.a.O., S. 341.

161 A.a.O., S. 318 f.

162 A.a.O., S. 342 f.

163 Vgl. Kapitel II. 2.2.

164 Zur Definition von »Imagination« vgl. Kapitel II. 2.2.

165 In Teil I haben wir jene Auffassungen kritisiert, die die Imagination der Frauen, vor allem deren Fixierung auf die Mode, ausschließlich als ideologisch und manipuliert betrachten.

166 Henri Lefebvre.

167 Vgl. Janice Porter Gump, a.a.O., S. 81.

168 A. E. Wessman und D. F. Ricks, *Mood and personality*, S. 84.

169 A.a.O., S. 111.

170 Brigitte, Gruner + Jahr AG & Co (Hrsg.), *Frauen-Typologie. Markt- und Medienverhalten weiblicher Marketing-Zielgruppen.* Die Untersuchung wurde 1972 durchgeführt (Repräsentativerhebung im Juni-Juli 1972.)

171 »›Typologien‹, d. h. Typologie-Programme, fassen eine große Anzahl von Personen zu in sich möglichst homogenen Gruppen zusammen, so daß eine überschaubare Zahl von ›Typen‹ entsteht. Diese Typen bzw. Personen-Cluster sollen in ihren Merkmalen bzw. Merkmals-Syndromen klar abgegrenzt sein, sich also möglichst stark voneinander unterscheiden, während die Personen innerhalb eines Typs größtmögliche Ähnlichkeit aufweisen.« (›Brigitte‹ (Hrsg.), *Frauen-Typologie*, S. 13.) Zum generellen methodischen Problem der Typologiebildung vgl. Rolf Ziegler, *Typologien und Klassifikationen.*

172 ›Brigitte‹ (Hrsg.), *Frauen-Typologie*, S. 31.

173 Ebd., S. 38 ff.

174 Mirra Komarovsky, *Blue Collar Marriage;* David Mc.Kinley, *Social Class and Family Life;* Lee Rainwater, Richard F. Coleman, Gerald Handel, *Workingman's Wife;* Lee Rainwater, *Family Design;* Richard Hoggart, *The Uses of Literacy;* Ferdynand Zweig, *The Worker in an Affluent Society.*

175 Eine solche idealtypische Unterscheidung ist sicher grob; zu unterscheiden wäre, entsprechend den Familienstrukturen, von der traditionellen Arbeiterfrau die Facharbeiterfrau und von der Angestellten- und Beamtenfrau eine, deren Mann in einem freien Beruf tätig ist (innerhalb der Berufsgruppen nochmals die unterschiedliche innerfamiliale Kommunikationsstruktur). Uns geht es aber in dieser Entgegensetzung von »Unterschichtfrau« und »Mittelschichtfrau« ausschließlich darum, die je nach Ressourcen unterschiedliche Art der Imagination, also unterschiedliche Arten und Weisen der Verarbeitung von Angst und Unzufriedenheit im Überblick zu demonstrieren.

176 ›Brigitte‹ (Hrsg.), *Frauen-Typologie*, S. 71.

177 Lee Rainwater et al., a.a.O., S. 36.

178 Ebd. Hinzu kommt, daß viele Männer der Unterschicht am Wochenende Überstunden machen.

179 Lee Rainwater et al., a.a.O., S. 146.

180 D. J. Levinson et al., *Traditional Family Ideology and its Relation to Personality*, S. 255. Elizabeth Bott, *Urban Families: conjugal roles and social networks,* S. 345 ff. William Bezdek, Fred L. Strodtbeck, *Sex-Role Identity and Pragmatic Action*, S. 491 ff.

181 Lee Rainwater et al., a.a.O., S. 69.

182 Vgl. Kapitel II. 3.1.

183 Vgl. Gunter Schmidt, Volkmar Sigusch, *Arbeitersexualität*, S. 114 ff.

184 Wie die Studie von Komarovsky erbrachte, akzeptieren die Frauen trotzdem die Meinung, daß im alltäglichen Leben die Bedürfnisse des Mannes über ihre Wünsche zu stellen sind. Diese Auffassung wird um so entschiedener vertreten, je geringer die Schulbildung ist. Bei den höher ausgebildeten (graduates) Frauen der Mittelschicht wird die Unterwerfung der Frau nicht als eine moralische Pflicht, sondern eher als Ausdruck von Sympathie für die Bedürfnisse des Ehemannes interpretiert.

185 ›Brigitte‹ (Hrsg.), *Frauen-Typologie*, S. 75.

186 Die imaginative Überhöhung von Gegenständen ist ein generelles Phänomen in der Mittelschicht. Vgl. hierzu Vance Packard, *The Status Seekers*. In der folgenden Darstellung konzentrieren wir uns auf die oben genannten Fallstudien.

187 Lee Rainwater et al., a.a.O., S. 47. Den Unterschied interpretieren die Autoren dahingehend, daß die Mittelschichtfrau mehr Distanz zeigt, ihre Interpretation auf ein allgemeines Prinzip bezieht (einsame Kinder kommen oft in Schwierigkeiten), daß sie die Situation weniger düster betrachten und eine vernünftige Maßnahme vorschlagen, wie die Situation zu ändern sei.

188 »Schlag auf Schlag geht es jeden Tag. Immer Arbeit; immer das gleiche. Außer arbeiten tun wir nicht viel. Langweilig ist es, wenn man es mit dem Leben anderer Leute vergleicht, wie es in den Zeitungen steht.

Den ganzen Tag Hausarbeit. Sonst tun wir wirklich nicht viel. Ich würde lieber mehr ›rauskommen‹, wenn ich hier nicht so isoliert wäre. Den ganzen Tag hat mein Mann das Auto, ich bin hier sozusagen angebunden.

Den ganzen Tag murkse ich hier herum. Um 8 Uhr stehe ich auf – ich mache Frühstück, spüle, esse zu Mittag, spüle wieder, und am Nachmittag habe ich auch zu tun. Dann kommt der Abwasch vom Abendessen, und bevor die Kinder ins Bett kommen, habe ich gerade noch Zeit, ein paar Minuten ruhig zu sitzen. Das ist alles, das ist mein ganzer Tag. Mein Tag sieht aus wie bei allen Frauen. Es ist Routine, Alltag eben, wie für alle anderen Hausfrauen auch.

Wir unternehmen nichts besonderes. Ich glaube ich tue dasselbe wie jede Hausfrau. Kochen, Putzen, Spülen, Kleider in Ordnung halten. Die meiste Zeit jage ich hinter den Kindern her.« (Lee Rainwater et al., a.a.O., S. 38.)

189 »Von Zeit zu Zeit weigerten sich Frauen der Mittelschicht, einen ›typischen Tag‹ zu beschreiben. Sie vermischten in ihrer Beschreibung Elemente verschiedener Tagesabläufe. Vielleicht hatten sie Angst, die Vielfältigkeit ihrer Interessen würde sonst nicht genug zur Geltung kommen. Vielleicht wollten sie nicht, daß der Eindruck entstünde, sie führten ein eintöniges Leben. Auf der anderen Seite machte es den Frauen der Unterschicht nichts aus, einen Routinetag zu beschreiben, obwohl sie sich der Eintönigkeit so sehr bewußt waren.« (Lee Rainwater et al., a.a.O., S. 35.)

190 Lee Rainwater et al., a.a.O., S. 83.

191 »Im Sommer sind wir mehr draußen, im Winter mehr drinnen. Letztes Jahr hat mein Mann im Winter das Haus innen renoviert. Nächsten Sommer will er es außen streichen. Im Winter sind wir mehr drin. Meistens sitzen wir im Sommer draußen. Ich würde nicht sagen, daß die Jahreszeiten viel ausmachen. Wenn man drei Kinder hat, muß man immer viel zu Hause sein. Sommer und Winter, das kommt auf dasselbe heraus. Ich nähe sowieso immer. Wir haben immer zu arbeiten, das ganze Jahre. Ein Unterschied ist, daß der Sommer billiger für uns ist. Wir können öfters im Freien essen, und das ist nicht so teuer. Man verbraucht nicht so viel Strom. Im Winter ist man drinnen eingesperrt, und wir sehen den ganzen Tag fern. (Sie sagte auch: ›Das Fernsehen entspannt mich, es ist mal etwas anderes als immer Kurzgeschichten zu lesen‹)« (Lee Rainwater et al., a.a.O., S. 38) Mehr

scheinen die Jahreszeiten für die Ehemänner zu bedeuten, die Sport treiben wie Fischen, Jagen, Ballspiele etc., während die Frauen zu Hause sitzen. Für die aktiveren Frauen der Unterschicht differenzieren sich die Jahreszeiten ein wenig stärker. Im Winter kann man Karten spielen, in die Kirche gehen, im Sommer fährt man ins Grüne, macht Picknick, schwimmt usw.

192 Lee Rainwater et al., a.a.O., S. 39.

193 Betty Friedan, *Der Weiblichkeitswahn*, S. 155.

194 Ebd., S. 157.

195 Vgl. Betty Friedan, *Der Weiblichkeitswahn*, insbes. Kapitel 10-12. Betty Friedan richtet ihre Kritik nicht einseitig an der Berufstätigkeit aus. (Vgl. insbes. Kap. 13: *Das verwirkte Ich*.) Ihr geht es um die schöpferischen Fähigkeiten der Frauen, deren mögliche Entfaltung im Berufsleben (auch wenn sie hier diffus bleibt) und um die Notwendigkeit der Ausbildung von Frauen (nicht einfach nur einer berufsfunktionalen Erziehung). (Vgl. a.a.O., Kap. 14: *Ein neuer Lebensplan für Frauen*.)

196 ›Brigitte‹ (Hrsg.), *Frauen-Typologie*, S. 159.

197 Ebd., S. 67.

198 Es scheint, daß die Frauen-Typologie, die ja, selbst wenn sie nach qualitativen Merkmalen Typen bildet, vor allem an der Häufigkeit des Konsums und am überdurchschnittlich häufigen Konsumverhalten interessiert ist, das faktische (wenn auch von Konsumhäufigkeit und vom manifest geäußertem Interesse her unauffällige) Modeverhalten der Unterschichtfrauen stark vernachlässigt. Gerade im Modeverhalten der Unterschichtfrau zeigen sich die Ambivalenzen der Weiblichkeit sehr deutlich.

199 Thomas Held, René Levy, a.a.O., S. 320.

200 A.a.O., S. 298 ff.

201 Lee Rainwater et al., a.a.O., S. 200.

202 A.a.O., S. 55.

203 A.a.O., S. 185 ff.

204 A.a.O., S. 202.

Anmerkungen zu Teil III, Zur Theorie der Weiblichkeit

1 Hierfür ist eine andere Methode der Untersuchung notwendig: nicht mehr, wie in Teil II, die Sekundäranalyse empirischer Studien, sondern die kritische Auseinandersetzung mit Thesen und Theorien. Teil I diente der »Problematisierung«, Teil II der empirischen Fundierung; Teil III entwickelt die anhand der empirischen Studien präzisierten Fragestellungen in der Diskussion von Thesen und Theorien weiter.

2 Max Horkheimer und Theodor W. Adorno, *Dialektik der Aufklärung*, S. 81.

3 Sigmund Freud, *Zur Einführung des Narzißmus*, S. 155.

4 Zit. nach Helene Deutsch, *Psychologie der Frau*, Bd. 1, S. 170 f.

5 Charles Baudelaire, *Die Blumen des Bösen*, S. 212.

6 Sigmund Freud, *Zur Einführung des Narzißmus*, S. 156.

7 Die frühen Vorstellungen des Kindes von der elterlichen Großartigkeit (das Ich-Ideal) sind oft mit dem Wunsch nach einem besonderen Organ des Objektes vermischt. Mit diesem Organ, zunächst mit der mütterlichen Brust, später mit dem Phallus des Vaters, identifiziert sich das primitive kindliche Ich. In der phallischen Phase entsteht die Phantasie, der ganze Körper sei ein Phallus. Ungewöhnlich ausgeprägter Körpernarzißmus ist mit dem Fortbestehen dieser Phantasie im Unbe-

wußten verbunden. Sie dient bei der Frau der Verleugnung des unerträglichen
»kastrierten« weiblichen Genitales. Bleibt es aufgrund von Fixierungen bei einer
solchen primitiven magischen Identifikation (nach dem Muster des oralen Einverlei-
bens) mit dem Phallus als dem Organ der väterlichen Vollkommenheit statt mit den
Qualitäten, die Vollkommenheit ausmachen und nach denen man strebt, so bleibt
das Ich-Ideal rudimentär. Es entspricht dann dem Stadium der kindlichen Entwicklung, in dem ein Objekt vom Ich noch nicht als Ganzes wahrgenommen wurde und
Identifikation auf Imitation von Gestik beschränkt ist. Es fehlen die Spannung
zwischen Ich und Ich-Ideal ebenso wie klare Grenzen zwischen Selbst und Objektwelt. (Vgl. hierzu Annie Reich, *Narzißtische Objektwahl bei Frauen*, S. 924, S. 935;
B. D. Lewin, *The Body as Phallus*, S. 24 ff.; Fritz Wittels, *Mona Lisa und weibliche
Schönheit*.)

8 Helene Deutsch, *Psychologie der Frau*, Bd. 1, S. 174.

9 Ebenda. Dieses Frauenideal gilt heute nicht mehr unangefochten. Dennoch zeigt
das Verhalten, das die empirischen Studien als »weiblich« verdeutlichen, das Fortbestehen dieser Struktur.

10 Sigmund Freud, *Zur Einführung des Narzißmus*, S. 168.

11 Die narzißtische bzw. prägenitale Stufe der Objektbeziehungen ist durch die
noch fließende Unterscheidung zwischen Selbst und Objektwelt charakterisiert.
»Die frühesten Identifizierungen beruhen, [...] magisch wie sie ihrer Natur nach
beschaffen sind, auf primitiven, mit Verschmelzungen von Selbst- und Objektimagi-
nes korrespondierenden Introjektions- oder Projektionsmechanismen, die sich über
die realen Unterschiede zwischen Selbst und Objekt hinwegsetzen.« (Edith Jacobson, *Das Selbst und die Welt der Objekte*, S. 56.)

12 Die volle Objektliebe hat im Gegensatz zur narzißtischen Objektwahl ein
inneres Gleichgewicht zwischen einem gut integrierten narzißtischen Selbst, Ich und
Über-Ich zur Voraussetzung, eine narzißtische Sättigung, die das Kleinkind durch
die Liebe und Bewunderung der Mutter gewinnt, und die es befähigt narzißtische
Libido an Objekte abzugeben. Die volle Objektliebe ist nach Freud vor allem durch
Sexualüberschätzung, durch psychische Wertschätzung des Wunschziels des Sexual-
triebes charakterisiert. (Vgl. Sigmund Freud, *Drei Abhandlungen zur Sexualtheorie*,
S. 61.) Diese Überschätzung bezieht sich zumeist auf die gesamte Person, auf ihren
Körper wie auf ihre Urteile. Die Idealisierung »zeigt sich als logische Verblendung
angesichts der [...] Leistungen und Vollkommenheiten des Sexualobjekts«
(ebenda): Das Liebesobjekt tritt an die Stelle des Ich-Ideals: »das Ich wird immer
anspruchsloser, bescheidener, das Objekt immer großartiger, wertvoller. Es gelangt
schließlich in den Besitz der gesamten Selbstliebe des Ichs, so daß dessen Selbstauf-
opferung zur natürlichen Konsequenz wird. Das Objekt hat das Ich sozusagen
aufgezehrt. [...] Gleichzeitig mit dieser Hingabe des Ichs an das Objekt, die sich
von der sublimierten Hingabe an eine abstrakte Idee schon nicht mehr unterscheidet, versagen die dem Ichideal zugeteilten Funktionen gänzlich. Es schweigt die
Kritik, die von dieser Instanz ausgeübt wird. [...] Das Gewissen findet keine
Anwendung auf alles, was zugunsten des Objektes geschieht; in der Liebesverblen-
dung wird man reuelos zum Verbrecher.« (Sigmund Freud, *Massenpsychologie und
Ich-Analyse*, S. 256 f.)

13 Vgl. die Darstellung bei Heinz Kohut, *Formen und Umformungen des Narzißmus*, S. 569.

14 Annie Reich, *Narzißtische Objektwahl bei Frauen*, S. 934.

15 Vgl. hierzu die Arbeiten von Simone de Beauvoir, *Das andere Geschlecht*, S.
50 ff.; Kate Millett, *Sexus und Herrschaft*, S. 215 ff.; Phyllis Chesler, *Frauen – das*

verrückte Geschlecht? S. 74 ff.; Judith M. Bardwick, *Psychology of Women*, S. 9.

16 Freud war sich der gesellschaftlichen Faktoren, die die aktiv-schöpferischen Fähigkeiten der Frau beeinträchtigen, durchaus bewußt. Die besondere Unterdrükkung der weiblichen Sexualität durch die gesellschaftliche Sexualmoral, die Gefügigkeit fordernden Vorschriften für das weibliche Verhalten, wurden von ihm erfaßt und kritisiert. So werden weibliche Frigidität und intellektuelle Inferiorität ebenso wie neurotische Reaktionen als Konsequenz von Sexualunterdrückung (Onanieverbot, Tabuierung der sexuellen Realität, voreheliche Abstinenz, monogame Ehe) beschrieben. Vgl. vor allem Sigmund Freud, *Die kulturelle Sexualmoral und die moderne Nervosität*; Sigmund Freud, *Beiträge zur Psychologie des Liebeslebens*, insbes. S. 134. Hier hat später Wilhelm Reich angeknüpft.

17 Sigmund Freud, *Die Weiblichkeit*, S. 548.

18 Vgl. Edith Jacobson, *Das Selbst und die Welt der Objekte*, S. 50.

19 Man kann den ödipalen Konflikt nicht so verstehen, als handle es sich um eine Folge präzisierter Bedürfnisse und Abweisungen. Es geht um die *Entwicklung von Bedeutungen*, von Sinnbezügen, um einen Prozeß, in dem das Subjekt sich seine Bedürfnisse, seine Körpererfahrung und seine Außenwahrnehmung erst verfügbar zu machen lernt. In der ödipalen Phase wird das Kind mit der Gesellschaft konfrontiert. Der Vater beschränkt die Ansprüche des Kindes an die Mutter. Das Kind erlernt mit den Strukturen der Verwandtschaftsbeziehungen die Ordnung des Symbolischen. Das Symbolische, die sprachliche Interpretation, wird ihm von der Gesellschaft, der Tradition auferlegt, damit es sich gemäß den herrschenden Normen verhalte. Nur wenn die erste totale Einheit des kindlichen Ich mit der Mutter-Welt aufgegeben ist, können die Mutter und alle ihr folgenden Objekte als vom Ich getrennte Objekte geliebt und gehaßt werden. Eine Interpretation des Freudschen Berichts über die Analyse des »kleinen Hans« als eine solche Etablierung der Drei-Personen-Beziehung geben Wolfgang Loch und Gemma Jappe, *Die Konstruktion des Wirklichen und die Phantasien*.

20 Die Hinwendung zum Vater geschieht mit Hilfe passiver Strebungen. Nach Freuds Auffassung hat das Mädchen mit der Anerkennung der Minderwertigkeit der Klitoris im Vergleich zum Penis auf die aktive Lustgewinnung durch die Masturbation der Klitoris verzichtet und damit die Entwicklung zur vollen Weiblichkeit begonnen: zur erotischen Besetzung der Vagina, die zum zentralen Lustorgan der entfalteten Weiblichkeit werden soll.

21 Sigmund Freud, *Einige psychische Folgen des anatomischen Geschlechtsunterschieds*, S. 29.

22 Sigmund Freud, *Über die weibliche Sexualität*, S. 279.

23 Vgl. hierzu Janine Chasseguet-Smirgel (Hrsg.), *Psychoanalyse der weiblichen Sexualität*.

24 Maria Torok, *Die Bedeutung des »Penisneides« bei der Frau*, S. 197.

25 Die Frau, der ihr eigenes Geschlecht so häufig selbst (bewußt oder unbewußt) als das minderwertige erscheint, ist vermutlich nicht in der Lage, der Tochter die bewundernde Liebe und Anerkennung zu geben, die sie in ihrer Bewunderung für den Sohn zum Ausdruck bringt. Ein Indikator der mangelnden narzißtischen Bestätigung ist die im Verhältnis zum Knaben raschere Selbständigkeit des Mädchens. Diese frühe Reife scheint ein Ausdruck des Versuchs zu sein, sich die narzißtische Bestätigung (z. B. im Puppenspiel) selbst zu geben. »Durch den Versuch, das, woran die Mutter es fehlen läßt, selbst auszugleichen, wird die narzißtische Besetzung, die das Mädchen sich selbst zu geben sucht, ihrem Wesen nach narzißtisch«. (Béla Grunberger, *Beitrag zur Untersuchung des Narzismuß in der*

weiblichen Sexualität, S. 103.)

26 Maria Torok, *Die Bedeutung des »Penisneides« bei der Frau*, S. 199.

27 Janine Chasseguet-Smirgel, *Die weiblichen Schuldgefühle*, S. 138 f.

28 Vgl. Béla Grunberger, *Beitrag zur Untersuchung des Narzißmus in der weiblichen Sexualität;* vgl. auch Harold Winter, *Über ödipale und präödipale Faktoren bei der Etablierung der weiblichen Identität.*

29 Janine Chasseguet-Smirgel, *Die weiblichen Schuldgefühle*, S. 140.

30 Vgl. Harold Winter, *Über ödipale und präödipale Faktoren bei der Etablierung der weiblichen Identität.*

31 Sigmund Freud, *Beiträge zur Psychologie des Liebeslebens*, S. 92.

32 Janine Chasseguet-Smirgel, *Die weiblichen Schuldgefühle*, S. 141 f.

33 Chasseguet-Smirgel befindet sich mit ihren Ergebnissen im Gegensatz zu den Auffassungen, wie sie etwa von Helene Deutsch und auch von Jeanne Lampl-de Groot vertreten werden. Chasseguet-Smirgel erfaßt die Beschränkung der weiblichen Aggressivität als Hemmung, nicht als Sublimierung (also als Störung, nicht aber als Entfaltung). (Jeanne Lampl-de Groot, *Zu den Problemen der Weiblichkeit*; Helene Deutsch, *Psychologie der Frau*).

34 Deshalb ist es auch nicht möglich, wie die »Strategie des Geschlechterkampfs« dies voraussetzt, den weiblichen Sozialcharakter einfach durch »Kampf gegen den Mann« zu verändern. Vgl. Kapitel I. 2.2.

35 Béla Grunberger, *Beitrag zur Untersuchung des Narzißmus in der weiblichen Sexualität*, S. 113.

36 Béla Grunberger, a.a.O., S. 117 f. Das gilt auch (mit anderen Objekten und Inhalten) für »unbürgerliche« Beziehungen.

37 Herbert Marcuse, *Triebstruktur und Gesellschaft.*

38 Kapitel III. 1.

39 Vgl. dazu Robert Kalivoda, *Der Marxismus und die moderne geistige Wirklichkeit*, S. 89.

40 Zit. bei Franz Schnabel, *Deutsche Geschichte im 19. Jahrhundert*, S. 243.

41 Friedrich Schlegel, *Lucinde*, S. 35; vgl. auch Theodor W. Adorno, *Minima Moralia.*

42 Friedrich Schlegel, *Lucinde*, S. 107.

43 Bettina Brentano, *Brief an ihren Bruder Clemens* vom 22. 1. 1819, zit. bei Elisabeth Lürßen, *Die Frauen der Romantik*, S. 65 ff.

44 Ludwig Tieck, *Vittoria Accorombona*, S. 556.

45 Ihre Ideale waren noch nicht im Sinne der Spätromantik auf die Ideologie von Haus und Mutterschaft herabgesunken. »Es fehlte diesen Frauen jeder Sinn für Häuslichkeit und Mütterlichkeit, wie es ja auch andererseits kein Romantiker außer Tieck zum Familienvater gebracht hat.« (Franz Schnabel, *Deutsche Geschichte im 19. Jahrhundert*, Bd. 1, S. 256.) Vgl. Paul Kluckhohn, *Die Auffassung der Liebe im 18. Jahrhundert und in der Romantik*, S. 153.

46 Zum Muster der »romantischen Liebe« heute vgl. Robert K. Merton, *Social Theory and Social Structure*, S. 57.

47 Vgl. Paul Kluckhohn, *Die deutsche Romantik;* Margarete Susmann, *Frauen der Romantik;* Helmut Schanze, *Romantik und Aufklärung.*

48 Vgl. Luise Otto Peters, *Frauenleben im deutschen Reich*, S. 67; vgl. auch Helene Lange, Gertrud Bäumer, *Handbuch der Frauenbewegung* I, S. 24 ff.

49 Theodor Gottlieb von Hippel, *Über die bürgerliche Verbesserung der Weiber.*

50 Friedrich Schlegel, *Schriften zur Literatur*, S. 101.

51 A.a.O., S. 102.

52 Friedrich Schlegel, *Lucinde*, S. 15.

53 Ebd., S. 45. Daher versteht die heutige Strategie der Gleichheit der Geschlechtsrollen (Kapitel I. 1.2) die Theorie der Frühromantik falsch. Von der
heutigen Strategie her wird aus zweierlei Gründen gegen die romantische Theorie
der Frau argumentiert: 1. die Romantik lege die Frau auf den häuslichen Bereich
fest, 2. sie verwehre der Frau eine eigene Entwicklung: »Für die Gesellschaft folgt
aus der Polaritätstheorie, daß sie die ›besonderen Eigenschaften der Frau‹, die ja als
wertvoll anerkannt werden, beschützen und ihre Ausprägung unterstützen muß.
Das läuft aber darauf hinaus, sie als Exponent der Mütterlichkeit, Weichheit,
Passivität, Unmittelbarkeit usw. besonders zu beschirmen und sie damit gleichzeitig
auf den diesen Eigenschaften besonders entsprechenden häuslichen Bereich festzule-
gen. – Wenn auch die Frau durch diese Anschauungsweise eine Aufwertung erfuhr,
so schadete und schadet die Polaritätstheorie ihrem Emanzipationsstreben gerade
dadurch sehr, daß den Frauen hiermit eine *positiv* erscheinende Identifikationsbasis
geboten wird, die im Endeffekt ihren Protest gegen die traditionelle Rollenstruktur
unterläuft. Die romantische Polaritätstheorie ist deshalb den Bestrebungen der Frau,
eine eigene Existenz und die Entfaltung aller ihrer Möglichkeiten zu gewinnen,
gefährlicher als die grobe Anschauung von ihrer andersartigen Minderwertigkeit, die
wenigstens zum Protest herausforderte.« (Ingrid Langer-El Sayed, *Frau und Illustrierte im Kapitalismus*, S. 64.) Diese »Polaritätstheorie« der Geschlechtsrollen
jedoch, die heute allgemein als »romantisch« bezeichnet wird, ist erst später entstan-
den. Der Kult der Mütterlichkeit und Häuslichkeit war der frühen Romantik ganz
entgegengesetzt.

54 Friedrich Schlegel, a.a.O., S. 75.

55 Friedrich Schlegel, *Lucinde*, S. 26.

56 »[...] die romantischen Menschen aber trieb es, die Individualität in ihrer
unwiederholbaren Einmaligkeit zu erfassen und die Vielheit der Gestalten in ihrem
Werden und in ihrer gegenseitigen Durchdringung zu begreifen«. (Franz Schnabel,
Deutsche Geschichte im 19. Jahrhundert, Bd. 1, S. 237.)

57 Friedrich Schlegel, *Lucinde*, S. 109.

58 Novalis, *Fragmente*, Fragment Nr. 1883.

59 Karl-Heinz Volkman-Schluck, *Novalis' magischer Idealismus*, S. 50.

60 Novalis, *Schriften*, Bd. 2, S. 335.

61 Georg Lukács, *Die Seele und die Formen*, S. 72, 71; vgl. auch Walter Benjamin,
Der Begriff der Kunstkritik in der deutschen Romantik.

62 Wolfgang Preisendanz, *Zur Poetik der deutschen Romantik*, S. 64.

63 Georg Lukács, *Die Seele und die Formen*, S. 75. – »Wenn die Poesie auch für
manchen Menschen und Dichter späterer Zeiten der einzige, eines Opfers würdige
Altar war, so umfaßte dennoch nur der Kultus der Romantik das ganze Leben, nur
er war kein Verzicht auf das Leben, keine Abwendung von seinem Reichtum; nur
hier schien er die einzige Möglichkeit, ohne Verzichtleistung das Ziel zu erreichen.
Der Mensch, der wahrhaft leben kann, ist dieses Ziel; sie sprachen mit Fichtes
Worten vom ›ich‹ [...]; ›Wir sind gar nicht Ich‹, schrieb Novalis. ›Wir können und
sollen aber Ich werden, wir sind Keime zum Ich-werden.‹« (Georg Lukács, a.a.O.,
S. 73.)

64 Vgl. Ernst Behler, *Friedrich Schlegels geistige Gestalt*.

65 Vgl. Jürgen Habermas, *Theorie und Praxis*, S. 52 ff.

66 Friedrich Schlegel, *Lucinde*, S. 19. Im gleichen Sinn etwa E. T. A. Hoffmann,
vor allem: *Kreisleriana, Kater Murr*. Vgl. Hans Mayer, *Die Wirklichkeit E. T. A.
Hoffmanns*, S. 470 ff.

67 *Athenaeum*, I, 1798, S. 232.

68 Georg Lukács, *Die Seele und die Formen*, S. 65.

69 Hans-Jürgen Krahl, *Konstitution und Klassenkampf*, S. 56.

70 Friedrich Schlegel, *Lucinde*, S. 55.

71 A.a.O., S. 55 ff.

72 Vgl. die Kritik bei Henri Lefebvre, *Le romantisme révolutionnaire*.

73 Henri Lefebvre, *Das Alltagsleben in der modernen Welt*, S. 30.

74 Zum Zusammenhang von Romantik und Marxismus vgl. Robert Kalivoda, *Der Marxismus und die moderne geistige Wirklichkeit*, S. 85; Karl Löwith, *Von Hegel zu Nietzsche*, S. 180 f.

75 Vgl. hierzu Herbert Marcuse, *Vernunft und Revolution*, S. 40 ff.

76 G. W. F. Hegel, *Entwürfe über Religion und Liebe*, S. 246.

77 Das ist nur möglich, weil diese Gesetze göttliche und als solche »natürliche« sind: Gesetze, die wirkliche Bedürfnisse ausdrücken (die den Menschen zwar fremd geworden sind, weshalb sie als Pflicht formuliert wurden, die aber wahr sind, wahr sein müssen, weil die Liebe diese Gesetze spontan aus sich hervorbringt). (Vgl. Georg Lukács, *Der junge Hegel*, Bd. I, S. 190 f.) Die »wirklichen« Gesetze sind nicht Ausdruck fremder Gewalt, des Bösen, sondern sie stellen vernünftige Regeln des gesellschaftlichen Verkehrs dar: »Die Übereinstimmung mit dem Gesetze ist von der Art, daß Gesetz und Neigung nicht mehr verschieden sind; [. . .] da aber hier in dem Komplement der Gesetze (und was damit zusammenhängt) Pflicht, moralische Gesinnung und dergleichen aufhört, Allgemeines, der Neigung entgegengesetzt, und die Neigung aufhört Besonderes, dem Gesetze entgegengesetzt zu sein, so ist jene Übereinstimmung Leben und, als Beziehung Verschiedener, Liebe.« (G. W. F. Hegel, *Entwürfe über Religion und Liebe*, S. 326 f.)

78 G. W. F. Hegel, *Der Geist des Christentums*, S. 323.

79 »[. . .] so enthalten bürgerliche Gesetze die Grenze der Entgegensetzung mehrerer Lebendiger – die rein moralischen aber bestimmen die Grenze der Entgegensetzung in *einem* Lebendigen.« (G. W. F. Hegel, a.a.O., S. 321.)

80 G. W. F. Hegel, a.a.O., S. 331.

81 A.a.O., S. 324.

82 Vgl. Georg Lukács, *Der junge Hegel*, Bd. 1, S. 101.

83 Georg Lukács, a.a.O., S. 101.

84 Lukács bemerkt dazu, daß Hegel in dieser Periode die vollständige Erfüllung der menschlichen Persönlichkeit in der Hingabe an die Interessen des öffentlichen Lebens, der Republik, sieht, »daß er in jeder auf das private Leben des Einzelnen gerichteten Bestrebung nichts als eine Spießbürgerlichkeit erblickt«. Die *romantische* Kritik des Spießbürgertums dagegen richtet sich auf dessen modern-prosaische Seiten und stellt ihm ein ästhetisches Ideal gegenüber. »Die romantische Kritik des Spießbürgertums geht infolgedessen einerseits sehr oft in eine Apologetik bohème-anarchistischer Tendenzen über, andererseits verherrlicht sie die geistige und moralische Enge des vorkapitalistischen, noch nicht arbeitsteiligen Handwerkertums.« (Georg Lukács, a.a.O., S. 108.)

85 Liebe bezieht sich also nicht einfach auf ein persönliches Verhältnis zwischen Individuen, sondern stellt ein Modell gesellschaftlicher Beziehungen dar.

86 Vgl. Karl Löwith, *Von Hegel zu Nietzsche*, S. 180.

87 G. W. F. Hegel, *Phänomenologie des Geistes*, S. 347.

88 G. W. F. Hegel, a.a.O., S. 328. Vgl. Max Horkheimer, *Theoretische Entwürfe über Autorität und Familie*, S. 66 ff.

89 G. W. F. Hegel, *Jenaer Realphilosophie*, S. 209.

90 G. W. F. Hegel, *Phänomenologie des Geistes*, S. 320.

91 A.a.O., S. 320.

92 G. W. F. Hegel, *Jenaer Realphilosophie*, S. 227.

93 Karl Löwith, *Von Hegel zu Nietzsche*, S. 182.

94 G. W. F. Hegel, a.a.O., S. 203.

95 G. W. F. Hegel, *Grundlinien der Philosophie des Rechts*, S. 312.

96 A.a.O., S. 310.

97 A.a.O., S. 317.

98 Ebd.

99 G. W. F. Hegel, *Phänomenologie des Geistes*, S. 323; vgl. auch: »Die Regierung erlaubt zwar die Systeme der persönlichen Selbständigkeit und des Eigentums, des persönlichen und dinglichen Rechts, hat aber den Individuen, die sich darein vertiefen, sich vom Ganzen losreißen und dem unverletzbaren Fürsichsein und der Sicherheit der Person zustreben, [. . .] ihren Herrn, den Tod, zu fühlen zu geben.« (A.a.O., S. 324) »Das menschliche Gesetz [die Wirklichkeit des Staates, U. P.] also in seinem allgemeinen Dasein, das Gemeinwesen, in seiner Betätigung überhaupt die Männlichkeit, [. . .]. Indem das Gemeinwesen sich nur durch die Störung der Familienglückseligkeit und die Auflösung des Selbstbewußtseins in das allgemeine sein Bestehen gibt, erzeugt es sich an dem, was es unterdrückt und was ihm zugleich wesentlich ist, an der Weiblichkeit überhaupt seinen inneren Feind.« (A.a.O., S. 340.)

100 G. W. F. Hegel, *Grundlinien der Philosophie des Rechts*, S. 320.

101 G. W. F. Hegel, *Phänomenologie des Geistes*, S. 340.

102 Die allgemeine Entwicklung der Produktivkräfte »des Reichtums überhaupt« ist die Basis der universellen Entwicklung des Individuums »[. . .] und die wirkliche Entwicklung der Individuums von dieser Basis aus als beständige Aufhebung ihrer *Schranke,* die als Schranke gewußt ist, nicht als *heilige Grenze* gilt. Die Universalität des Individuums nicht als gedachte oder eingebildete, sondern als Universalität seiner realen und ideellen Beziehungen. Daher auch Begreifen seiner eigenen Geschichte als eines *Prozesses* und Wissen der Natur (ebenso als praktische Macht über sie vorhanden) als seines realen Leibes. Der Prozeß der Entwicklung selbst als Voraussetzung desselben gesetzt und gewußt. Dazu aber nötig vor allem, daß die volle Entwicklung der Produktivkräfte *Produktionsbedingung* geworden; nicht bestimmte *Produktionsbedingungen* als Grenze für die Entwicklung der Produktivkräfte gesetzt sind.« (Karl Marx, *Grundrisse der Kritik der Politischen Ökonomie,* S. 440.)

103 Ebd.

104 Die Einbeziehung der großen Masse der Bevölkerung als Lohnabhängige in die fortgeschrittensten Formen der Kooperation im Rahmen der kapitalistischen Fabrik schafft erst die subjektiven Voraussetzungen der kollektiven Aneignung des gesellschaftlichen Reichtums: freiwillige Arbeitsdisziplin, eine individuelle Entwicklung, in der die Arbeit zum Bedürfnis wird, und vor allem die Erfahrung der Solidarität, die die Vereinzelung der die Ware Arbeitskraft konkurrierend anbietenden Proletarier überwindet. Ergebnis und weitertreibendes Moment dieses Lernprozesses sind die proletarischen Organisationen.

105 Ebenso wie die Romantik und zunächst in ihren Begriffen beschreibt der frühe Marx seine Erfahrung der Zerstörung und Fremdheit menschlicher Beziehungen: »Gesetzt, wir hätten als Menschen produziert: Jeder von uns hätte in seiner Produktion sich selbst und den andern *doppelt bejaht.* Ich hätte 1. in meiner *Produktion* meine *Individualität,* ihre *Eigentümlichkeit* vergegenständlicht und

daher sowohl während der Tätigkeit eine individuelle *Lebensäußerung* genossen, als im Anschauen des Gegenstandes die individuelle Freude, meine Persönlichkeit als *gegenständliche, sinnliche anschaubare* und darum *über allen Zweifel erhabene* Macht zu wissen. 2. In deinem Genuß oder deinem Gebrauch meines Produkts hätte ich *unmittelbar* den Genuß, sowohl des Bewußtseins, in meiner Arbeit ein *menschliches* Bedürfnis befriedigt, als das *menschliche* Wesen vergegenständlicht und daher dem Bedürfnis eines andren *menschlichen* Wesens seinen entsprechenden Gegenstand verschafft zu haben; 3. für dich der *Mittler* zwischen dir und der Gattung gewesen zu sein, also von dir selbst als Ergänzung deines eigenen Wesens und als ein notwendiger Teil deiner selbst gewußt und empfunden zu werden, also sowohl in deinem Denken wie in deiner Liebe mich bestätigt zu wissen; 4. in meiner individuellen Lebensäußerung unmittelbar deine Lebensäußerung geschaffen zu haben, also in meiner individuellen Tätigkeit unmittelbar mein wahres Wesen, mein *menschliches*, mein *Gemeinwesen bestätigt* und *verwirklicht* zu haben.« (Karl Marx, *Die entfremdete und die unentfremdete Gesellschaft, Geld, Kredit und Menschlichkeit*, S. 261.)

106 Zur Marxschen Kritik des Individualismus vgl. Georg Lukács, *Geschichte und Klassenbewußtsein*, S. 217 ff.

107 Karl Marx, Friedrich Engels, *Die deutsche Ideologie*, S. 117.

108 Die entscheidende Bestimmung des proletarischen Bewußtseins besteht darin, daß die richtige Erkenntnis der Gesellschaft zur unmittelbaren Bedingung der Selbstbehauptung wird und daß diese Erkenntnis zugleich eine richtige Erkenntnis der ganzen Gesellschaft bedeutet. Nur hierdurch wird eine Einheit von Theorie und Praxis möglich.

109 Sie orientierten sich vor allem an den radikalen Handwerkern, die den Bund der Gerechten und den Bund der Kommunisten gründeten. Zur inneren Widersprüchlichkeit dieses Typus in England vgl. Michael Vester, *Das Proletariat als Lernprozeß*, S. 106 ff. Vester hat für das englische Proletariat der ersten städtischen Generationen gerade die produktive Bedeutung des Konflikts zwischen agrarisch bestimmten Idealen und Lebenserfahrungen und der kapitalistischen Disziplin und mit der Fabrikarbeit gesetzten proletarischen Existenz nachgewiesen. Diesem Charaktertypus entsprach ein traditionaler Familientyp mit einer starren Organisation des Triebverzichts.

110 Empirisch müssen wir konstatieren, daß alle Revolutionen, die die von Marx und in der sozialistischen Bewegung bis heute vorgestellte Form der Radikalität in Verbindung mit aktionsfähiger Organisation hervorgebracht haben, Revolutionen mit stark bäuerlichem Hintergrund gewesen sind. Die Radikalität der kämpfenden Massen der Russischen und Spanischen Revolution, selbst noch die radikalen Verteidiger des Rätesystems in Deutschland von 1918 dürften Arbeiter der ersten und zweiten Generation gewesen sein. Es stellt sich die Frage, ob nicht ihre Einsicht in den Zwangszusammenhang der kapitalistischen Produktion und ihre emotionale Unversöhnlichkeit eher der erlebten und tradierten Erfahrung agrarischer Orientierung mit ihrer »mechanischen Solidarität« entsprang. Das Proletariat als revolutionäre Klasse, als agierendes Subjekt, geht nicht einfach aus dem Elend und der Auswegslosigkeit der Existenz unter frühkapitalistischen Bedingungen, sondern ebenso aus der Erfahrung und normativen Orientierung eines nicht liberalistisch und funktionalistisch legitimierten Lebensprozesses hervor.

111 Alfred Schmidt, *Emanzipatorische Sinnlichkeit*, S. 60.

112 Die Prämissen bei Engels sind: 1. Die Umstrukturierung der gesellschaftlichen Institutionen ist eine Sache der Einsicht und des vernünftigen Interesses nach

dem Vorbild des naturwissenschaftlichen Erkennens; diese Einsicht in die gesellschaftlichen Gesetzmäßigkeiten und in die objektive Notwendigkeit der praktischen
Umwälzung der gesellschaftlichen Ordnung erfolgt mechanisch: aus naturwissen-
schaftlich-exakter Wahrnehmung der Entwicklung der bürgerlichen Gesellschaft im
eigenen wohlverstandenen Interesse. 2. Der Sozialcharakter der Menschen, die
historisch bestimmte Organisation ihrer Sinnlichkeit und damit ihrer Welterfahrung
ist »Überbau«, mechanistischer Reflex materieller Prozesse. Eine Veränderung der
Institutionen ist ohne Veränderung des bestehenden Sozialcharakters möglich.
3. Dem am Vorbild der Naturwissenschaften orientierten Freiheitsverständnis Engels' entspricht seine Vorstellung von der Männlichkeit als Inkarnation des Menschlichen (auch wenn er das so nicht ausformuliert), was einfach darin zum Ausdruck
kommt, daß die Frauen als *Frauen* keinen Beitrag zur Arbeiterbewegung zu leisten
haben; diese kann auch ohne sie bestehen und besteht mit ihnen oder ohne sie in
gleicher Weise. (Vgl. hierzu Alfred Schmidt, *Der Begriff der Natur in der Lehre von
Marx*, S. 45 ff.)

113 Friedrich Engels, *Der Ursprung der Familie, des Privateigentums und des
Staates*, S. 161.

114 Friedrich Engels, a.a.O., S. 74.

115 Zur historischen Darstellung der aufeinander folgenden Familientypen durch
Engels, die der Entwicklung der unterschiedlichen Produktivkräfte korreliert werden, vgl. Friedrich Engels, a.a.O., S. 25-83.

116 Erwähnt werden muß auch, daß sich der von Engels vermutete gesetzmäßige
Zusammenhang zwischen der Bildung von Eigentum und der Unterdrückung der
Frau nicht bestätigt hat. Gestützt auf die Ergebnisse Morgans und Bachofens
interpretierte Engels die mutterrechtliche Verwandtschaftszuordnung als Indikator
einer faktischen Gleichberechtigung der Frauen in der Zeit vor Entstehung des
Privateigentums (Friedrich Engels, a.a.O., S. 57). Neuere Untersuchungen wie die
von Lévi-Strauss bestätigen die Theorie eines Matriarchats im Sinn einer »Frauen-
herrschaft« jedoch nicht. Die These ist falsch, daß dem auf Privateigentum beruhen-
den Patriarchat eine Form des Matriarchats notwendig vorausgehe. Die Unterwerfung der Frau ist in zahlreichen Gesellschaften bereits erfolgt, bevor es Privateigentum gegeben hat. (Vgl. Simone de Beauvoir, *Das andere Geschlecht*, S. 62 ff.) Bereits
Wittfogel und Mannheim haben darauf hingewiesen, daß bei geschlechtlicher Arbeitsteilung weder die physische Leistung noch der relative Arbeitsanteil über das
Gewicht der beiden Gruppen entscheidet. Die Autorität der Männer oder Frauen
basiert statt dessen auf dem vergleichsweise höheren Stand der Vergesellschaftung
der Arbeit im jeweiligen Sektor. (Vgl. K. A. Wittfogel, *Wirtschaftsgeschichtliche
Grundlagen der Entwicklung der Familienautorität;* Ernst Mannheim, *Beiträge zu
einer Geschichte der autoritären Familie.*)

117 Friedrich Engels, a.a.O., S. 71 f.

118 *Madame Bovary* (1867); *Salammbô* (1862); *Lehrjahre des Gefühls* (1869);
Versuchung des Heiligen Antonius (1874); *Drei Erzählungen* (1877); *Bouvard und
Pecuchet* (1881, posthum).

119 Zum Begriff des Desillusionsromans vgl.: »Der Roman des romantischen
Lebensgefühls ist der der Desillusionsdichtung. Die Innerlichkeit, der jeder Weg
zum Sichauswirken versagt ist, staut sich nach innen, kann aber dennoch niemals
endgültig auf das für immer verlorene Verzicht leisten; denn wenn sie es auch wollte,
das Leben versagt ihr jede Erfüllung dieser Art: es zwingt ihr Kämpfe und mit ihnen
unabwendbare [. . .] Niederlagen auf.« (Georg Lukács, *Theorie des Romans*, S. 120.)

120 Aimée McKenzie, *The George Sand-Gustave Flaubert Letters*, S. XXII.

121 Es wäre jedoch ein falsches Verständnis literarischer Produktion, würde man Flauberts Roman ausschließlich als Studie über den weiblichen Sozialcharakter verstehen; in den Widersprüchen und Ambivalenzen der Person Mme Bovarys stellt Flaubert zugleich eine generell »moderne« Erfahrungsstruktur dar.

122 Gustave Flaubert, *Madame Bovary*, S. 235 f.

123 A.o.O., S. 240.

124 A.a.O., S. 236 f.

125 A.a.O., S. 67.

126 A.a.O., S. 65.

127 A.a.O., S. 58.

128 Dieselbe Problematik wäre heute auch in bezug auf die Berufstätigkeit der Frau darstellbar.

129 A.a.O., S. 108.

130 Baudelaire sieht aufgrund dieses egoistischen Willens zum eigenen Leben in Mme Bovary einen »männlichen« Charakter: »Madame Bovary ist ihrer besten Spannkraft und ihren ehrgeizigen Zielen nach, aber auch in ihren tiefsten Träumen [...] ein Mann geblieben. Wie die dem Haupte des Zeus entstiegene Pallas Athene hat diese sonderbare Androgyne alle verführerische Gewalt erhalten, die einem männlichen Geist in einem bezaubernden Frauenkörper zu eigen ist.« Und weiter: »Alle intellektuellen Frauen werden ihm Dank wissen, das ›Weibchen‹ zu einer Höhe erhoben zu haben [...], auf der sie an der Doppelnatur teilhat, die den vollendeten Menschen ausmacht: ebenso der Berechnung fähig zu sein wie der Träumerei.« (Zit. nach Walter Benjamin, *Charles Baudelaire*, S. 92.) Walter Benjamin bemerkt dazu: »Mit einem Handstreich [...] erhebt Baudelaire Flauberts Kleinbürgergattin zur Heroine.« (Ebenda.)

131 A.a.O., S. 103.

132 A.a.O., S. 68.

133 A.a.O., S. 61.

134 A.a.O., S. 104 f.

135 A.a.O., S. 216 f.

136 A.a.O., S. 493 f.

137 Kapitel II. 3.

138 Alle Kultur beruht auf der unterdrückenden Modifizierung der Triebe. Auch wenn Freud dieses Opfer als unabänderliche Voraussetzung des kulturellen Fortschritts ansah (dieser Fortschritt bedeutet ein Fortschreiten der Fähigkeiten der Kontrolle im Interesse der Selbsterhaltung der Menschen), verweist er doch auf die Kosten. Diese liegen in der immer stärker werdenden Unterdrückung direkter Triebbefriedigung, in einer Verkümmerung der Lust. Der mögliche pathologische Abwehrcharakter gesellschaftlicher Institutionen bleibt aber in der neueren sozialpsychologischen Diskussion um den Begriff der Ich-Identität häufig ausgeschlossen. Identitätsprobleme erscheinen ausschließlich als Anpassungsprobleme, als Lernstörungen der Einzelnen. Die Übernahme sozialer Rollen erscheint als Prozeß der Reifung. Extrem formulierte De Levita diese Position: »Der Schritt nach vorn besteht darin, daß nun vielmehr betont wurde, wie wichtig die Kontinuität des Individuums für die Gemeinschaft ist [...]: die Gemeinschaft hält das Individuum durch seine Identität in einem ständigen Zustand der Verantwortung für seine Handlungen und verteidigt sich auf diese Weise gegen asoziale Tendenzen, die das Individuum gegen die Gemeinschaft entwickeln könnte. Die Identität bildet die Bedingung, unter der das Über-Ich im Namen eben dieser Gemeinschaft seine Aufgabe erfüllt.« (David J. de Levita, *Der Begriff der Identität*, S. 66.) In den

neueren Versuchen, in der Nachfolge Eriksons zu einer Darstellung typischer Identitätsbildungsprozesse und typischen Mißlingens zu kommen, erscheint das Leben der Frau (mehr noch als das des Mannes) als eine einzige vorgezeichnete Folge der Unterwerfung tätiger Subjektivität unter »objektive gesellschaftliche Bedingungen«, die vor allem als mit biologischen Erfordernissen in prästabilierter Harmonie befindlich vorgestellt werden. Aus der Summe in ihrem Verlauf erfaßter Lebensläufe wird »das Typische« abstrahiert und zum Gesetz erhoben. (Vgl. Theodore Lidz, *Das menschliche Leben*.)

139 Gustave Flaubert, *Die Legende von Sankt Julian dem Gastfreien*, S. 4.

140 A.a.O., S. 6.

141 A.a.O., S. 7.

142 A.a.O., S. 9.

143 »Man darf dem verpönten Trieb frönen, wenn außer Zweifel steht, daß es seiner Ausrottung gilt. [. . .] Dem Zivilisierten ist Hingabe an solche Lust nur gestattet, wenn das Verbot durch Rationalisierungen im Dienst wirklich oder scheinbar praktischer Zwecke suspendiert wird. [. . .] Indem der Zivilisierte die versagte Regung durch seine unbedingte Identifikation mit der versagenden Instanz desinfiziert, wird sie durchgelassen.« (Max Horkheimer und Theodor W. Adorno, *Dialektik der Aufklärung*, S. 217.)

144 Gustave Flaubert, *Die Legende von Sankt Julian dem Gastfreien*, S. 9.

145 A.a.O., S. 11.

146 Gustave Flaubert, *Madame Bovary*, S. 502.

147 Der Roman schildert das Scheitern und die Korruption der Wünsche, der politischen Ambitionen, der privaten Träume und Leidenschaften, zugleich den öffentlichen Sieg der bürgerlichen Geschäfte über die bürgerliche Moral in der Revolution 1848.

148 Gustave Flaubert, *Lehrjahre des Gefühls*, S. 312.p149 In seinem Aufsatz *Der Stil Flauberts* schreibt Proust: »Die Dinge haben ebensoviel Leben wie die Menschen, denn erst die Überlegung weist nachträglich jedem visuellen Phänomen äußere Ursachen zu.« (Marcel Proust, *Tage des Lesens*, S. 73.)

150 Marx hat auf der politischen Ebene denselben Zusammenhang formuliert: den Kontrast zwischen den Ansprüchen, die – vor allem in Frankreich, dem Zentrum der revolutionären Unruhe im 19. Jahrhundert – mit den Begriffen »Konstitution«, »Revolution«, »Helden«, »Geschichte«, als Ansprüche an reales Verhalten, im allgemeinen Bewußtsein gegenwärtig sind und den bürgerlichen Karikaturen, die diese Sprache zu usurpieren suchen, indem sie ihr Verhalten der ökonomischen Interessenrealisierung darunter zu fassen suchen: »Die Periode, die wir vor uns haben, umfaßt das bunteste Gemisch schreiender Widersprüche: Konstitutionelle, die offen gegen die Konstitution konspirieren, Revolutionäre, die eingestandenermaßen konstitutionell sind, eine Nationalversammlung, die allmächtig sein will und stets parlamentarisch bleibt. [. . .] Verbindungen, deren erste Klausel die Trennung, Kämpfe deren erstes Gesetz die Entscheidungslosigkeit ist, [. . .] Helden ohne Heldentaten, Geschichte ohne Ereignisse, Entwicklung deren einzige Triebkraft der Kalender scheint. [. . .] Wenn irgendein Geschichtsausschnitt grau in grau gemalt ist, so ist es dieser. Menschen und Ereignisse erscheinen als umgekehrte Schlemihle, als Schatten, denen der Körper abhanden gekommen ist. Die Revolution selbst paralysiert ihre eigenen Träger und stattet nur ihre Gegner mit leidenschaftlicher Gewaltsamkeit aus. Wenn das ›rote Gespenst‹ von den Konterrevolutionären beständig geweckt, heraufbeschworen und gebannt, endlich erscheint, so erscheint es nicht mit anarchischer Phrygiermütze auf dem Kopfe, sondern in der Uniform der Ordnung,

in roten Plumphosen.« (Karl Marx, *Der 18. Brumaire des Louis Bonaparte*, S. 38 f.) Der politische Machtkampf ist auf der Ebene der Kultur ein Kampf um die Bedeutungen. Das ist der Sinn der Marxschen Feststellung, daß die herrschenden Gedanken immer die der herrschenden Klasse seien.

151 Die fehlende Heroisierung des einheitlichen »politischen« Menschen ist es auch, was Jean-Paul Sartre an Flaubert als »unpolitisch« rügt: »Wenn ich Stendhal und andere lese, fühle ich mich mit den Helden in jeder Hinsicht in Einklang, sei es nun Julien Sorel oder Fabrice. Bei der Lektüre Flauberts dagegen befinde ich mich mitten unter irritierenden Personen, mit denen ich mich ganz und gar nicht im Einklang fühle. Manchmal fühlt man mit ihnen, aber dann stoßen sie einen plötzlich ab, und man steht ihnen wieder feindlich gegenüber [. . .].« (Jean-Paul Sartre, *Das Imaginäre*, S. 24.) Sartre vermißt in den Flaubertschen Analysen die Überhöhung. »Zwischen 1830 und 1840 war Flaubert in einem Gymnasium in Rouen und in allen seinen Texten aus dieser Zeit beschreibt er seine Mitschüler als erbärmliche und mittelmäßige Bürger. Nun haben sich aber damals in diesem Gymnasium fünf Jahre lang heftige politische Kämpfe abgespielt. Einige Schüler trugen nach der Revolution von 1830 den politischen Kampf in diese Schule. Sie kämpften und unterlagen.« Überraschend findet es Sartre, daß Flaubert von diesen Vorfällen nichts erwähnt: »Er beschreibt die jungen Menschen seiner Umgebung«, bemerkt Sartre empört, »einfach als zukünftige Erwachsene, das heißt als abscheulich. Er schreibt: Ich sah Fehler, die zu Lastern, Bedürfnisse, die zu Süchten, Torheiten, die zu Verbrechen werden – kurz: Kinder, die zu Männern werden würden.« (Jean-Paul Sartre, a.a.O., S. 26.) Sartre will an der Vorstellung der Autonomie als der empirischen Voraussetzung der Möglichkeit politischer Freiheit festhalten. Er kritisiert Flauberts zersetzende Kälte, seinen Pessimismus, und er sieht die Ursachen dafür vor allem in Flauberts persönlicher Biographie, in seiner Klassenlage, aber auch in der gesellschaftlichen Entwicklung, die Flaubert beschreibt: in den neuen Formen der sozialen Kontrolle, in der »Absperrung des Universums der Rede«, wie Marcuse es bezeichnet hat. (Vgl. dazu auch Jean-Paul Sartre, *L'Idiot de la Famille*, Bd. 3, insbes. *La solution névrotique*, S. 133 ff.) Sartre kann auf den »ganzen Menschen« nicht verzichten. Er braucht ihn, weil er seine Überzeugung absichern muß, daß der Klassenkampf eine Wahrheit ist, »und zwar glaube ich an sie [diese Wahrheit, U. P.] genau in der Form, in der Marx sie beschrieben hat. Die Zeit hat sich geändert, aber es ist immer noch derselbe Kampf derselben Klassen auf demselben Weg zum Sieg.« Den gleichen Mangel an Einheit seiner Figuren, den Sartre Flaubert zum Vorwurf macht, konstatiert er auch in der Psychoanalyse: »In der Psychoanalyse fehlt diese Idee der Autonomie« (ebenda). Zerstörung der Autonomie heißt Determinierung des Menschen durch nicht bewußte Zwänge, deren Konsequenz die zwanghafte Wiederholung des nicht gelösten Konflikts ist.

Anmerkungen zum Nachwort

1 *MEW* 1, S. 231.

2 Karl Marx, Friedrich Engels, *Manifest der Kommunistischen Partei*, S. 9.

3 In *Madame Bovary* wird der romantische Charakter in seiner Unversöhnlichkeit mit den Produktionsverhältnissen analysiert. Die Wirklichkeit wird als Kontrast zu den romantischen Illusionen wahrgenommen. Die romantische Illusion artikuliert die utopischen Möglichkeiten der weiblichen Produktionsweise und der darin angelegten Bedürfnisorientierung. Flaubert legt jedoch zugleich das regressive,

passive Verhältnis gegenüber »der Realität«, d. h. gegenüber den Anforderungen von Arbeit und Anstrengung, dar.

4 Oskar Negt, Alexander Kluge, *Öffentlichkeit und Erfahrung*, S. 107.
5 Max Weber, *Gesammelte Aufsätze zur Wissenschaftslehre*, S. 493.

Literaturverzeichnis

Adams, Mildred, *The Right to be People*, New York 1967

Adorno, Theodor W., *Minima Moralia*, Frankfurt 1951, 1964

Adorno, Theodor W., *Prismen. Kulturkritik und Gesellschaft*, Frankfurt 1963

Alpenfels, Ethel, *Women in the Professional World*, in: B. Cassera (Hrsg.), *American Women: The Changing Image*, Boston 1962

Arbeitsgemeinschaft »Geschichte des Kampfes der deutschen Arbeiterklasse um die Befreiung der Frau« (Hrsg.), *Um eine ganze Epoche voraus*, Leipzig 1970

Athenaeum, Herausgegeben von Wilhelm Schlegel (Berlin 1798 – 1800), Darmstadt 1973

Bachofen, Johann F., *Das Mutterrecht*, Basel 1946

Bäumer, Gertrud, *Die Frau in der Krisis der Kultur,* Berlin 1926

Bahr, Stephen J., *Comment on The Study of Family Power Structure: A Review 1960-1969*, in: *Journal of Marriage and the Family*, May 1972, S. 239 ff.

Baelyn, L., *Career and Family. Orientations of Husbands and Wives in Relation to Marital Happines,* in: *Human Relations*, 23 (1970) 97-113

Bardwick, Judith M., *Psychology of Women,* New York 1971

Baudelaire, Charles, *Die Blumen des Bösen,* Hrsg. Walter Killy, Frankfurt 1963

Bausenwein, Inge, Auguste Hoffmann, *Frau und Leibesübungen,* München 1967

Beauvoir, Simone de, *Das andere Geschlecht,* Reinbek 1968

Behler, Ernst, *Friedrich Schlegels geistige Gestalt,* in: Friedrich Schlegel, *Schriften und Fragmente*, Stuttgart 1956, S. XI ff.

Benjamin, Walter, *Charles Baudelaire. Ein Lyriker im Zeitalter des Hochkapitalismus,* Frankfurt 1974

Benjamin, Walter, *Der Begriff der Kunstkritik in der deutschen Romantik,* Frankfurt 1973

Bernard, Jessie, *The Adjustments of married Mates*, in: Harold T. Christensen (Hrsg.) *Handbook of Marriage and the Family*, Chicago 1964, S. 675 ff.

Bernard, Jessie, *The Status of Women in Modern Patterns of Culture*, in: *The Annals of the American Academy*, Jan. 1968, S. 3 ff.

Bezdek, William, Fred L. Strodtbeck, *Sex-Role Identity and Pragmatic Action*, in: *American Sociological Review*, 35 (1970) 491-502

Black, C. E., *The Dynamics of Modernization*, New York 1966

Bloch, Ernst, *Kampf ums neue Weib*, in: *Das Argument* 22, S. 50 ff.

Blos, Anna, *Frauen der deutschen Revolution 1848*, Dresden 1928

Boehm, Felix, *Über den Weiblichkeitskomplex des Mannes*, in: *Interna-*

tionale Zeitschrift für Psychoanalyse, XVI, 1930

Bölke, Gundula, *Die Wandlung der Frauenemanzipationstheorie von Marx bis zur Rätebewegung*, Hamburg 1971

Bönner, Karl H. (Hrsg.), *Die Geschlechterrolle*, München 1973

Bohne, Regina, *Das Geschick der zwei Millionen. Die alleinlebende Frau in unserer Gesellschaft*, Düsseldorf 1960

Bott, Elizabeth, *Family and Social Network*, London 1957

Bott, Elizabeth, *Urban families: conjugal roles and social networks*, in: *Human Relations*, 9 (1956) 325 ff.

Brandt, Gerhard, *Industrialisierung, Modernisierung, gesellschaftliche Entwicklung*, in: *Zeitschrift für Soziologie*, 1 (1972) 5-14

Brandt, Gisela, Johanna Kootz, Gisela Steppke, *Zur Frauenfrage im Kapitalismus*, Frankfurt 1973

Braun, Lily, *Die Frauenfrage*, Leipzig 1901

Braun, Lily, *Memoiren einer Sozialistin*, München 1927

Brigitte (Hrsg.), *Hausfrauen heute. Eine Untersuchung mit 1200 nicht erwerbstätigen Ehefrauen, durchgeführt von Helge Pross*, Hamburg 1974

Brigitte, Gruner + Jahr AG und Co., *Frauen-Typologie. Markt- und Medienverhalten weiblicher Marketing-Zielgruppen*, Hamburg, März 1973

Bronfenbrenner, Uri, *Freudian Theories of Identification* in: *Child development*, 31 (1960)

Broverman, Inge K., Susan Raymond Vogel, Donald M. Broverman, Frank E. Clarkson, Paul S. Rosenkrantz, *Sex-Role Stereotypes: A Current Appraisal*, in: *Journal of Social Issues*, 28 (1972) 59 ff.

Bundesministerium für Arbeit und Sozialordnung (Hrsg.), *Frauenenquête – Bericht der Bundesregierung über die Situation der Frauen in Beruf, Familie und Gesellschaft*, Bundesdrucksache V/909, vom 14. 9. 1966

Burbach, Gisela, *Zum Problem der politischen Apathie bei Industriearbeiterinnen*, Diplomarbeit, Frankfurt 1964

Carlson, Rae, *Sex Differences in Ego Functioning: Exploratory Studies of Agency and Communion*, in: *Journal of Consulting and Clinical Psychology*; 1971, 75, 203-219

Carlson, Rae, *Understanding Women: Implications for Personality Theory and Research*, in: *Journal of Social Issues*, 28 (1972) 17 ff.

Chartschew, A. G., S. I. Golod, *Berufstätige Frauen und Familie*, Berlin 1972

Chasseguet-Smirgel, Janine, *Die weiblichen Schuldgefühle*, in: Janine Chasseguet-Smirgel, (Hrsg.), *Psychoanalyse der weiblichen Sexualität*, Frankfurt 1974

Chasseguet-Smirgel, Janine, *Psychoanalyse der weiblichen Sexualität*, Frankfurt 1974

Chesler, Phyllis, *Frauen – das verrückte Geschlecht?* Hamburg 1974

Chombart de Lauwe, Paul-Henry, Marie-José Huguet et al., *La femme dans la société*, Paris 1963

Cornaz, M. I., *Travail professional de la mère et vie familiale*, Lausanne 1964

Crandall, V. C., *Achievement behavior in young children*, in: *Young Children*, 20 (1964) 77-90

Crandall, V. J., Achievement. In: H. W. Stevenson (Hrsg.), *Child Psychology*, Part I, Chicago 1963

Cutright, Philips, *Income and family Events: getting married, Journal of Marriage and the Family*, 32 (1970) 628 ff.

Dahmer, Helmut, *Libido und Gesellschaft*, Frankfurt 1973

Dahmer, Helmut, Klaus Horn, Thomas Leithäuser, Alfred Lorenzer, Ulrich Sonnemann, *Das Elend der Psychoanalyse-Kritik, Beispiel Kursbuch 29, Subjektverleugnung als politische Magie*, Frankfurt 1973

Dahlström, E., *The Changing Roles of Men and Women*, London 1967

Damm, Uwe, *Die Frau an der Universität*, in: *Das Argument*, Heft 22. Juli/August 1962

Dehler, Josef, *Jungarbeiterinnen*, Starnberg 1974

Deutsch, Helene, *Psychologie der Frau*, Bern 1954

De Levita, David, *Der Begriff der Identität*, Frankfurt 1971

Douvan, E. und J. Adelson, *The Adolescent Experience*, New York 1966

Duverger, Maurice, *The Political Role of Women*, Paris 1955

Engels, Friedrich, *Der Ursprung der Familie, des Privateigentums und des Staats*, Berlin 1953

Etzioni, Amitai, *Soziologie der Organisationen*, München 1967

Firestone, Shulamith, *Frauenbefreiung und sexuelle Revolution*, Frankfurt 1975

Flaubert, Gustave, *Die Legende von St. Julian dem Gastfreien*, Stuttgart 1970

Flaubert, Gustave, *Lehrjahre des Gefühls. Geschichte eines jungen Mannes*, Hamburg 1959

Flaubert, Gustave, *Madame Bovary. Sittenbild aus der Provinz*, München 1969

Frantzen, Betty, *Influence du travail professionnel de la femme sur la famille*, in: *Revue de l'Institut de Sociologie*, 1969, S. 227 ff.

Freud, Sigmund, *Beiträge zur Psychologie des Liebeslebens*, in: Sigmund Freud, *Das Unbewußte*, Frankfurt 1960

Freud, Sigmund, *Das Unbehagen in der Kultur*, in: Sigmund Freud, *Das Unbewußte*, Frankfurt 1960

Freud, Sigmund, *Der Untergang des Ödipuskomplexes*, Studienausgabe Bd. V, Frankfurt 1972

Freud, Sigmund, *Die kulturelle Sexualmoral und die moderne Nervosität,* in: Sigmund Freud, *Drei Abhandlungen zur Sexualtheorie,* Frankfurt 1961

Freud, Sigmund, *Die Weiblichkeit,* Studienausgabe, Bd. I, 33. Vorlesung, Frankfurt 1972

Freud, Sigmund, *Einige psychische Folgen des anatomischen Geschlechtsunterschieds,* in: *Gesammelte Werke* XIV, London 1955

Freud, Sigmund, *Massenpsychologie und Ich-Analyse,* in: Sigmund Freud, *Das Unbewußte,* Frankfurt 1960

Freud, Sigmund, *Über die weibliche Sexualität,* Studienausgabe Bd. V, Frankfurt 1972

Freud, Sigmund, *Zur Einführung des Narzißmus,* in: *Gesammelte Werke* XIV, London 1955

Fried, Marc, *The World of the Urban Working Class,* Harvard 1973

Friedan, Betty, *Der Weiblichkeitswahn,* Reinbek 1966

Friedrich, Hannes, Lothar Lappe, Ilona Schwinghammer, Ingeborg Wegehaupt-Schneider, *Frauenarbeit und technischer Wandel,* Göttingen 1973

Garai, J., und A. Scheinfeld, *Sex differences in mental and behavioral traits,* in: *Genetic Psychology Monographs,* 77 (1968) 169-299

Gavron, H., *The Captive Wife,* London 1966

Goeppert, Sebastian und Herma C. Goeppert, *Sprache und Psychoanalyse,* Reinbek 1973

Goffmann, Erving, *Wir alle spielen Theater,* München 1973

Goode, W. J., *World Revolution and Family Patterns,* New York 1963

Goode, W. J., *Soziologie der Familie,* München 1967

Greer, Germaine, *Der weibliche Eunuch,* Frankfurt 1974

Gruenberg, S., und H. Krech, *The many lives of modern woman,* Garden City, New York 1952

Grunberger, Béla, *Beitrag zur Untersuchung des Narzißmus in der weiblichen Sexualität,* in: Janine Chasseguet-Smirgel (Hrsg.), *Psychoanalyse der weiblichen Sexualität,* Frankfurt 1974

Gump, Janice Porter, *Sex-Role Attitudes and Psychological Well-Being,* in: *Journal of Social Issues,* 28 (1972) 79 ff.

Haavio-Mannila, Elina, *Sex-Role Attitudes in Finnland, 1966-1970,* in: *Journal of Social Issues,* 28 (1972) 93 ff.

Habermas, Jürgen, *Theorie und Praxis,* Neuwied 1963

Haensch, Dietrich, *Repressive Familienpolitik,* Reinbek 1969

Harrell-Bond, Barbara, *Conjugal Role Behaviour,* in: *Human Relations* 22 (1969) 77-91

Hass, Paula H., *Maternal Role Incompatibility and Fertility in Urban Latin America,* in: *Journal of Social Issues,* 28 (1972) 111 ff.

Haug, Frigga, *Die mißverstandene Emanzipation,* in: *Das Argument,* 67

237

(1971) 674-687

Haug, Wolfgang Fritz, *Kritik der Warenästhetik*, Frankfurt 1971

Heidensohn, Frances, *The deviance of women: a critique and an inquiry*, in: *British Journal of Sociology* 19 (1968) 160-175

Hegel, G. W. F., *Der Geist des Christentums*, Werke I, Frankfurt 1971

Hegel, G. W. F., *Entwürfe über Religion und Liebe*, Werke Bd. 1, Frankfurt 1971

Hegel, G. W. F., *Grundlinien der Philosophie des Rechts*, Werke Bd. 7, Frankfurt 1970

Hegel, G. W. F., *Jenaer Realphilosophie. Vorlesungsmanuskripte zur Philosophie der Natur und des Geistes von 1805-1806* (Hrsg.: Johannes Hoffmeister), Hamburg 1969

Hegel, G. W. F., *Phänomenologie des Geistes*, Hrsg. Johannes Hoffmeister, Hamburg 1952

Heilbrun, A. B. Jr., *An empirical test of the modeling theory of sex-role learning*, in: *Child Development* 36 (1965) 789-799

Heinz, Margarete, *Politisches Bewußtsein der Frauen*, München 1971

Held, Thomas, René Levy, *Die Stellung der Frau in Familie und Gesellschaft. Eine soziologische Analyse am Beispiel der Schweiz*, Frauenfeld und Stuttgart 1974

Helson, Ravenna, *The Changing Image of the Career Woman*, in: *Journal of Social Issues*, 28 (1972) 33 ff.

Hoffman, Lois Wladis, *Early Childhood Experiences and Women's Achievement Motives*, in: *Journal of Social Issues*, 28 (1972) 129 ff.

Hoggart, Richard, *The Uses of Literacy*, London 1957

Holter, Harriet, *Sex Roles and Social Change*, in: *Acta Sociologica*, 14 (1971) 2-12

Holter, Harriet, *Sex roles and social structure*, Oslo, Bergen, Tromsö 1970

Horkheimer, Max, (Hrsg.), *Studien über Autorität und Familie*, Paris 1936

Horkheimer, Max, und Theodor W. Adorno, *Dialektik der Aufklärung*, Amsterdam 1947

Horn, Klaus (Hrsg.), *Gruppendynamik und der »subjektive Faktor«*, Frankfurt 1973

Horner, Matina S., *Sex differences in achievement motivation and performance in competitive and non-competitive situations*. Unpublished doctoral dissertation, University of Michigan, 1968

Horner, Matina S., *The motive to avoid succes and changing aspirations of college women*. Unpublished manuscript, Harvard University, 1970 (b)

Horner, Matina S., *Toward an Understanding of Achievement-Related Conflicts in Women*, in: *Journal of Social Issues*, 28 (1972) 157 ff.

Horner, Matina, S., W. Rhoem, *The motive to avoid succes as a function of age, occupation and progress at school*. Unpublished manuscript, University of Michigan, 1968

238

Infas, Abteilung für Umfrageforschung, *Frau, Gesellschaft, Gewerkschaft,* Bad Godesberg, Juli 1968

Infas-Report, *Frau und Öffentlichkeit,* Bad Godesberg 1965

Institut für angewandte Sozialwissenschaft, *Meinungen zur beruflichen Tätigkeit von Frauen in Bremen* (Sommer 1971), Bonn-Bad Godesberg, Februar 1972

Institut für angewandte Sozialwissenschaft, *Spezielle Probleme der Frauenerwerbstätigkeit in Nordrhein-Westfalen, Berufsrückkehr und Motivation,* Bonn-Bad Godesberg, Juli 1971

Jacobson, Edith, *Das Selbst und die Welt der Objekte,* Frankfurt 1973

Jaide, Walter, *Junge Arbeiterinnen,* München 1969

Javeau, Claude, *La sociologie de la femme et la femme de la sociologie,* in: *Revue de l'Institut de Sociologie* 1972, S. 629 ff.

Johnson, M. M., *Sex-role learning in the nuclear family,* in: *Child Development* 34 (1963) 319-333

Kagan, J., H. A. Moss, *From birth to maturity,* New York 1962

Kalivoda, Robert, *Der Marxismus und die moderne geistige Wirklichkeit,* Frankfurt 1970

Keller, Suzanne, *The Future Role of Women,* in: *The Annals of the American Academy,* 1973

Kerckhoff, Alan C., *Status-Related Value Patterns Among Married Couples,* in: *Journal of Marriage and the Family,* 34 (1972) 105 ff.

Key, Elly, *Die Frauenbewegung,* Frankfurt 1909

Klein, Viola, *Britain's Married Women Workers,* London 1965

Kluckhohn, Paul, *Die deutsche Romantik,* Bielefeld 1924

Kluckhohn, Paul, *Die Auffassung der Liebe im 18. Jahrhundert und in der Romantik,* Halle 1931

König, René, *Kleider und Leute. Zur Soziologie der Mode,* Frankfurt 1967

König, René, *Zwei Grundbegriffe der Familiensoziologie,* in: René König (Hrsg.), *Materialien zur Soziologie der Familie,* Bern 1946

Kohlberg, L., *A cognitive developmental analysis of children's sex role concepts and attitudes,* in E. E. Maccoby (Hrsg.), *The development of sex differences,* Stanford 1966, S. 82-173

Kohut, Heinz, *Formen und Umformungen des Narzißmus,* in: *Psyche* 8, 1966

Kollontai, Alexandra, *Die neue Moral und die Arbeiterklasse,* Berlin 1920

Kollontai, Alexandra, *Autobiographie einer sexuell emanzipierten Kommunistin,* München 1970

Komarovsky, Mirra, *Functional analysis of sex roles,* in: *American Sociological Review,* 15 (1959) 508-516

Komarovsky, Mirra, *Blue-Collar Marriage,* New York 1962

Korsch, Karl, *Karl Marx,* Frankfurt 1967

Kraditor, Aileen, *The Ideas of the Women Suffrage Movement*, New York 1965

Krahl, Hans-Jürgen, *Konstitution und Klassenkampf. Zur historischen Dialektik von bürgerlicher Emanzipation und proletarischer Revolution*, Frankfurt 1971

Kraus, Karl, *Beim Wort genommen, Werke* Bd. 3, München 1955

Krech, D., R. S. Crutchfield, *Individual in Society*, London 1962

Laccour, Leopold, *Trois Femmes de la Revolution*, Paris 1900

Lagrone, C. W., *Sex and personality differences in relation to phantasy*, in: *J. consult. Psychol.* 1963, 27, S. 270-272

Lairtullier, E., *Les Femmes célèbres de 1789 a 1795*, Paris 1840

Lampl-de Groot, Jeanne, *Zu den Problemen der Weiblichkeit*, in: *Internationale Zeitschrift für Psychoanalyse*, XV, 1933

Lange, Helene, *Die Frauenbewegung*, Leipzig 1908

Lange, Helene, Gertrud Bäumer, *Handbuch der Frauenbewegung*, Bd. 1-4, Berlin 1901

Langer-el Sayed, Ingrid, *Frau und Illustrierte im Kapitalismus*, Köln 1971

Laplanche J., J.-B. Pontalis, *Das Vokabular der Psychoanalyse*, Bd. 1, Frankfurt 1973

Lefebvre, Henri, *Critique de la vie quotidienne*, 2 Bde., Paris 1958; dt.: *Kritik des Alltagslebens*, Hrsg. Dieter Prokop, 3 Bde., München 1974/75

Lefebvre, Henri, *Das Alltagsleben in der modernen Welt*, Frankfurt 1972

Lefebvre, Henri, *Die Zukunft des Kapitalismus*, München 1974

Lefebvre, Henri, *Le romantisme révolutionnaire*, in: Henri Lefebvre, *Aus-delà du structuralisme*, Paris 1971

Lefebvre, Henri, *Soziologie nach Marx*, Frankfurt 1972

Levinson, D. J. et al., *Traditional Family Ideology and its Relation to Personality*, in: *Journal of Personality*, 1955, S. 251-273

Lewin, B. D., *The Body as Phallus*, in: *Psychoanalytic Quarterly*, 2, 1933

Lewis, Edwin C., *Developing Women's Potential*, Ames, Jowa 1968

Lidz, Theodore, *Das menschliche Leben. Die Entwicklung der Persönlichkeit im Lebenszyklus*, Frankfurt 1974, 2 Bde.

Lipset, Seymour M., *Political Man*, London 1960

Loch, Wolfgang, Gemma Jappe, *Die Konstruktion der Wirklichkeit und die Phantasien*, in: *Psyche*, 1, 1974

Löwith, Karl, *Von Hegel zu Nietzsche. Der revolutionäre Bruch im Denken des neunzehnten Jahrhunderts*, Frankfurt 1969

Lorenzer, Alfred, *Sprachzerstörung und Rekonstruktion*, Frankfurt 1970, 1973

Lorenzer, Alfred, *Zur Begründung einer materialistischen Sozialisations-*

theorie, Frankfurt 1972

Lürssen, Elisabeth, *Die Frauen der Romantik,* Berlin 1932

Luhmann, Niklas, Zweck-Herrschaft-System. Grundbegriffe und Prä-missen Max Webers, in: Renate Mayntz (Hrsg.), *Bürokratische Organisation,* Köln 1968

Lukács, Georg, *Der junge Hegel,* Frankfurt 1973

Lukács, Georg, *Die Seele und die Formen,* Neuwied 1971

Lukács, Georg, *Die Theorie des Romans,* Neuwied 1963

Lukács, Georg, *Geschichte und Klassenbewußtsein,* Berlin 1923

Lupri, Eugen, *Industrialisierung und Strukturwandlungen in der Familie,* in: *Sociologica Ruralis,* Bd. V, Nr. 1, 1965

Luxemburg, Rosa, *Politische Schriften* I, Frankfurt 1967

Lyness, Judith L., Milton E. Lipetz und Keith E. Davis, *Living Together: An Alternative to Marriage,* in: *Journal of Marriage and the Family,* May 1972, S. 305 ff.

Maccoby, E. E., *Sex differences in intellectual functioning,* in: E. E. Maccoby (Hrsg.), *The Development of Sex Differences,* Stanford 1966

Maccoby, E. E., (Hrsg.), *The development of sex differences,* Stanford 1966

Mannheim, Ernst, *Beiträge zu einer Geschichte der autoritären Familie,* in: Max Horkheimer (Hrsg.), *Autorität und Familie,* Paris 1936

Marcuse, Herbert, *Triebstruktur und Gesellschaft,* Frankfurt 1955

Marcuse, Herbert, *Industrialisierung und Kapitalismus im Werk Max Webers,* in: Herbert Marcuse, *Kultur und Gesellschaft 2,* Frankfurt 1965, S. 107 ff.

Marcuse, Herbert, *Vernunft und Revolution,* Neuwied 1967

Marx, Karl, *Der 18. Brumaire des Louis Bonaparte,* Frankfurt 1965

Marx, Karl, *Die entfremdete und die unentfremdete Gesellschaft, Geld, Kredit und Menschlichkeit.* In: Marx-Engels-Studienausgabe, Bd. 2, Frankfurt 1966, S. 261 ff.

Marx, Karl, *Grundrisse der Kritik der Politischen Ökonomie,* Berlin 1953

Marx, Karl, Friedrich Engels, *Die deutsche Ideologie,* Berlin 1960

Mayer, Hans, *Die Wirklichkeit E. T. A. Hoffmanns,* in: E. T. A. Hoffmann, *Werke,* Bd. 4, 459 ff.

McKenzie, Aimée (Hrsg.), *The George Sand-Gustave Flaubert Letters,* London 1922

McKinley, Donald G., *Social Class and Family Life,* London 1964

McMillan, Sylvia, *Aspirations of Low-Income-Mothers,* in: *Journal of Marriage and the Family,* May 1967, S. 282 ff

Mead, Margaret, *Male and female,* New York 1968; dt.: *Mann und Weib,* Reinbek 1958

Mennon, Lakshmi N., *From Constitutional Recognition to Public Office,* in: *The Annals of the American Academy,* Jan. 1968, S. 34 ff.

Menschik, Jutta, *Gleichberechtigung oder Emanzipation? Die Frau im Erwerbsleben der Bundesrepublik,* Frankfurt 1971

Menschik, Jutta, Evelyn Leopold, *Gretchens rote Schwestern. Frauen in der DDR,* Frankfurt 1974

Merfeld, Mechthild, *Die Emanzipation der Frau in der sozialistischen Theorie und Praxis,* Reinbek 1972

Merton, Robert K., *Social Theory and Social Structure,* Glencoe 1957

Michelet, Jules, *Die Frauen der Revolution,* München 1913

Miller, D. R., G. E. Swanson, *The changing american parent,* New York 1958

Millett, Kate, *Sexus und Herrschaft,* München 1969

Milton, G. A., *The effects of sex-role identification upon problem solving skill;* in: *Journ. Abn. Soc. Psychol.* 55 (1957) 208-212

Mitchell, J., *Women: The Longest Revolution,* in: *New Left Review,* No. 40, 1966

Mitscherlich, Margarete, *Müssen wir hassen?,* München 1972

Montagu, A., *The Natural Superiority of Women,* New York 1968

Morgan, Lewis, *Ancient Society,* London 1877

Müller, Hans, Artur Staffelberg, *Der Klassenkampf und die Sozialdemokratie,* Heidelberg 1969

Myrdal, Alva, Viola Klein, *Die Doppelrolle der Frau in Familie und Beruf,* Köln 1956

Nave-Herz, Rosemarie, *Das Dilemma der Frau in unserer Gesellschaft,* Neuwied 1972

Negt, Oskar, *Marxismus als Legitimationswissenschaft. Zur Genese der stalinistischen Philosophie.* Einleitung zu: Abram Deborin, Nicolai Bucharin, *Kontroversen über dialektischen und mechanistischen Materialismus,* Frankfurt 1969

Negt, Oskar, Alexander Kluge, *Öffentlichkeit und Erfahrung,* Frankfurt 1972

Neidhardt, Friedhelm, *Die Familie in Deutschland,* Opladen 1966

Neue Ethik (1905-1910), Hrsg. Helene Stöcker

Novalis, *Fragmente,* Hrsg. Ernst Kamnitzer, Dresden 1929

Novalis, *Schriften,* Hrsg. Paul Kluckhohn, Leipzig 1929

Nye, F. Ivan, Lois Wladis Hoffman, *The Employed Mother in Amercia,* Chicago 1963

Orden, Susan, R., Norman M. Bradburn, *Working Wives and Marriage Happiness,* in: *American Journal of Sociology* 74 (1968-69) 392 ff.

Otto, Karl-Heinz, *Disziplin bei Jungen und Mädchen,* Berlin 1970

Otto Peters, Louise, *Frauenleben im deutschen Reich,* Leipzig 1890

Ogburn, William F., Meyer F. Nimkoff, *Technology and the Changing Family,* New York 1955

Olson, David H., Carolyn Rabunsky, *Validity of Four Measures of*

Family Power, in: *Journal of Marriage and the Family,* May 1972, S. 224 ff.

Packard, Vance, *The Status Seekers,* Harmondsworth 1962
Parker, Tony, *Five Women,* London 1955
Parsons, Talcott, *The Social System,* Glencoe 1951
Parsons, Talcott, R. F. Bales, *Family, socialization and interaction process,* New York 1955
Pedersen, Inger Margarete, *Status of Women in Private Law,* in: *The Annals of the American Academy,* Jan. 1968, S. 44 ff.
Peirce, Rachel M., *Marriage in the Fifties,* in: *Sociological Review,* 11 (1963) 215-240
Pfeil, Elisabeth, *Die Berufstätigkeit von Müttern,* Tübingen 1961
Pittman III., Frank S., Kalman Flomenhaft, *Die Behandlung der »Ehe im Puppenheim«,* in: Clifford J. Sager, Helen Singer Kaplan (Hrsg.), *Handbuch der Ehe-, Familien- und Gruppentherapie,* München 1972
Pontalis, J.-B., *Nach Freud,* Frankfurt 1974
Popp, Adelheid, *Die Jugendgeschichte einer Arbeiterin,* München 1909
Preisendanz, Wolfgang, *Zur Poetik der deutschen Romantik,* in: Hans Steffen (Hrsg.), *Die deutsche Romantik,* Göttingen 1970
Prescott, D., *Efficacy-related imagery and politics.* Unpublished honors thesis, Harvard University, 1971
Prokop, Dieter, *Massenkultur und Spontaneität,* Frankfurt 1974
Prokop, Ulrike, *Soziologie der Olympischen Spiele. Sport und Kapitalismus,* München 1971
Prokop, Ulrike, *Sport und Emanzipation am Beispiel des Frauensports,* in: Alex Nathan (Hrsg.), *Sport und Gesellschaft,* Bern 1973
Pross, Helge, *Die Wirklichkeit der Hausfrau,* Reinbek 1975
Pross, Helge, *Gleichberechtigung im Beruf?,* Frankfurt 1973
Pross, Helge, *Perspektiven für die Zukunft - Maßnahmen und Untersuchungen im Anschluß an die Frauenquete,* in: *Protokoll der 6. Frauenkonferenz der Industriegewerkschaft Metall für die Bundesrepublik Deutschland,* Frankfurt, 31. 8. und 1. 9. 1967
Pross, Helge, *Über die Bildungschancen von Mädchen,* Frankfurt 1969
Proust, Marcel, *Tage des Lesens,* Frankfurt 1963

Rainwater, Lee, *And the Poor Get Children,* Chicago 1960
Rainwater, Lee, *Family Design,* Chicago 1969
Rainwater, Lee, Richard P. Coleman, Gerald Handel, *Workingman's Wife. Her Personality, World and Life Style,* New York 1959
Rapoport, Rhona, Robert N. Rapoport, *Early and later experiences of adult behavior: married women's family and carreer patterns,* in: *British Journal of Sociology,* 22 (1971) 16-30
Rapoport, Rhona, Robert N. Rapoport, *The Dual Carreer Family,* in: *Human Relations,* 22 (1969) 1-96

Reitz, Gertraud, *Die Rolle der Frau und die Lebensplanung der Mädchen*, München 1974

Reich, Annie, *Narzißtische Objektwahl bei Frauen*, in: *Psyche* 10, 1973

Richter, Horst-Eberhard, *Eltern, Kind und Neurose*, Reinbek 1967

Richter, Horst-Eberhard, *Konflikte und Krankheiten der Frau*, in: Dieter Claessens, Petra Milhoffer (Hrsg.), *Familiensoziologie*, Frankfurt 1973

Richter, Horst-Eberhard, *Patient Familie*, Reinbek 1972

Ridley, Jeanne Claire, *Demographic Change and the Roles and Status of Women*, in: *The Annals of the American Academy*, Jan. 1968, S. 15 ff.

Ritsert, Jürgen, *Probleme politisch-ökonomischer Theoriebildung*, Frankfurt 1973

Rocheblave-Spenlé, Anne-Marie, *La notion de rôle en psychologie sociale*, Paris 1962

Rocheblave-Spenlé, Anne-Marie, *Les rôles masculins et féminins*, Paris 1964

Rosser, Colin, Christopher Harris, *Family and Social Change*, London 1965

Rossi, Alice S., *Equality between the sexes: An immodest proposal*, in: R. J. Lifton (Hrsg.), *The woman in America*, Boston 1965

Rossi, Alice S., *Transition to Parenthood*, in: *Marriage and Family Living*, 30 (1968) 26-39

Safilios-Rothschild, Constantina, *Answer to Stephen J. Bahr's »Comment on ›The Study of Family Power Structure: A Review 1960-1969‹«*, in: *Journal of Marriage and the Family*, May 1972, S. 245 ff.

Sartre, Jean-Paul, *Das Imaginäre*, Hamburg 1971

Sartre, Jean-Paul, *L'Idiot de la Famille*, Paris 1971-72

Sheriffs, A. C., J. P. McKee, *Qualitative Aspects of Beliefs about Men and Women*, in: *Journ. Personality*, 25 (1957) 451-464

Simmel, Georg, *Zur Philosophie der Geschlechter*, in: *Philosophische Kultur*, Potsdam 1923

Sinclair, Andrew, *The Emancipation of the American Woman*, New York 1965

Sofi (Hrsg.), *Frauenarbeit und technischer Wandel*, Göttingen 1973

Spitz, René, *Der Dialog entgleist*, in: *Psyche* 2, 1974

Sprey, Jetse, *Family Power Structure: A Critical Comment*, in: *Journal of Marriage and the Family*, May 1972, S. 235 ff.

Steinmann, A., D. J. Fox, *Male-female perceptions of the female role in the United States*, in: *Journ. Psychol.* 64 (1966) 265-276

Sullerot, Evelyne, *Die Frau in der modernen Gesellschaft*, München 1971

Sweeney, E. J., *Sex differences in problem solving*, Stanford Univ. Departm. of Psychol. Techn. Rep. No. 1, 1953

Susmann, Margarete, *Frauen der Romantik*, Jena 1929

Schanze, Helmut, *Romantik und Aufklärung*, Nürnberg 1966

Schelsky, Helmut, *Wandlungen der deutschen Familie in der Gegenwart,* Stuttgart 1953

Scherhorn, G., *Soziologie des Konsums,* in: René König (Hrsg.), *Handbuch der empirischen Sozialforschung,* Stuttgart 1969

Schlegel, Friedrich, *Lucinde,* Frankfurt 1964

Schlegel, Friedrich, *Schriften zur Literatur,* Hrsg. Wolfdietrich Rasch, München 1972

Schleiermacher, Friedrich, *Idee zu einem Katechismus der Vernunft für edle Frauen,* Jena 1920

Schmidt, Alfred, *Der Begriff der Natur in der Lehre von Marx,* Frankfurt 1971

Schmidt, Alfred, *Emanzipatorische Sinnlichkeit,* München 1973

Schmidt, Gunter, Volkmar Sigusch, *Arbeiter-Sexualität,* Neuwied 1971

Schnabel, Franz, *Deutsche Geschichte im 19. Jahrhundert,* Freiburg 1947

Schrader-Klebert, Karin, *Die kulturelle Revolution der Frau,* in: *Kursbuch* 17, Juni 1969, S. 1 ff.

Schubnell, Hermann, *Die Erwerbstätigkeit von Frauen und Müttern und die Betreuung ihrer Kinder,* in: *Wirtsch. u. Statistik,* Heft 8, 1964

Schwartz-Tangri, Sandra, *Determinants of Occupational Role Innovation Among College Women,* in: *Journal of Social Issues,* 28 (1972) 177 ff.

Schwarzer, Alice (Hrsg.), *Frauenarbeit – Frauenbefreiung, Praxis-Beispiele und Analysen,* Frankfurt 1973

Schwenn, M., *Arousal of the motive to avoid success.* Unpublished junior honors thesis, Harvard University, 1970

Stern, Gruner + Jahr AG & Co., *Unternehmen Haushalt, Soll und Haben. Einstellungen und Verhalten sozio-ökonomischer Gruppen,* Hamburg, Dez. 1973

Stoller, R. J., *Sex and Gender,* New York 1968

Taylor, P. H., *Role and Role Conflicts in a Group of Middle-Class Wives and Mothers,* in: *Sociological Review,* 12 (1964) 317-327

Terman, L. M., C. C. Miles, *Sex and Personality,* New York 1936

Thönnessen, Werner, *Frauenemanzipation,* Frankfurt 1969

Tieck, Ludwig, *Vittoria Accorombona, Werke* IV, Darmstadt 1968

Tiedeman, D. V., *Carreer development of women: Some propositions,* in: O. David (Hrsg.), *The education of women,* Washington 1959

Torok, Maria, *Die Bedeutung des »Penisneids« bei der Frau,* in: Janine Chasseguet-Smirgel (Hrsg.), *Psychoanalyse der weiblichen Sexualität,* Frankfurt 1974

Turk, James L., Norman W. Bell, *Measuring Power in Families,* in: *Journal of Marriage and the Family,* May 1972, S. 215 ff.

Turner, Ralph H., *Some Aspects of Women's Ambition,* in: *American Journal of Sociology,* 70 (1964/65) 217 ff.

Ulshoefer, Helgard, *Mütter im Beruf. Die Situation erwerbstätiger Mütter in 9 Industrieländern,* Annotierte Bibliographie, Weinheim, Berlin, Basel 1969

Vester, Michael, *Die Entstehung des Proletariats als Lernprozeß,* Frankfurt 1971
Volkmann-Schluck, Karl-Heinz, *Novalis' magischer Idealismus,* in: Hans Steffen (Hrsg.), *Die deutsche Romantik,* Göttingen 1970

Walter-Busch, Emil, *Frauen im Laufgitter soziologischer Forschung,* in: *Neue Zürcher Zeitung,* 25. 7. 1974
Watson, R., *Female and male responses to the succeeding female cue.* Unpublished manuscript, Harvard University, 1970
Weber, Marianne, *Ehefrau und Mutter in der Rechtsauffassung,* Tübingen 1907
Weber, Marianne, *Frauenfragen,* Tübingen 1919
Weber, Max, *Wirtschaft und Gesellschaft,* Studienausgabe, 2 Bde., Köln-Berlin 1964
Weisstein, N., *Psychology constructs the female,* in: H. Garskof (Hrsg.), *Roles women play,* Belmont 1971
Wessman, A. E., D. F. Ricks, *Mood and personality,* New York 1966
Winnicott, D. W., *Kind, Familie, Umwelt,* München 1969
Winnicott, D. W., *Vom Spiel zur Kreativität,* Stuttgart 1971
Winter, Harold, *Über ödipale und präödipale Faktoren bei der Etablierung der weiblichen Identität,* in: *Jahrbuch der Psychoanalyse* IV, S. 217-237
Wittels, Fritz, *Mona Lisa und weibliche Schönheit,* in: *Imago* XX, 1934
Wittfogel, Karl A., *Wirtschaftsgeschichtliche Grundlagen der Familienautorität,* in: Max Horkheimer (Hrsg.), *Autorität und Familie,* Paris 1936
Wurzbacher, Gerhard, *Leitbilder gegenwärtigen deutschen Familienlebens,* Stuttgart 1954

Zahn-Harnack, Agnes von, *Die arbeitende Frau,* Breslau 1924
Zahn-Harnack, Agnes von, *Die Frauenbewegung,* Berlin 1928
Zapf, Wolfgang (Hrsg.), *Theorien des sozialen Wandels,* Köln 1969
Zetkin, Clara, *Die Arbeiterinnen- und Frauenfrage der Gegenwart,* Berlin 1889
Zetkin, Clara, *Die Frauen und die Kommunistische Partei,* Leipzig 1921
Zetkin, Clara, *Erinnerungen an Lenin,* in: *Ausgewählte Reden und Schriften,* Bd. 3, Berlin 1960
Ziegler, Rolf, *Typologien und Klassifikationen,* in: Albrecht, Daheim, Sack (Hrsg.), *Soziologie, Sprache, Bezug zur Praxis, Verhältnis zu anderen Wissenschaften,* Opladen 1973, S. 11-47
Zweig, Ferdynand, *The Worker in an Affluent Society,* London 1961

Bibliothek Suhrkamp

edition suhrkamp

Alphabetisches Verzeichnis der edition suhrkamp